Mario Galiana Liras

ESTRATEGIAS DE LA MATERIA
La arquitectura de la imaginación material

Galiana Liras, Mario
Estrategias de la materia. La arquitectura de la imaginación material / Mario Galiana Liras. - 1ª ed . - Ciudad Autónoma de Buenos Aires : Diseño, 2023.
366 p. ; 21 x 15 cm. - (Textos de arquitectura y diseño / Camerlo, Marcelo)

ISBN: 978-1-64360-676-7

1. Arquitectura . 2. Teoría. 3. Investigación.
CDD 720.1

Textos de Arquitectura y Diseño

Director de la Colección:
Marcelo Camerlo, Arquitecto

Diseño de Tapa:
Liliana Foguelman

Diseño gráfico:
Cecilia Ricci

Hecho el depósito que marca la ley 11.723

La reproducción total o parcial de esta publicación, no autorizada por los editores, viola derechos reservados; cualquier utilización debe ser previamente solicitada.

© de los textos, Mario Galiana Liras
© de las imágenes, sus autores
© 2023 de la edición, Diseño Editorial

ISBN: 978-1-64360-676-7
ISBN EBOOK: 978-1-64360-677-4

Abril de 2023

Mario Galiana Liras

ESTRATEGIAS DE LA MATERIA
La arquitectura de la imaginación material

ESTRATEGIAS DE LA MATERIA
LA ARQUITECTURA
DE LA IMAGINACIÓN MATERIAL

ÍNDICE

12	**VIAJAR A LA MATERIA** de Luis Suárez Mansilla
16	**HABLAR CON LA MATERIA** de Miguel Ángel Alonso del Val
22	**INTRODUCCIÓN**
23	Gracias a la materia
24	Aproximaciones a la materia
47	**PARTE PRIMERA** **Fundamentos de la Materia**
49	FUNDAMENTOS DE LA MATERIA
49	Atributos de la materia
50	*Identidad de la materia*
55	*Raíces etimológicas de la materia*
59	*El árbol genealógico de la materia*
65	La imaginación de la materia
66	*Henri Bergson, la memoria la materia*
71	*Henri Focillon, la experiencia de la materia*
75	*Gaston Bachelar, las imágenes de la materia*
83	*Maurice Merleau-Ponty, la percepción de la materia*
90	Pensar con la materia
93	*La cultura de la materia*
95	*Aprender de la materia*
106	*Transformación, conformación y construcción de la materia*

112   **PARTE SEGUNDA**
      Cinco Materias

115   MATERIA PÉTREA
115   Un origen arcaico
125   *La cueva estereotómica*
124   *Una convocatoria material*
125   *De la cantera al bloque*
127   *Del bloque al muro pétreo*

135   Luz y vacío
137   *Eliminar y ordenar el muro*
141   *El relativo rigor plástico*
143   *El constructor nómada*

149   MATERIA ARCILLOSA
149   Un testimonio ante el fuego
153   *El rigor de la unidad*
155   *La junta, un decisión grávida*
156   *De materia a masa*
159   *De la masa a la obra de fábrica*

167   Un arte primitivo
169   *Continuidad perimetral y discontinuidad escalar*
171   *El ladrillo es la ley*
173   *Esculturas de ladrillo, un arte*

181	**MATERIA LEÑOSA**
181	La madre de las materias
185	*El carpintero, un maestro tectónico*
187	*Unir, la conquista del espacio*
189	*Del árbol al rollizo*
191	*Del rollizo al espacio ensamblado*
203	A la sombra de una urdimbre compleja
205	*Trama espacial y densidad material*
208	*La unión hace la fuerza*
211	*Pautando el espacio, un tiempo material*
215	**MATERIA MINERAL**
215	Desde la fragua de Vulcano
221	*Lógico, sencillo y óptimo*
223	*Hacia un nuevo espacio*
225	*Fundiendo un mineral*
228	*Del líquido al producto*
239	Extenso y Repetitivo
241	*Densidad física y espacial*
246	*Un símbolo universal*
251	*Entre el equilibrio y la inestabilidad*
257	**MATERIA FLUIDA**
257	Una masa informe
263	*Principios de transformación material*

265	*Un espacio a la espera*
266	*Del polvo a la masa*
269	*De la masa a la piedra*
280	El quinto elemento
281	*Construcción ósea y construcción masiva*
289	*Transformaciones superficiales*
293	*Fantasmas y memoria*

299	**PARTE TERCERA** **Estrategias de la Materia**

301	ESTRATEGIAS DE LA MATERIA
301	Re-conocer la materia
309	Diez estrategias
311	*Concentración y Dispersión*
319	*Adición y Compartimentación*
327	*Repetición y Desplazamiento*
336	*Multiplicación y Desaparición*
343	*Sustracción y Expansión*
353	Nuevos horizontes
358	**BIBLIOGRAFÍA**

A mis seres queridos.
Gracias. Muchas

VIAJAR A LA MATERIA

Romano Guardini desvelaba en su libro *Cartas desde el Lago de Como* el doble camino que en todo proceso de conocimiento conduce hasta la esencia de las cosas: el de lo singular y efímero, por un lado, y el de lo universal y duradero, por otro. El célebre teólogo alemán concluía en una de sus lúcidas cartas la imposibilidad de transitar por uno sin hacerlo por el otro, puesto que ambos trayectos convergen irremediablemente. De este modo, encontraremos la esencia en lo singular si estamos atentos a la manera en que está presente en lo universal. Y de forma análoga, percibiremos la esencia a través de lo universal si no pasamos por alto su peculiar condición en lo concreto, transitorio e irrepetible.

En *Estrategias de la materia*, el arquitecto Mario Galiana Liras recorre con notable acierto la doble ruta intelectual y cognitiva trazada por Guardini, proponiendo al lector un emocionante viaje a lo esencial de la materia que parte de la reflexión introspectiva sobre sus primeras experiencias sensoriales de arquitectura para culminar en una suerte de decálogo de estrategias materiales, de clara vocación instrumental, que sitúan a la materia en el centro del proceso proyectual, evidenciando todo su potencial creativo. Durante el trayecto, cinco materias –piedra, arcilla, madera, acero y hormigón– construyen el rico paisaje argumental, físico y perceptivo que acoge un amplio elenco de obras de referencia seleccionadas por el autor de un variado contexto histórico, cultural y geográfico. Se trata de un poliédrico conjunto de obras que, desde su singularidad arquitectónica y esencialidad constructiva, dibuja con precisión una cartografía ampliada de la imaginación material que, al modo de Guardini, fluctúa entre lo concreto y lo universal. Son todas ellas obras de trazo arquetípico y escala precisa; obras que destilan una materialidad comprometida y que permiten al individuo habitar un espacio acorde a su propia dimensión y, al mismo tiempo, dotarlo de una referencia a la dimensión del universo; obras que materializan el espíritu universal y que espiritualizan la materia.

La materia se presenta en este libro como detonante y soporte intelectual del proceso creativo, como aglutinadora de forma y espacio, como mediadora entre lo telúrico y lo espiritual, como fuente de conocimiento atemporal que trasciende culturas y lugares, como receptora de la acción transformadora que configura un léxico constructivo propio y como catalizadora de múltiples experiencias sensoriales siempre vinculadas a lo real. En resumen, la materia entendida como eje del universo relacional que vertebra y sustancia la arquitectura.

Estrategias de la materia es un texto sentido, escrito con determinación desde la necesidad de quien busca verificar intuiciones, corroborar certezas y consolidar, con el auxilio de la materia, los fundamentos disciplinares de un doble camino profesional y académico. Y en cierto modo, a la conclusión de su lectura, tras recorrer los paisajes materiales descritos y detenerse en las arquitecturas analizadas, bien podría argumentarse que estamos ante un libro de viajes. En concreto, de un viaje al interior de la materia que para su consecución exige un ligero equipaje inicial –de ahí su valor docente– pero mucha capacidad de observación –deberían enseñarnos a mirar al mismo tiempo que aprendemos a leer y a escribir–. El viaje que propone Galiana requiere activar la mirada y renunciar a todo juicio previo –también al dictamen estético– para completar la travesía que conduce hasta la contemplación de la verdad oculta en el interior del hecho observado. Y en esa exploración directa de las entrañas de la materia, donde la intensidad de la experiencia trasciende la habitual segmentación sensorial, la visión se equipara al tacto y nos muestra el camino de vuelta hacia «la arquitectura de la imaginación material». Porque la materia se mira, se toca, pero sobre todo se piensa.

La importancia de este periplo trasformador al interior de la materia no es poca en el discurso arquitectónico actual –saturado de imágenes digitales– en el que la autenticidad del *ser* ha sido suplantada por la virtualidad del *parecer*. En este difuso e incierto contexto, donde certezas de diversa índole tienden a desvanecerse bajo el intenso foco mediático que ilumina con más frecuencia de lo deseable azarosas travesías proyectuales, se antoja necesario volver la mirada al interior de la disciplina. Allí es donde reside su verdadera esencia. Allí es donde se refrendan los compromisos personales –este texto es uno de ellos– con esta ciencia poética que es la arquitectura, tantas veces desvirtuada como un mal arte menor. En consecuencia, conceptos como el estudiado en este libro, u otros igual de esenciales como el espacio, la forma, el tiempo o la escala, deberían recuperar un lugar preponderante en los talleres de proyectos de nuestras escuelas, pues todo acto pedagógico o creativo que nos aleje de los valores intrínsecos de la arquitectura y no aspire a superar la frontera de lo virtual para convertirse en materia habitada ni es formativo ni es honesto. En definitiva, lo que este libro nos propone es el desafío de aprender, imaginar, construir y sentir la arquitectura a través de la materia.

Luis Suárez Mansilla

HABLAR CON LA MATERIA

En clave poética, suelo explicar que la arquitectura es materia resuelta en geometría y luz que se hace tiempo. Una materia que se conforma gracias al trabajo sobre sus propias características internas y que se percibe a través de la expresión de sus cualidades externas, para dotarla de valores de permanencia, real y simbólica, que la convierten en arte arquitectónico. Un proceso que requiere de un diálogo del autor con la materia, de la creación de un lenguaje que hable con los recursos de la materia.

Obsesionado por descubrir los mecanismos que permiten evocar la arquitectura como un proceso de génesis de la realidad arquitectónica desde la realidad de la materia, mediante la práctica esforzada sobre ella: como un pintor, un escultor, un poeta o un músico, el arquitecto Mario Galiana se ha embarcado en una aventura que trata de descubrir las estrategias de una arquitectura que se imagina partiendo del compromiso con la materia.

No es un tratado de las emociones creativas que produce la materia, ni un glosario de percepciones sobre la corporeidad arquitectónica, ni una recolección de fragmentos significantes de la historia material de la arquitectura moderna. Este libro es una muestra de la capacidad formativa que posee el estudio de la materia y de su transformación en el proceso del proyecto arquitectónico que, inevitablemente, tiene que enfrentarse con la propiedades, pregnantes y envolventes, que toda obra posee para el ser humano.

Esa condición fundamental del lenguaje arquitectónico como lenguaje de construcción material, se enfrenta a la naturaleza virtual de la sociedad contemporánea que pugna por arrebatársela gracias al poder de la imagen para hacer de la arquitectura un conjunto de fragmentos u objetos transportables, en sentido literal y figurado, y que tanto impactan en las publicaciones, en las aulas y en el imaginario popular.

La experiencia de lo matérico está en el origen mismo de la arquitectura y del proyecto y, por tanto, también de su docencia. Las relaciones que se establecen con la obra a través de las nuevas tecnologías no pueden sustituir a la experiencia de habitar el espacio o sentir la materia. De hecho, habitar implica la percepción, con todos los sentidos, de la materialidad del espacio. En un mundo abierto a múltiples referencias e informaciones diversas, parece pertinente ahondar en algunas certidumbres. Y una de ellas es que la arquitectura se disfruta, y se aprende, desvelando las propiedades creativas de la materia.

Una convicción compartida con Mario Galiana que orienta este texto y revisa la posición moderna respecto de los cuatro materiales históricos y de su quintaesencia, en términos aristotélicos, representada por el hormigón armado, el material característico del siglo XX, que es piedra y barro, pero también madera y metal. Una sustancia plástica en origen que puede ser masa o lámina, pieza o barra, estructura o cerramiento.

Este recurso simbólico a los cuatro materiales originales de la arquitectura, como reflejo de los cuatro elementos, trata de rescatar principios hoy olvidados por muchas edificaciones que han perdido el sentido profundo de la construcción y de su materialidad. La supervaloración de las tecnologías, también las gráficas con su facilidad para representar aquello que ni se conoce ni se ha sentido, ha llevado a olvidar la condición formativa de la construcción en los proyectos de arquitectura. El arquitecto debe proteger y asumir el papel del técnico, del manipulador, y no del tecnólogo, del simple aplicador; lo cual nos llevaría, sin duda, a revisar el papel de la técnica y de su expresión tal y como hicieron, hace cien años, los maestros de la modernidad.

Por todo ello, la reflexión sobre la materia de cualquier propuesta arquitectónica constituye una primicia de su futura realidad y, las nuevas generaciones, escindidas entre lo tangible y lo virtual, necesitan volver a aprender, reaprender, el manejo del material desde sus condiciones sustantivas, desde sus fundamentos físicos y plásticos; hasta sus desarrollos tácticos y sus estrategias resolutivas. Un recorrido que este texto, a modo de guía para "reconocer" los materiales de la arquitectura, muestra de manera exhaustiva, ofreciendo un verdadero tratado de práctica arquitectónica en diálogo con la materia.

Dicha práctica define ciertamente la posición de arquitecto ante la obra porque cualquier arte "se la juega" cuando desciende del mundo de la teoría a la realidad matérica, a la materia propia de cada arte, a su mundo material que es el que trasciende la aproximación teórica y dota de temporalidad, de futuro, a las ideas de arquitectura. La experiencia radical de la materia construida como traducción técnica de un concepto simbólico, bellamente terminada o románticamente arruinada, es lo que nos emociona y crea en nosotros experiencias arquitectónicas radicales y duraderas. Sólo nos han impactado, y han dejado huella en nuestra memoria, aquellas obras cuya materialidad ha sido capaz de explicar verazmente el concepto arquitectónico que las sustentaba.

Esto significa que un arquitecto es, sobre todo, un constructor. Y el constructor trabaja sobre la materia a través de la idea, pero contando con el propio ser de una materia que, poéticamente, responde con geometría desde su condición natural para hacerse forma visible bajo una luz creadora de atmósferas habitables, y trabaja con ella hasta encarnar una idea que gana consistencia y espesor con el paso del tiempo.

Ese trabajo técnico sobre la materia es uno de los principios que define la consistencia de la arquitectura y de la que tan necesitada está la escena contemporánea, puesto que su problema radica en la incapacidad de implementar estos valores tradicionales y permanentes en el marco de la tercera industrialización. Aunque aparentemente se han disuelto los límites entre estructura y cerramiento, tan nítidamente expresados en la vanguardia moderna como alternativa a lo académico, lo cual podría entenderse como una vuelta a la tradición; la realidad es que existe una segmentación multicapa que necesita ser reformulada en clave matérica para preservar los valores arquitectónicos más allá de la mera edificación.

Para ello, es importante aprender de la materia y, en ese camino, este texto puede ser una guía inmejorable para aprendices y veteranos. Aprender de la transformación, conformación y construcción de la materia a través de piezas, sin duda modernas, pero no concebidas como manifiestos de una plástica revolucionaria, sino como reflejo de una vuelta a los principios de la construcción de siempre desde claves contemporáneas. Esa es la importancia de su legado, no son modelos cerrados sino ejemplos de cómo enfrentarse a la obra desde unas bases que permitan sustentar una nueva relación disciplinar con la materia en los tiempos de la práctica digital.

Además de servir como apoyo a la búsqueda de un nuevo realismo arquitectónico que parece descubrirse en las nuevas generaciones de arquitectos, la insistencia en el respeto por la materia tiene otra connotación muy importante asociada al valor de la consistencia, ya que las ideas en arquitectura siempre están dotadas de escala y de materialidad. La combinación de ambos recursos arquitectónicos es antagónica a la superficialidad que muestran tantos arquitectos que han renunciado a disfrutar de la profundidad de la materia, seducidos por el poder de las imágenes o las maquetas virtuales, confundiendo el arte de la fotografía con el de la arquitectura.

Un libro que, sin duda, relata con pasión la investigación personal de un arquitecto que habla con la materia. Un buscador que ha experimentado que la densidad que transmite la arquitectura sólo se percibe en la exploración real, en la vivencia multisensorial que supera lo puramente visual. Un arquitecto que sabe de la importancia que la materialización posee en la definición arquitectónica, que ella determina la finalidad del proyecto y que, al mismo tiempo, conoce el valor de la formación técnica convertida en soporte real del proyecto al definir, para cada caso, una específica relación constructiva. Gracias a ello, el mejor trabajo arquitectónico, como me gusta repetir, transita de la presencia de la forma a la presencia de la materia, porque se trata de superar la mera expresión de la forma externa que es su apariencia, para descubrir los valores de permanencia contenidos en una forma interna que se hace presencia de la arquitectura.

Miguel A. Alonso del Val

INTRODUCCIÓN

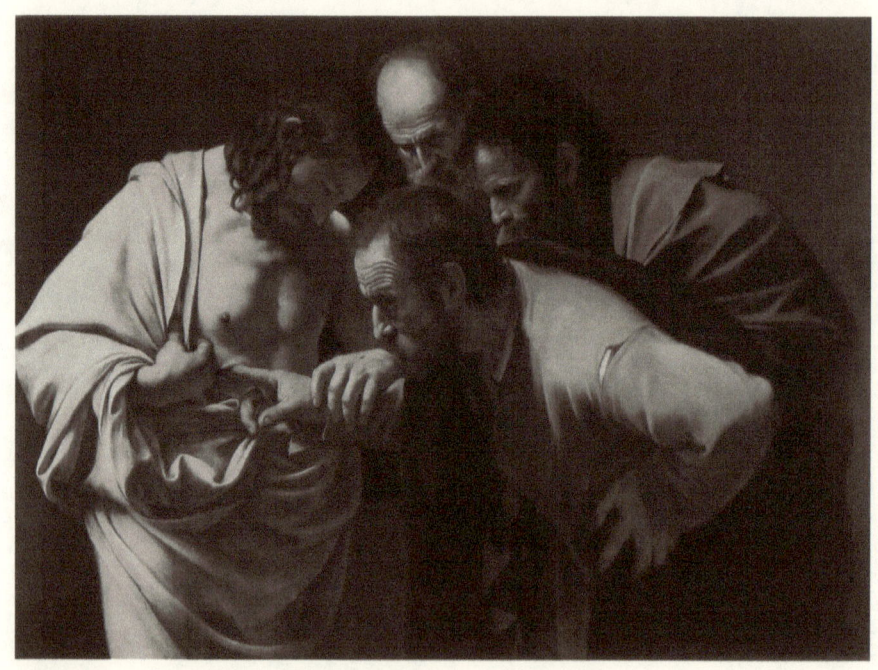

Mirar hacia adentro, La incredulità di San Tommaso, Caravaggio, 1602

Gracias a la materia

«La arquitectura es el esfuerzo de la materia por ser. Es un esfuerzo por hacer visible aquello que no lo es: los pensamientos. Un pensamiento, como un sentimiento, es algo que pertenece al mundo de lo indeterminado, al mundo que no ha tomado forma todavía. Hacer presente algo es darle forma, pensando que lo que se ve, existe»[1].

La arquitectura, a través de la materia, ofrece la oportunidad al hombre de habitar en las entrañas de esta. La materia es el mediador entre las condiciones que rodean al proyecto de arquitectura, y la realidad física que se ocupa de su constitución. Por eso, la materia debe constituir el constructo formal de la arquitectura.

La arquitectura establece un vínculo entre el hombre y la naturaleza. La materia es la encargada, a través de su condición constitutiva, de reforzar el vínculo espiritual entre ambos. Así, hombre, naturaleza y materia, se enlazan a través de la condición puramente material.

La obra de arquitectura unifica los anhelos del hombre para habitar la tierra, para encontrar un refugio en ella, en conjunto, con los diferentes factores sociales, culturales, económicos que nos ofrece la realidad temporal en la cual vivimos. Esta relación entre el ser humano y el cobijo, se establece a través de la materia como instrumento de dialogo entre ambas partes. Dado que la arquitectura es el espacio donde se desempeñan las relaciones entre el hombre y el lugar habitado, la materia comparece ante ambos para crear el marco idóneo entre ser humano y naturaleza.

La arquitectura es un proceso relacional complejo, donde la obra establece una serie de vínculos entre dichas relaciones en un determinado espacio. De esta forma, la condición objetual de la obra carece de sentido si no se cristaliza a través de una realización que asuma el contexto específico en el cual se asienta. La materia es el escenario silencioso que se ocupa de confirmar la relación entre el contexto y la obra, anulando toda autonomía formal que no provenga del interior de ella.

---

[1] Luis Moreno Mansilla, Circo 52 3rd series, Sobre la confianza en la materia, (Madrid: Circo MRT coop, 1998), 6

La materia comparece para esclarecer la compleja realidad entre el ser humano y el contexto, por lo tanto, se ocupa de una realidad constructiva concreta. Establece una comunión entre la acción de la mano y el pensamiento del hombre, en conjunto con los recursos de un determinado lugar. Será de este mero vínculo donde nazca la conformación del espacio y la configuración del límite construido entre obra y emplazamiento.

«La arquitectura es silenciosa -no habla. Está hecha de materia, tenazmente impermeable a nuestras opiniones. Ajena a los jirones de la vida, con ella comparte sólo una sensación de lacerante y continua pérdida»[2].

Aproximaciones a la materia

En el horizonte, bajo una cadena montañosa al oeste del río Nilo, se percibe una montaña escalonada. Grandes pilastras de piedra arenisca configuran el límite físico entre el territorio y el valle funerario. Estas pilastras, ordenadas en diferentes estratos, sustentan el templo a través de una serie de plataformas o «*earthworks*»[3]. Quizás, estas pilastras, también sostengan todas las presiones del valle y de esta porción de historia del Antiguo Egipto. Una serie de terrazas, a una distancia de alrededor de veinte kilómetros, se vislumbran como tres franjas en el territorio antropizado por el hombre. Seguramente Senmut, su gran arquitecto, se ocupó de construir un primer refugio en la montaña a escala de aquellos dioses.

Al llegar al templo, tras unos diez-quince minutos desde esta primera vista entre los palmerales próximos al fértil Nilo, una serie de rampas escalonadas se ven en la distancia. Estamos ante el templo de la reina Hatshepsut. Las rampas fueron construidas mediante la acción gravitatoria de la densa piedra egipcia. El ascenso por ellas es duro, la piedra

---
[2] Ibid, 2
[3] Termino acuñado por Gottfried Semper al explicar la primera y más primitiva acción del ser humano para establecerse en el mundo. La construcción de una plataforma.

brilla, como las montañas. La piedra huele y creo que sabe, creo que sabe a piedra del Nilo. Llegamos a la cota más alta. Ante nosotros, una serie de columnas pétreas sostienen una plataforma superior, la cual da acceso al templo a través de un umbral en granito rosado. El templo es una casa en la montaña, el templo es una guarida para descanso de los dioses. La casa de la reina Hatshepsut fue mi primera experiencia pétrea real. La casa de la reina Hatshepsut, me produjo un tremendo aprendizaje material. Me pregunté, si Senmut conocía profundamente la materia, como la conocía, pero sobre todo si sería posible proyectar únicamente a través de esta.

Si la tremenda curiosidad que las experiencias y percepciones materiales que el templo de Hatshepsut proyectan son capaces de crear estímulos tan poderosos. ¿Se puede intentar comprender de donde provienen estos estímulos?. Las bellas imágenes del templo tienen una leve condición superficial, una vaga muestra de lo que realmente nos oculta esta poderosa construcción. Entonces, ¿qué es aquello que despierta tanto interés cuando observamos esta poderosa configuración pétrea?. ¿Son las condiciones superficiales de la propia materia aquellas que nos hacen reflexionar?, o por el contrario, lo que nos mueve es aquello que no es tan obvio. Sospecho, que es la voluntad de ser de la propia materia, una voluntad imperecedera que pone a nuestro servicio sus dramáticas condiciones internas. Aquello que realmente mueve esta intuición.

Todas estas cuestiones no son para nada originales o novedosas. Quizás puedan ser algo perspicaces, al pretender traer a colación la voluntad de la imaginación material para ser la protagonista principal del proyecto de arquitectura. Ahora bien, estas intuiciones que no certezas, parecen ser las mismas que propuso el brillante arquitecto español Luis Moreno Mansilla en su ensayo, *Sobre la confianza en la materia*, tal y como se ha observado. Intuiciones, que de igual forma, recoge el arquitecto suizo Peter Zumthor, al pensar sobre la arquitectura. Al pensar sobre aquello construido de materia. Quizá el camino al interior de estas preguntas esté tras esta afirmación realizada por el premio Pritzker 2009, «el sentido que se trata de fundar en el material reside más allá de las reglas de composición, e incluso de la tangibilidad, el olor y la expresión acústica de los materiales, todos ellos elementos del lenguaje en el que nosotros mismos tenemos que hablar. El sentido surge cuando se logra suscitar en el propio objeto arquitectónico significados de determinados materiales constructivos que únicamente son perceptibles en este objeto de esta manera»[4]. Esta búsqueda de significados en la materia no es tan obvia. La materia no quiere que se descubran todos sus secretos, todo lo que anhela ser tan rápido, sino a través de aquello que construye el proyecto de arquitectura. Las materias, en plural, parece que necesitan ser descubiertas desde dentro. Por eso, se les debe plantear las correctas preguntas, para que ellas ayuden a dar las mejores respuestas. ¿Hay algunas leyes, algunas condiciones inherentes a cada materia de la arquitectura? Y, por tanto, ¿son esas condiciones, únicas e inseparables, capaces de construir por si mismas el proyecto de arquitectura?

Peter Zumthor parece verlo con claridad cuando afirma: «las buenas respuestas a esta pregunta pueden hacer aparecer bajo una nueva luz tanto la forma de uso habitual de este material como también sus peculiares propiedades sensoriales y generadoras de sentido»[5]. Si bien esta afirmación ensalza la tradición, los sentidos y los estímulos como principales fenómenos a desarrollar a través del conocimiento interno de la materia, se puede entender por medio de una segunda lectura más densa y profunda, que existe una arquitectura de la imaginación material. La arquitectura propia de las estrategias de la materia.

Desde que el ser humano puso una piedra sobre un río construyendo su primer puente, o se protegió en la roca excavada, la materia se ha ocupado de procurar un refugio para habitar. La profunda comprensión de la materia, sus condiciones, enigmas y, sobre todo, sus procesos, parecen haber sido fundamentales en el devenir de la historia de la arquitectura. La materia fue, es y será fundamental en los fenómenos experienciales que nos permiten percibir y comprender un espacio. Los fenómenos que nos permiten pensar la arquitectura.

No obstante, de alguna extraña manera, su tremendo potencial constitutivo ha sido en muchas ocasiones olvidado o menospreciado en el devenir de la historia de la arquitectura. En ocasiones, se ha legitimado desde

---

[4] Peter Zumthor, Thinking Architecture. Basilea: Birkhäuser Verlag GmbH, 2010; ed. utilizada: Peter Zumthor, Pensar la arquitectura, (Barcelona: Editorial Gustavo Gili, 2014), 10
[5] Idem

un plano teórico, abstracto y conceptual mucho mas purista y formalista[6] (si se nos permite dicha expresión). Esta extrema conceptualización formal ha tenido su eco hoy en día y, por supuesto, la arquitectura ha sido presa de ella. Existe una arquitectura que prácticamente se produce para un consumo inmediato, una arquitectura «*fast food*»[7] cargada de imágenes digitales que nos bombardean el cerebro e inundan nuestras pantallas. Una arquitectura que olvida la profundidad sintáctica de la materia.

Para ello, se requiere conocer más despacio y aprender desde los fenómenos que nos permiten percibir y experimentar una obra más intensamente. Aprender a pensar con las manos la materia para trabajar con ella, para conocer sus procesos internos, sus prestaciones como herramientas de proyecto. Se requiere, en primer lugar, emocionarse con ella. Para esto se necesita aprender a pensar despacio tal y como el profesor Alberto Morell expone: «aprender despacio significa aprender hacia dentro, reconocerse en los demás y en lo que te rodea, como algo tuyo, que permanece. Por eso la emoción es un momento de la vida compartida, donde tu eres el otro o lo otro, donde tu cuerpo queda suspendido en el tiempo»[8]. Debemos emocionarnos desde el conocimiento profundo de cada una de sus partes. Aquellas que son operativas, aquellas que son meramente técnicas constructivas y, por último, aquellas que son profundamente emocionales.

Bien es cierto, que a la materia se acompaña de una gran aliada en este aprendizaje, una ferviente defensora y admiradora. Si la materia es una herramienta de proyecto, se puede sospechar que la mano se encarga de intimar con ella. Esta poderosa relación establece un ancla en la hipótesis de partida de esta investigación. Para ello se deberá navegar en las profundas aguas de la imaginación material. Para ello, se indagará si se necesitan ojos en las manos. Nuestra hipótesis de partida se maneja en-

---

[6] "El volumen y la superficie son los elementos mediante los cuales se manfiesta la arquitectura. El volumen y la superficie están determinados por el plan. El plan es el generador. ¡Tanto peor para los que carecen de imaginación»; citado en: Le Corbusier, Vers un architecture. Paris: L´espirit noveau, 1923; ed. utilizada: Le Corbusier, Hacia una arquitectura, (Barcelona: Ediciones Apóstrofe, 1977), 16
[7] *Fast Food*: termino inglés que se traduce como comida rápida. Alude a la inmediatez en el consumo.
[8] Alberto Morell Sixto, Despacio, (Buenos Aires: Nobuko, 2011), desc.

tre estos dos polos complementarios en aras de explorar cómo se educa a través de la imaginación material. Para poder conocer esto, se debía indagar en otras investigaciones que establecían lazos entre ambos polos. Las cuales suscitaban, en cierto sentido, un camino hasta ahora no explorado en profundidad. Un camino que ha sido apuntado pero el cual no se ha descifrado: el camino de las estrategias de la materia.

En Diciembre del 2017 llevábamos aproximadamente dieciocho meses de investigación. Durante el transcurso de este tiempo, mediante las conversaciones mantenidas con Miguel Ángel Alonso del Val y Luis Suárez Mansilla, se consiguió enhebrar un discurso coherente[9]. Mientras se recorría este camino, se sugirieron las corrientes de pensamiento filosófico fenomenológicas y existencialistas como un gran apoyo para la base de la investigación, efectuando una mirada sobre la conceptualización de materia realizada por el filósofo español Xabier Zubiri. Los viajes al interior de la materia como concepto filosófico parecían alejarnos de la línea de investigación, al introducirse en caminos que se distanciaban del hecho práctico y, por tanto, no eran objeto central de la misma. Sin embargo se había descubierto, a través de la sugerencia de Alonso del Val, un libro de Pierre Volboudt en referencia al trabajo de Eduardo Chillida[10] y la materia durante las conversaciones mantenidas, el cual nos introducía en las condiciones operativas propias de cada material a través del artista vasco. Con estas herramientas la búsqueda se orientó, mediante el transcurso de una nueva conversación, a abordar el trabajo de ciertos artistas, los cuales se aproximaban a la materia de forma despiadada por medio de acciones de proyecto. Con todo esto, durante el transcurso de un viaje se mantuvo una charla con el arquitecto y profesor Carlos Pita Abad[11].

---

[9] Doctorado en creatividad aplicada: estudios de doctorado con un enfoque multidisciplinar los cuales quieren mejorar los procesos de creación mediante la incorporación de estrategias interdisciplinares y métodos creativos.
[10] Pierre Volboudt, Chillida. Barcelona: Editorial Gustavo Gili, 1967
[11] Carlos Pita Abad: Arquitecto español, profesor de construcción en la ETSAC (Escuela Técnica Superior de Arquitectura de A Coruña) y de Proyectos arquitectónicos en la UIC (Universidad Internacional de Cataluña) entre otras universidades. Tuve la oportunidad de asistir a sus clases en el curso 2010-2011 en La Coruña. Desde entonces mantenemos una estrecha relación.

Durante las conversaciones sobre la materia, Carlos sugirió un libro que ha resultado clave para el desarrollo de esta investigación, *Madre Materia*, escrito por el también arquitecto Fernando Espuelas. En el libro, se repasan un total de diez capítulos. De entre estos, son fundamentales para el desarrollo del mismo: «identidad», «interior», «materiales», «tiempo» y «trabajo». En el capítulo «interior», Espuelas comienza describiendo un fenómeno que nos seduce hasta el extremo: «tal vez se trata sólo de curiosidad, aunque hay también un vago sentimiento de lo limitado que es el vivir exclusivamente en el medio aire. El caso es que me asalta con frecuencia un deseo. El de habitar en el interior de la materia compacta, de la materia diversa, estar entre los estratos de roca, en el centro de un tronco de baobab, en lo profundo de una duna. Y claro, también en la materia construida»[12]. Esta radical idea, habitar dentro de la materia fue un claro detonante en el devenir de este viaje. De nuevo a través de Peter Zumthor, todas estas intuiciones se tornaron certezas y, por tanto, se mostró el camino experiencial y perceptivo anhelado. El camino de la experiencia en el interior de la materia[13]. Este sendero, se introducía en la propia capacidad de la materia para educarnos a través de saber tratar íntimamente con ella. Para ello, para tratar con la materia era necesario conocer sus interioridades, sus procesos, y descubrir sus estrategias.

Para conocer la materia desde dentro, tal y como observa Luis Moreno Mansilla, se necesita observarla, acariciarla, rozarla con las manos y comprenderla desde lo que ella nos deja hacer. «Cuando miramos la materia que el hombre ha rozado, nos parece que en ella respira una cierta actividad, un ligera vibración, como si fueran dos perfiles entrelazados. Aún en su inmovilidad, nos parece expectante, atenta a nuestra mirada. Porque de algún modo, al tocarla, deja de formar parte de la naturaleza. Se traslada a otro lugar o a otro tiempo, a un purgatorio indeciso entre el

---

[12] Fernando Espuelas, Madre Materia, (Madrid: Ricardo S. Lampreave, 2009), 41

[13] "Un bloque de madera macizo, grande como una casa, un volumen compacto a base de la masa biológica de la madera y estratificado horizontalmente, se ahueca practicando en él ranuras con la altura de las habitaciones y cavidades bien precisas, transformándolo en un edificio...»; citado en: Peter Zumthor, Thinking Architecture. Basilea: Birkhäuser Verlag GmbH, 2010; ed. utilizada: Peter Zumthor, Pensar la arquitectura, (Barcelona: Editorial Gustavo Gili, 2014), 56

aquí y el allá»[14]. Antes de proseguir esta búsqueda, se debía experimentar en primera persona la percepción de la materia en la arquitectura. Para ello, fue fundamental visitar la obra del arquitecto Peter Zumthor, puesto que ésta nos había conmovido y guiado en este denso camino. Este viaje por la geografía Suiza permitió percibir en silencio *las termas de Vals*, comprender la roca y el agua de la cual esta conformada. Se pudo admirar *la capilla de San Benedicto*, un arca de Noé en lo alto de una loma al costado de Sumvitg. O visitar su casa construida en piedra líquida, con sus sugerentes encofrados textiles que hablan de la adaptabilidad del hormigón como materia. Para ello, nos sumergimos en la bibliografía propuesta por Fernando Espuelas en *Madre Materia*, la cual complementaba la sugerida por Alonso del Val y Suárez Mansilla. A través de esta aparecen una serie de autores vitales en el devenir de nuestra búsqueda. Entre ellos, se deben destacar a los franceses: Henri Bergson, Henri Focillon, Gaston Bachelard y Maurice Merleau Ponty, sin olvidar, igualmente, al italiano Enzio Manzini. De entre ellos, cabe destacar a Henri Bergson, con su investigación sobre el imaginario de la materia a finales del siglo XIX. Su célebre libro, *Matière et mémorie. Essai sur la relation du corps à l'espirit*[15], trata con verdadera fuerza el vínculo entre la materia y espíritu a través del cuerpo. La investigación de Bergson, se adentra en cuatro campos fundamentales; materia, percepción, memoria y experiencia. El camino recorrido por el filósofo francés da sustento a la investigación, y confirma la condición perceptiva descrita por Zumthor en pensar la arquitectura. Una percepción, que al igual que la de esta investigación, se apoya en las cosas reales, aquellas que están formadas de materia y que se ocupan de la construcción del proyecto. A las cuales, al igual que Zumthor, quiero dirigir mi fantasía, mi imaginación. «La realidad de las teorías desprendidas de las cosas no es la que me interesa, sino que es la realidad de la tarea constructiva concreta, cuya finalidad es ese habitar hacia la que quiero dirigir mi fantasía»[16].

---

[14] Luis Moreno Mansilla, Circo 52 3rd series, Sobre la confianza en la materia, (Madrid: Circo MRT coop, 1998), 2

[15] Henri Bergson, Matière et mémorie. Essai sir la relation du corps à l'espirit. Paris: Livarie Felix Alcan, 1896; ed. utilizada: Henri Bergson, Materia y memoria. Ensayo sobre la relación del cuerpo con el espíritu. Buenos Aires: Cactus, 2006

[16] Peter Zumthor, Thinking Architecture. Basilea: Birkhäuser Verlag GmbH, 2010; ed. utilizada: Peter Zumthor, Pensar la arquitectura, (Barcelona: Editorial Gustavo Gili, 2014), 37

Antes de continuar con los diferentes parámetros que construyen esta hipótesis. Se torna fundamental detenerse ante un concepto en el cual está enraizado este camino, la percepción. Percepción proviene del latín *perceptio*. Este vocablo está compuesto por el prefijo *per*, el cual significa por completo, el verbo *capere* que quiere decir capturar, y finalmente, la terminación *tio* que indicia acción u efecto. Por tanto, una primera aproximación diría, que la percepción es la acción de capturar por completo las cosas. Sobre capturar la materia escribieron, tras las huellas de Bergson; Focillon[17], Bachelard[18] y Merleau-Ponty[19]. De la mano de Henri Focillon se conocerá el tacto óptico, herramienta que nos ayudará a mirar al interior de la materia para saber cómo se transforma y conforma. Bachelard nos invita a explorar los diferentes estratos perceptivos y experienciales de la misma por medio de sus famosas aguas. Por último, Merleau-Ponty anima a revindicar la primacía de lo vivencial y lo real a través de tocar todo con las manos.

A su vez, durante el transcurso de las «conversaciones de viaje»[20] llevadas a cabo con Miguel Ángel Alonso del Val y Luis Suárez Mansilla, se presentaron una serie de autores que refrendaban el conocimiento y experiencias adquiridas hasta este momento. De entre todos, cabe destacar la figura del pensador y sociólogo americano Richard Sennett, a través de su libro *The Craftsman*[21]. Este sociólogo miembro de la Academia Estadounidense de las Ciencias y las Artes, profesor de sociología en el MIT y de Humanidades en la Universidad de Nueva York presenta la figura del *buen artesano*. La teoría de Sennet se recoge

---

[17] Henri Focillon, Vie des formes et Èloge de la main. Paris: Biblioteque de philosophie contemporaine, 1937; ed. utilizada: Henri Focillon, Vida de las formas y Elogio de la mano. Buenos Aires: Librería y editorial el ateneo, 1947
[18] Gaston Bachelard, L'eau et les rêves. Essai sur l'imagination de la matière. Paris: José Corti, 1942; ed. utilizada: Gaston Bachelard, El agua y los sueños: ensayo sobre la imaginación de la materia. México D.F: Fondo de cultura económica, 1978
[19] Maurice Merleau-Ponty, Phènomènologie de la perception. Paris: Librarie Gallimard, 1945; ed. utilizada: Maurice Merleau-Ponty, Fenomenología de la percepción. México D.F: Fondo de cultura económica, 1957
[20] Conversaciones de viaje: se hace referencia a esta idea de dialogo distendido, en aras de entender que el camino recorrido representa unas idas y vueltas realizadas de forma conjunta con Miguel Ángel Alonso del Val y Luis Suárez Mansilla.
[21] Richard Sennett, The Craftsman. New Haven: Yale University Press, 2008; ed. utilizada: Richard Sennett, El Artesano. Barcelona: Editorial Anagrama, 2009

en diversos artículos, entrevistas y escritos entre los que destaca el citado anteriormente. En el ámbito de la arquitectura, caben destacar tres fenómenos desarrollados por el pensador. Estos fenómenos son la prehensión[22], la intuición y la habilidad, los cuales serán desarrollados de manera individual en la *parte primera*. Si bien estos fenómenos son mecanismos propios de la educación del arquitecto, es el arquitecto finlandés Juhani Pallasmaa quien los recoge en su célebre libro, *The Thinking Hand. Existential and Embodied Wisdom in Architecture*[23], donde la mano consigue desarrollar una serie de habilidades del pensamiento arquitectónico a través del trabajo artesanal y manual en el mismo[24].

Si lo aprendido en las conversaciones de viaje aquí expuestas, no hizo más que refrendar la metodología utilizada en el desarrollo de los cinco capítulos centrales, fue anteriormente, cuando se desarrolló. Si de la mano de Espuelas, se conocerá el interior de la materia y los segmentos temporales en esta. Gracias a Ezio Manzini se halla el camino que transforma la materia en material de arquitectura. El ingeniero y reconocido arquitecto italiano expone que la materia se transforma a material a través de una serie de fases. Estas son: complejidad soportada, complejidad normalizada y complejidad gestionada. Tres fases que se ocupan de tres procesos, los cuales se proponen como inseparables de la arquitectura a la hora de conocer sus interioridades: *las técnicas de transformación de la materia*[25], *las técnicas de conformación de la materia* y *las tácticas de construcción de la materia*[26]. Estos procesos describirán

---

[22] prehensión: concepto expuesto por Richard Sennet en la parte primera de esta investigación. Véase pág. 71-72

[23] Juhani Pallasmaa, The Thinking Hand. Existential and Embodied Wisdom in Architecture. Chichester: John Wiley & Sons Ltd., 2009; ed. utilizada: Juhani Pallasmaa, La mano que piensa. Sabiduría existencial y corporal en la arquitectura. Barcelona: Editorial Gustavo Gili, 2012

[24] «En modos de vida anteriores, el contacto íntimo con el trabajo, la producción, los materiales, el clima y los fenómenos siempre cambiantes de la naturaleza proporcionaban una abundante interacción sensorial con el mundo de las cualidades físicas»; citado en: Ibid, 8

[25] Técnica: Habilidades y conocimientos especiales de una ciencia o un arte. La palabra proviene del griego *techné*: habilidad o conocimiento para llevar a cabo una tarea de arte. Es una de las tres categorías en las cuales Aristóteles dividía el pensamiento humano. Para nosotros es la capacidad técnica para transformar y conformar la materia en el arte de la arquitectura.

[26] Táctica: Arte que desempeña poner orden en las cosas. Como arte que es, se puede afirmar que es una capacidad técnica de otro rango. Para nosotros es la capacidad de ordenar

la zona central de cada capítulo, y encontrarán un eco en la manera que estas mismas operaciones se encargan de transformar o conformar el espacio arquitectónico que deviene de cada materia. Cada una de estas operaciones, se revelará a través de los casos de estudio (obras de arquitectura construidas) que demostrarán cada una de las acciones planteadas. Esta metodología se ve apoyada a lo largo de todos los capítulos por una introducción a los fundamentos[27] de cada materia que los acompaña. En ella se tratan elementos históricos, físicos y conceptuales. Aquellas nociones que son necesarias conocer previo a adentrarse en la propia materia. Para la construcción de este discurso se ha utilizado el estudio del profesor y arquitecto Andrea Deplazes, *Architektur konstruieren. Vom Rohnmaterial zum Bauwerk*[28], y el el libro del catedrático emérito de la ETH Zurich Akos Moravanzsky[29]; *Metamorphism. Material Change in Architecture*[30]. También los estudios realizados por Kenneth Frampton a lo largo de los últimos veinte años del siglo XX, *Modern Architecture: A critical history*[31] y *Studies in Tectonic Culture: The Poetics of of Construction in Nineteenth and Twentieth Century Architecture*[32], así como la bibliografía que cada uno de estos libros contiene, además de bibliografía específica referente al capítulo que se está desarrollando. Por tanto nos encontrarnos a Reyner Banham, Barnabás Calder, Francesco

---

elementos constructivos materiales (ladrillos, piedras, etcetera), con el fin de ordenar el espacio de acuerdo con las leyes grávidas que cada materia le permite.

[27] Fundamentos: Principio y cimiento en que se estriba el conocimiento sobre algo. Para nosotros: son las cualidades históricas y conceptuales básicas inherentes a cada materia.

[28] Andrea Deplazes, Architektur konstruieren. Vom Rohnmaterial zum Bauwerk. Basilea: Birkhäuser Verlag, 2008; ed. utilizada: Andrea Deplazes, Construir la arquitectura. Del material en bruto al edificio. Barcelona: Gustavo Gili, 2010

[29] Akos Moravanzsky: profesor emérito de la ETH Zurich. Tuve la oportunidad de asistir a sus cursos en el Master Universitario en Teoría y Diseño Arquitectónica de la Universidad de Navarra en la Escuela Técnica Superior de Arquitectura de Pamplona.

[30] Akos Moravanzsky, Metamorphism. Material change in architecture. Basilea: Birkhauser Verlag, 2018

[31] Kenneth Frampton, Modern Architecture: A critical history. London: Thames and Hudson Ltd., 1980; ed. utilizada: Kenneth Frampton, Historia y Crítica de la arquitectura moderna. Barcelona: Editorial Gustavo Gili, 1998

[32] Kenneth Frampton, Studies in Tectonic Culture: The Poetics of of Construction in Nineteenth and Twentieth Century Architecture. Cambridge: The MIT Press, 1995; ed. utilizada: Kenneth Frampton, Estudios sobre cultura tectónica. Madrid: Editorial Akal, 1999

Cacciatore, Jesus Mª Aparicio Guisado, Eduardo Prieto, Francesco Caeri, Rolf Ramsche, Jaime de la Hoz o Kiyosi Seike, entre otros.

Sin embargo, estas no son las únicas alusiones a la comprensión de las diferentes materias aquí recogidas. Para conocer los conceptos internos que cada materia porta consigo, se necesitaba salir del ámbito de la arquitectura. Había que aproximarse al *modus operandi* de un artesano o artista solo ante la materia. En este punto, fue de vital importancia la ayuda de la profesora Esperanza Marrodan Ciordia[33]. Tras una conversación acerca de la investigación, se sugirió una mirada sobre el artista de *Land Art* americano Robert Smithson. Tras esta pista, un sin fin de colegas aparecieron en escena: Per Kirkeby, Carl Andre, Richard Serra, Walter de Maria y Rachel Whiteread pasaron a ser protagonistas de este viaje. Este grupo de artistas, de diversa procedencia, se ocupará de conceptuar las diferentes materias a través de una aproximación descarnada a ellas. A través de sus acciones se enfrentaron al territorio, al espacio o a las preexistencias, mediante las condiciones técnicas y conceptuales que cada materia portaba consigo. Estos artistas describieron mediante sus operaciones el territorio, delimitándolo; el espacio, pautándolo; y la preexistencia, congelándola. Por tanto, todas estas aportaciones, se ocuparán de describir mecanismos operativos proyectuales, los cuales nos conducirán en nuestro camino perceptivo y experiencial de la materia. Con esta bibliografía, y la que los propios autores sugieren en el desarrollo de sus diversos trabajos, se teje una red de múltiples relaciones. La cual permite una mirada singular y transversal a las obras de arquitectura que construyen esta investigación.

Por tanto, para comprender mejor cómo la materia educa al arquitecto a través del cuerpo y la mente, se entiende como preciso y necesario aproximarse desde un análisis interdisciplinar que ayuda a comprender las operaciones que se realizan sobre el proyecto de arquitectura a través de la materia. Estas distintas relaciones pondrán el foco en conceptos perceptivos y experienciales, que configurarán el proyecto de arquitectura desde el singular y único mundo de la materia. Hasta ahora, se han descrito a los agentes implicados en el cuerpo central de este documen-

---

[33] Esperanza Marrodan Ciordia, doctor arquitecto, profesora y arquitecta paisajista de la Escuela Técnica Superior de Arquitectura de la Universidad de Navarra.

to, pero no se ha incidido en la elección de las materias que componen su índice.

Entre 1834 y 1876, el arquitecto, pensador y profesor alemán Gottfried Semper redactó una serie de escritos fundamentales para la comprensión de su pensamiento esencial en relación con las nociones de arquitectura y arte. De todos los textos redactados por el intelectual alemán son fundamentales destacar, *Der vier Elemente der Baukunst. Ein Beitrag zur vergleichenden Baukunde (1851)* y *Der Stil (1860-1863)*. Si bien es cierto, que el principio de actualidad de estos textos en relación al resto de protagonistas de esta investigación puede quedar en entredicho, la colección total de escritos semperiana fue editada y traducida al castellano en 2014 por Antonio Armesto[34] y Arquia. Por tanto, su vigencia en nuestro idioma, así como su condición de actualidad es más que manifiesta a la hora de ser utilizada como herramienta de trabajo actual. Igualmente, antes de analizar la validez de los textos propuestos por Semper para este trabajo, se debe citar la importancia de otros autores capitales que construyeron la otra modernidad. De entre ellos hay que destacar a Hermann Muthesius, Hendrik Petrus Berlage, Adolf Loos, Henry Van de Velde, Hannes Meyer o, posteriormente, Max Bill entre otros. Todos ellos construyeron el pensamiento material durante la primera mitad del siglo XX, transportando así la teoría semperiana sobre las artes técnicas. Tras esto, en los albores de la primera mitad del siglo XX, la figura de Le Corbusier alejado ya de una modernidad blanca y pura experimenta con el *betón brut*[35], dando pie a una serie de obras que se enfrentan a la materia de forma descarnada y primitiva, las cuales abren paso a los casos de estudio de esta investigación. Estos casos, los cuales posteriormente

---

[34] Gottfried Semper, Antonio Armesto ed., Manuel García Roig tr., Escritos fundamentales de Gottfried Semper. El fuego y su protección. Madrid: Edición fundación Arquia, 2014
[35] "El mexico T. Gonzalez de León cuenta sobre la obra de la fábrica en St- Dié. 1948: «ahí presencié un suceso muy importante para la arquitectura moderna... y del que no medí de inmediato la transcendencia. Habíamos revisado el acabado de concreto del primero de los grandes postes de la planta baja. Nos había parecido defectuoso y tosco y esperábamos a Le Corbusier para decírselo. Después de una larga y silenciosa inspección, felicitó entusiasmado al contratista: «bravo Milone, esa es la superficie bruta que requiere el concreto». Se habló del *betón brut* y ahí nació una corriente que abarcó todo el mundo»; citado en: Carlos Pita Abad, *Les murs*, Obradoiro 34 Os límites, (Santiago de Compostela: COAG, 2012), 32

serán justificados y presentados, evidencian las enseñanzas del maestro alemán a lo largo del tiempo, concediendo validez a los postulados semperianos de mirada igualmente primitiva. De entre los textos propuestos por el maestro alemán hay que destacar su clasificación de las artes técnicas[36].

En aquel brillante manifiesto se describe una distribución de cuatro materias, al igual que las presocráticas, que son fundamentales a la hora de concebir el arte y la arquitectura. «La tarea que me he propuesto requiere distinguir las artes técnicas en categorías y considerar estas categorías por separado. Lo he creído indispensable para probar la influencia de cada una en el surgimiento de los símbolos artísticos en general y de los arquitectónicos en particular. Se demuestra así que las leyes fundamentales del estilo en las artes técnicas son idénticas a las que imperan en la arquitectura, y que estas leyes básicas se manifestaron en sus formas más sencillas y diáfanas allí donde aquellas se desarrollaron y establecieron por primera vez»[37]. Esta clasificación, se ocupa de «las actividades principales de la dedicación artística»[38], y el profesor las divide en cuatro: «el arte textil, el arte cerámico, la tectónica, la estereotomía»[39]. Estas actividades podrían tener su eco en cuatro materias principales propuestas por esta investigación, y que ocupan el cuerpo principal en la misma: la estereotomía se ocupará de la «materia pétrea», el arte cerámico de la «materia arcillosa», el arte textil conformará la «materia leñosa», y la tectónica la «materia mineral»[40].

---

[36] Gottfried Semper, Antonio Armesto ed., Manuel García Roig tr., Escritos fundamentales de Gottfried Semper. El fuego y su protección, (Madrid: Edición fundación Arquia, 2014), 295-296
[37] Ibid, 294
[38] Ibid, 296
[39] Idem
[40] "Se pueden establecer cuatro categorías principales de materiales en relación con el carácter de su utilización y de acuerdo con su función técnica. Las cualidades específicas son:
Materiales flexibles, resistentes, opuestos en alto grado al desgarro, capaces de la mayor más absoluta flexibilidad; materiales blandos, maleables, moldeables [plásticos], capaces de endurecerse, que fácilmente pueden adquirir una configuración y formas muy diversas y permanecer invariables después de haber llegado a un estado de endurecimiento; materiales en forma de barra, elásticos, de consistencia relativamente resistente sobre todo a las fuerzas que actúan en sentido normal a su longitud, y materiales firmes, compactos,

Esta clasificación, se hace presente en el índice que precedía a estas páginas, y cada una de estas cuatro materias describirá un capítulo. Al consultar el índice encontramos un total de cinco materias, las cuatro citadas anteriormente y una quinta. Un quinto elemento llamado «materia fluida». Este elemento, que por cuestiones temporales obvias no pudo ser recogido por Semper, ha sido recientemente descrito por un reconocido semperiano como el material híbrido de los arquitectos. El profesor Akos Moravanzsky presenta al hormigón armado como el gran desafío de las cuatro artes técnicas semperianas, de los cuatro elementos. «La técnica del vertido del hormigón, la cual no aparece en la clasificación de estilos semperiana, representa un gran desafío para el sistema de los cuatro elementos, y sin embargo, también ofrece la oportunidad de proporcionar diferentes metamorfismos con nuevos ejemplos. Hoy el hormigón se ha convertido en un material híbrido que circula en los intersticios de la infraestructura técnica que nos rodea y se endurece en estructuras»[41].

En resumen, para la elección de nuestras cinco materias, se ha optado por utilizar las propuestas en las artes técnicas establecida por Gottfried Semper, debido a su condición material constitutiva, a su arraigo en la cultural material y a la tradición histórica constructiva que cada una de ellas porta, incluida la posterior presencia del hormigón.

Por tanto, constará en su *parte segunda* de cinco capítulos que corresponden a las cinco materias aquí expuestas: «materia pétrea», «materia arcillosa», «materia leñosa», «materia mineral» y «materia fluida». Estas cinco materias, las cuales hacen referencia a sus orígenes como sustan-

---

densos, resistentes al aplastamiento y la rotura, pero de consistencia significativamente *reactiva*, adecuados, por tanto, para ser trabajados mediante la talla de partes de su masa según la forma deseada y dejarse añadir piezas regulares, a sistemas asimismo firmes y compactos, en los que la estabilidad reactiva constituye su principio constructivo»; citado en: Gottfried Semper, Antonio Armesto ed., Manuel García Roig tr., Escritos fundamentales de Gottfried Semper, (Madrid: Edición fundación arquia, 2014), 295

[41] "The technique of pouring concrete, wich does not appear in Semper´s Style, represent a major challenge to the system of the four elements and yet it also offers an opportunity to provide varies of metamorphism with new examples. Today concrete has become an hybrid material which circulates in the capillaries of the technical infrastructure wich is all around us, and hardens into structures»; citado en: Akos Moravanszky, Metamorphism material change in architecture, (Basilea: Birkhauser Verlag GmbH, 2018), 285

cia primitiva, son por si mismas capaces de constituir, conformar, ordenar y configurar el proyecto de arquitectura por las propias condiciones inherentes a cada una de ellas. Por sus condiciones físicas, sensoriales y éticas internas. Hasta ahora hemos observado que el camino de la cultura material y la imaginación material, se ocuparán de construir la estructura analítica y propositiva de la *parte segunda* de esta investigación. Sin embargo, las cuestiones que atañen a la imaginación de la materia se crean a partir de la percepción y la experiencia de estas.

MATERIA PETREA | MATERIA ARCILLOSA | MATERIA LEÑOSA | MATERIA MINERAL | MATERIA FLUIDA

Cinco Materias

Para acercarnos a la percepción y la experiencia del espacio arquitectónico mediante de la imaginación material hay que indicar la relevancia en la educación sensorial de la Bauhaus de Weimar[42]. En 1919 (hace ciento un años años), Walter Gropius, siendo consciente de la pérdida de conciencia sensitiva que la sociedad de su momento estaba sufriendo, introdujo una serie de nuevos modelos para educar los sentidos de una forma más elevada. El arquitecto alemán contempló en su plan de estudios, la aparición de la percepción táctil de los diferentes materiales de la arquitectura. Para ello, se tornó vital la figura del también profesor de la Bauhaus Laszló Moholy-Nagy, y su fundamental libro *Von Material zu Architektur*[43]. En este libro, el profesor húngaro describe los trabajos

---

[42] Ellen Lupton, ABC de la Bauhaus. La Bauhaus y la teoría del diseño. Barcelona: Editorial Gustavo Gili, 2019
[43] Laszló Moholy-Nagy, Von Material zu Architektur. Münich: Albert Langen Verlag, 1929; ed. Utilizada: Laszló Moholy-Nagy, La nueva visión y reseña de un artista. Buenos Aires: Ediciones Infinito, 1963

realizados por los estudiantes de la Bauhaus. En ellos se realizaban experimentos con los materiales, los cuales tenían como objetivo el entrenamiento de las experiencias sensoriales básicas[44]. Estas se adquirían por medio de «las tablas táctiles», comprendiendo a través de ellas cuatros aspectos fundamentales de los materiales: «estructura», «textura», «aspecto superficial o tratamiento superficial» y «agrupamiento»[45]. Tras esto, cada alumno realizaba su propia escultura mediante la cual registrará, en palabras del propio Moholy-Nagy; «las funciones de las manos: asir, presionar, torcer, sentir el grosor, pesar, penetrar orificios, etc»[46]. Este último paso, en el cual se creaba un volumen escultórico, se torna fundamental desde el punto de vista del tratamiento del material, debido a que se realizaba un proceso de obtención formal basado en cinco etapas. Por medio de éstas se conocía más intensamente los diversos materiales y sus relaciones volumétrico formales: «bloqueado», «modelado (ahuecado o vaciado)», «perforado (horadado)», «equilibrio» y «dinámica (en movimiento)»[47].

A través de estas experiencias profundas basadas en el tacto de la materia, se produjeron objetos de la más alta calidad. Si bien estas herramientas fueron usadas para la educación sensorial en la producción de objetos, las herramientas o, mejor dicho, los instrumentos de la imaginación material servirán para la construcción de futuros proyectos de arquitectura. Hablando de instrumentos, en 1957 el arquitecto danés Steen Eiler Rasmussen propone una mirada a los instrumentos que toca el arquitecto[48], este trabajo es una primera aproximación a la percepción

---

[44] «Las experiencias sensoriales básicas – adquiridas en estos ejercicios – experimentan un desarrollo y una transformación intelectual, y posteriormente son relacionadas con otras experiencias»; citado en: Laszló Moholy-Nagy, La nueva visión y reseña de un artista, (Buenos Aires: Ediciones Infinito, 1963), 35

[45] Para una mejor comprensión de estas experiencias materiales consultar: Ibid, 40-44

[46] Ibid, 75

[47] «Al trabajar con el material y descubrir las relaciones de volumen a medida que se hacen más y más claras, podemos anotar varias etapas de evolución plástica – no solo en el individuo, sino también en la historia de la cultura»; citado en: Ibid, 76

[48] «Mi objetivo es, con toda modestia , tratar de explicar por todos los medios cuál es el instrumento que toca el arquitecto, para mostrar así la amplitud de su registro y despertar los sentidos ante su música»; citado en: Steen Eiler Rasmussen, Om at opleve arkitektur. Copenague: G.E.C. Gads Folag, 1957; ed. utilizada: Steen Eiler Rasmussen, La experiencia de la arquitectura, Sobre la percepción de nuestro entorno, (Barcelona: Editorial Reverté, S.A, 2004), 14

de las cosas materiales que construyen el ámbito que habitamos y, por tanto, a la creación de experiencias de índole arquitectónica.

Igualmente, el presente libro fijará su mirada en el estudio llevado a cabo por el arquitecto checo Bernard Rudofsky, *Architecture without Architects. An introduction to non-pedigreed architecture*[49], aunque el ensayo de este regionalista convencido no fue importante a la hora de construir el discurso aquí expuesto. La mirada propuesta por el arquitecto checo a través de los diferentes casos de estudio fue, sin embargo, fundamental en la elección de estos. Ciertamente la visión y los textos de Rudofsky son coetáneos de casi todas las obras aquí recogidas y, por tanto, su influencia no puede ser directa pero si los evoca. La obras de Marco Zanuso, Per Kirkeby, Kazuo Shinohara, Craig Ellwood y Juliaan Lampens rezuman por todos los costados el enfoque fenomenológico de aquel. Esta búsqueda en la cultura material de una comunidad, la construcción en un ambiente natural específico y la asunción de la materia como parte de la composición del lugar ha sido fundamental para el hábitat humano.

Así, en 1976, el arquitecto, teórico e historiador noruego Christian Norberg-Schulz, continuando con el enfoque fenomenológico propuesto por Rasmussen y Rudolfsky, destaca la noción de lugar en el discurso arquitectónico de la segunda mitad del siglo XX. El libro, *Genius Loci. Towards a Phenomenology in Architecture*[50] está presente en la «comprensión natural»[51] de los casos de estudio aquí descritos, por medio de la afirmación de estos a través de su carácter. En último lugar, entrados ya en la década

---

[49] Bernard Rudolfsky, Architecture without architects. Introduction to non-pedrigree architecture. Alburquerque: University of New Mexico Press, 1964
[50] Christian Norberg-Schulz, Genius Loci. Towards a phenomenology of architecture. Nueva York: Rizzoli, 1980
[51] "Las cosas, el orden, el carácter, la luz y el tiempo son las categorías básicas de la comprensión natural determinada. Mientras que las cosas y el orden son espaciales (en un sentido cualitativo determinado), el carácter y la luz se refieren a la atmósfera general de un lugar. También podemos señalar que "cosa" y carácter (en el sentido, de donde se emplazan) son dimensiones de la tierra, mientras que el orden y la luz están determinados por el cielo. El tiempo, finalmente, es la dimensión del cambio constante, y hace del espacio y el carácter parte de una realidad viva, que en cualquier momento se le asigna un lugar particular, como un Genius Loci»; citado en: Christian Norberg-Schulz, Genius Loci. Towards a phenomenology of architecture, (Nueva York: Rizzoli, 1980), 54-56

de los ochenta, el célebre arquitecto italiano Aldo Rossi expone su *Scientific Autobiography*[52]. Una serie de textos que narran una aproximación sentimental y emotiva a sus proyectos de arquitectura, y que seguramente ha influenciado en la descripción de los casos de estudio que construyen el relato de esta investigación. Además de los textos y las obras propios de la disciplina arquitectónica, se encontrarán en el apartado «fundamentos de la materia» referencias al pensamiento fenomenológico y artesanal de Edumund Husserl, Martin Heidegger, Claude Levi-Strauss o George Kubler entre otros. Esta colección de textos sirven como referencia para hacer visible el relato perceptivo experiencial de este libro.

Por último, desde la década de los noventa hasta la actualidad se descubren una serie de divulgaciones que centran su interés en la dimensión perceptiva y experiencial de la arquitectura. Estas publicaciones ponen de manifiesto una creciente mirada en la arquitectura que se configura a través la sabiduría existencial y corporal de la mano y la materia. De entre todos ellos, hay que destacar por encima del resto al arquitecto y pensador finlandés Juhani Pallasmaa. Durante los últimos treinta años, su capacidad para enfatizar la recuperación de los parámetros esenciales del saber arquitectónico ha sido fundamental. Pallasmaa ha recuperando la senda del camino perceptivo que parecía haberse perdido entre la masa productiva arquitectónica actual. De entre sus escritos cabe destacar: *The eyes of the Skin*[53], *The Thinking Hand*[54], *The embodied Image*[55], *Habitar*[56], Esen-

---

[52] Aldo Rossi, Scientific Autobiography. Cambridge: The MIT Press, 198; ed. utilizada: Aldo Rossi, Autobiografía Cientifífica. Barcelona: Editorial Gustavo Gili, 1984
[53] Juhani Pallasmaa, The eyes of the Skin. Architecture and the Senses. Chichester: Willey-Academy., 1996; ed. utilizada: Juhani Pallasmaa, Los ojos de la piel. La Arquitecura y los sentidos. Barcelona: Editorial Gustavo Gili, 2014
[54] Juhani Pallasmaa, The Thinking Hand. Existential and Embodied Wisdom in Architecture. Chichester: John Wiley & Sons Ltd., 2009; ed. utilizada: Juhani Pallasmaa, La mano que piensa. Sabiduríaa existencial y corporal en la arquitectura. Barcelona: Editorial Gustavo Gili, 2012
[55] Juhani Pallasmaa, The embodied Image. Imagination and Imagery in Architecture. Chichester: John Wiley & Sons Ltd., 2009; ed. utilizada: Juhani Pallasmaa, La Imagen Corpórea. Imaginación e Imaginario en la Arquitectura. Barcelona: Editorial Gustavo Gili, 2014
[56] Juhani Pallasmaa, Habitar. Barcelona: Editorial Gustavo Gili, 2016

cias[57], *Understanding Architecture*[58] y *Tocando el mundo*[59]. Junto a la gran aportación del arquitecto y teórico finlandés, se puede mencionar la obra escrita por el afamado arquitecto canadiense Adam Caruso, *The Feeling of Things*[60]. En esta obra se acentúa lo físico y lo corpóreo a través de una serie de textos descriptivos que ensalzan el acto «íntimo y revelador de la acción de construir»[61]. Por tanto, todo ésta pléyade de autores aparecerán en el trabajo para apoyar la narración, ya que se entiende la participación de los mismos como fundamental para la conceptualización y construcción del marco general de esta investigación. Como se puede observar en el índice que compone esta tesis, las diversas fuentes aquí expuestas se desarrollarán en la investigación a través de tres partes: «Fundamentos de la Materia», «Cinco Materias» y «Estrategias de la Materia»[62].

Este orden racional responde a la lógica inherente en la obtención del conocimiento. Primero se deberá saber en qué consisten los atributos de la materia, en qué se basa la imaginación de esta y como se piensa a través de ella. En segundo lugar, se desarrollará la imaginación de las cinco materias aquí expuestas y, finalmente, las operaciones estratégicas de índole arquitectónica mediante las cuales las diferentes materias se manifiestan. Por tanto, las partes segunda y tercera se ocuparán de las aplicaciones de la cinco materias en el proceso creativo del proyecto. De idéntica manera, cada parte se organiza de forma lógica: en la *parte primera*, se comienza explicando ¿qué es la materia? a través de los fundamentos históricos, descriptivos y etimológicos de la misma. Los cinco capítulos de la *parte segunda* comienzan por describir los mismos fundamentos y las operaciones, técnicas y tácticas, de cada una de las mate-

---

[57] Juhani Pallasmaa, Esencias. Barcelona: Editorial Gustavo Gili, 2018
[58] Juhani Pallasmaa, Robert McCarter, Understanding Architecture. Londres: Phaidon Press Limited, 2012
[59] Juhani Pallasmaa, Tocando el mundo. Barcelona: Ediciones Asimétricas, 2019
[60] Adam Caruso, The Feeling of Things. Escritos de Arquitectura, Barcelona: Ediciones Poligrafía, S.A, 2008
[61] Ibid, 61
[62] Estrategia: conjunto de reglas que se aseguran el arte de llevar a cabo un objetivo establecido anteriormente. Para nosotros: las estrategias se ocupan de configurar el límite construido de la arquitectura de la imaginación material en relación con su territorio en el más amplio sentido de la palabra. Con esto nos referimos a la memoria, la cultura y la materia que construyen un determinado lugar.

rias expuestas. Por último, en la *parte tercera*, el apartado «Re-conocer la materia» introduce el valor propio de las estrategias de la materia. Cabe reseñar, que la metodología propuesta persigue aplicar los procedimientos racionales utilizados a la hora de alcanzar los objetivos de una investigación de índole científica. Ahora bien, ¿cómo se estructuran estos?

La *Parte Primera* se estructura en tres apartados en total. El primero de ellos, denominado «Atributos de la materia» recoge los fundamentos de la materia a lo largo del devenir de su historia. Este apartado se fundamenta en la idea de que la materia es aquello con lo que se hace algo, pero que ese hacer incorpora las cualidades sensibles inherentes a su origen[63]. Esta idea se describe a través de diversos autores, entre los que destacan las aportaciones de personajes diversos como: Aristóteles, Xabier Zubiri, Fernando Espuelas y el también arquitecto y filósofo Eduardo Prieto[64]. El segundo apartado, «La imaginación de la materia», desarrolla la idea de la imaginación material como herramienta de proyecto. Finalmente, el último apartado, «Pensar con la materia», explicará el proceso de aprendizaje manual-artesanal y la metodología utilizada en la descripción analítica de cada una de las materias expuestas.

En la *parte segunda* se analizarán las cinco materias anteriormente descritas, basándonos en el modelo semperiano escogido. Cada uno de estos capítulos se divide, a su vez, en dos apartados: en el primero de ellos se expondrán los fundamentos, las técnicas y las tácticas (técnicas de diferente orden) de la materia que está siendo analizada. Aquí se proclamará el valor fundamental que tienen las acciones artesanales que se realizan a la hora de la transformación y conformación de la materia prima en material. Estas acciones son, a su vez, operaciones arquitectónicas para la configuración espacial del proyecto: operaciones propias de la materia para construir espacio. El segundo apartado comienza por exponer un concepto arquitectónico fundamental de las artes técnicas

---

[63] "La materia consiste, pues, en ser función determinante inmediata de la cosa material en orden a sus cualidades sensibles»; citado en: Xabier Zubiri, Espacio, Tiempo, Materia, (Madrid: Alianza Editorial, 1995), 400
[64] Eduardo Prieto, La vida de la materia. Sobre el inconsciente del arte y la arquitectura. Madrid: Ediciones Asimétricas, 2018; en este libro se realiza un repaso histórico fundamental a la hora de abarcar las diferentes «edades» de la materia.

semperianas: la descripción realizada por el maestro alemán de cada uno de los materiales aquí analizados, a excepción del hormigón del cual se ocupará el profesor Moravanszky. Posteriormente, se descifran las operaciones arquitectónicas singulares que cada materia nos ofrece y tratan los conceptos estructurales y espaciales internos que cada materia porta consigo. Es relevante indicar que, en este apartado, se utilizan también referencias de obras contemporáneas que son ejemplares a la hora de describir la operación arquitectónica descrita en cada momento. A su vez, en este apartado se introduce el trabajo conceptual y plástico de los artistas que se han aproximado al material, el territorio y el espacio de manera radical, sin el relativo corsé funcional de la arquitectura.

Antes de continuar es importante descifrar que la segunda parte está acompañada de esquemas, fotografías y dibujos (a mano alzada). Si bien las fotografías narrarán las situaciones pertinentes que describan lo deseado en cada acción u operación, es interesante resaltar el valor del conocimiento transmitido a través de la técnica del dibujo a mano alzada empleada para los esquemas, las operaciones, las casas y las estrategias (descritas en la *parte tercera*). Se utiliza el dibujo como mecanismo de representación, con un carácter artesanal, por dos motivos: en primer lugar, el dibujo hace presente la atmósfera fundamental deseada, sin que se desvíe la atención de esta. En segundo lugar, el dibujo trata de poner cuerpo sensible a algo que está construido. Gracias a ello, se enfatizan las características deseadas del proyecto de arquitectura concreto, de la arquitectura construida[65]. Por otro lado, las fotografías y los dibujos que componen esta investigación se ubicarán en la página opuesta al texto, relacionando ambos sin restarle importancia ni a la narración, ni al dibujo. Los esquemas, en cambio, estarán vinculados a la narración propia del texto, puesto que se torna fundamental la relación entre ellos debido a que la escala de dibujo no requiere de mayor espacio. Se confía en que este esquema narrativo favorezca la unidad explicativa del conjunto.

---

[65] «Las representaciones arquitectónicas cuyo contenido es lo aún no construido se caracterizan por el empeño en dar habla a algo que todavía no ha encontrado su lugar en el mundo concreto, pero que ha sido pensado para ello»; citado en: Peter Zumthor, Architektur denken. Basilea: Birkhäuser Verlag, 1998; ed. utilizada: Peter Zumthor, Pensar la arquitectura, (Barcelona: Editorial Gustavo Gili, 2014), 12

A continuación se proseguirá con la explicación de la *parte tercera*. Hasta aquí, se han propuesto los fundamentos, acciones, operaciones y conceptos propios de la imaginación de cada una de las materias. Así como la base teórica que apoya a la hipótesis de la importancia de la imaginación material a través de los procesos de índole técnica. De igual forma, al final de cada capítulo se han presentado las estrategias específicas de éstas. La *tercera parte*, por tanto, se ocupa de profundizar en las estrategias ya apuntadas, dividiendo este capítulo en tres apartados: «Re-conocer la materia»[66], «Diez estrategias» y «Nuevos horizontes». El primero de ellos, «Re-conocer la materia», insiste en la profundidad perceptiva y experiencial del acto de manipular la materia. Y la capacidad de esta para construir y definir el límite de la arquitectura. El segundo apartado, «Diez Estrategias», expondrá las estrategias de la materia en parejas dos a dos. A la pregunta, ¿por qué diez y no cinco?, la respuesta es sencilla. En el libro se descubre que las acciones sobre cada materia pueden agruparse en torno a una estrategia arquitectónica compacta o, por el contrario, a una estrategia disuelta. Finalmente, el último apartado, «Nuevos Horizontes», se desarrolla como un alegato sobre el futuro abierto con la investigación llevada a cabo. De esta forma, se franquea la puerta a nuevos caminos, los cuales deberán recorrer el sendero de la cultura material antropológica más primitiva e intensa. Esta última parte del trabajo, desde una actitud intrépida y decidida frente a lo desconocido, se aproxima, a diferencia de la *parte primera* y *segunda*, a las estrategias de la materia desprovista de herencia escrita alguna. Aquí toman la mayor importancia toda una serie de percepciones y experiencias arquitectónicas personales, las cuales responden, aunque no de manera única, a las estrategias de la materia. Quizás pueda afirmarse que el desconocimiento sea el que mueva la inquietud de la imaginación material o, como describía Eduardo Chillida en sus *Escritos*: «desde el espacio, con su hermano el tiempo, bajo la gravedad insistente, sintiendo la materia como un espacio más lento, me pregunto con asombro sobre lo que no sé»[67].

---

[66] Véase *parte tercera*, capítulo VII: «Estrategias de la Materia», «Re-conocer la Materia». pág. 390-398
[67] Eduardo Chillida, Escrito, (Madrid: La Fábrica, 2005), 41

La actitud investigadora propuesta por Chillida a la hora de ahondar en la esencia de lo desconocido sirve como sustento principal a este libro. Un documento alimentado a través de una amplia amalgama de conocimientos, los cuales la permiten acercarse y adentrarse al interior de la materia, con el fin de cimentar un juicio propio sobre la capacidad de ésta para conformar y configurar el espacio arquitectónico. Las técnicas, tácticas y estrategias que propone este libro, no quieren ser un recetario para proyectar arquitectura, ni un manual de construcción. Estos conceptos quieren fabricar una actitud hacia la disciplina arquitectónica alimentada por la capacidad perceptiva y experiencial de la materia en la construcción del espacio. Esta actitud, ciertamente optimista, nos permite liberarnos del corsé de la forma y de los principios estilísticos a la hora de proyectar y pensar la arquitectura. Por tanto, el arquitecto educado a través de la materia comprende mejor el mundo de cosas reales que le rodea. Esta es la clave, a la hora de proyectar desde la imaginación de la materia.

PARTE PRIMERA

Fundamentos de la Materia

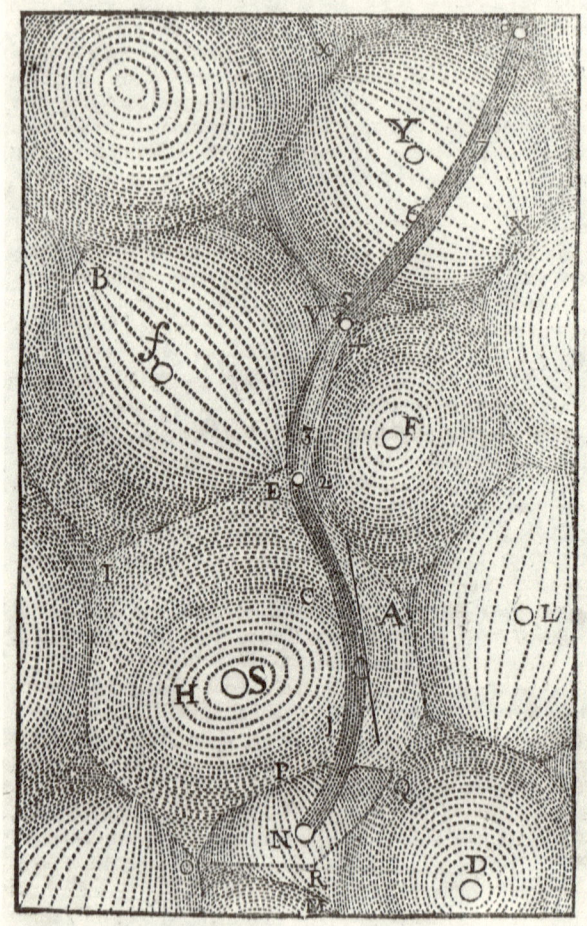

La materia del universo, René Descartes, 1664

FUNDAMENTOS DE LA MATERIA

Atributos de la materia

«Como arquitecto, eso es con lo que trato todo el tiempo. En realidad es lo que llamaría mi pasión. Lo real tiene su propia magia. Por supuesto, sé que la magia reside en el pensamiento. La pasión de un pensamiento hermoso. Pero de lo que estoy hablando aquí es algo que a menudo encuentro más increíble: la magia de las cosas, la magia del mundo real»[1]. El arquitecto suizo Peter Zumthor afirma la condición mágica de las cosas reales que construyen y configuran el mundo. Esta condición, a la que Zumthor se refiere como atmósferas, está cargada de esencia matérica.

Por tanto, un objetivo es adentrarse en conocer dicha esencia, cómo es esta materia desde su interior. Se hará un «viaje» desde su significado y raíz etimológica, y así profundizar en la concepción filosofica que rodea al término para conocer su identidad. Es por ello que, en primer lugar, no puedo evitar aclarar, que como arquitecto estoy de paso en el ámbito de la filosofía. Cuando he estado de visita, mi mirada ha sido la de una persona curiosa, alguien que sencillamente busca conocer la arquitectura constituida de hechos reales (al igual que Zumthor), una arquitectura que es pura atmósfera material. En definitiva, la arquitectura de la Materia.

De nuestra compañera de viaje, la materia, se conoce que ha estado presente en los debates filosóficos desde la antigua Grecia hasta la actualidad. La materia ha sido continuamente fuente de discusión y, por tanto, lugar de investigación y espacio para la innovación. Por todos es conocida la compleja pareja que forman materia y forma (aunque a nosotros nos interesa el concepto conformante de la materia). Los debates entre la filosofía de Aristóteles y la filosofía de Platón; o lo que es lo mismo, Materialismo e Idealismo. Estas discusiones, se ocuparon de definir dos líneas claras: la

---

[1] Peter Zumthor, Atmospheres, (Basilea: Birkhäuser, 2003), 19. T. del original: «As an architect that is what i deal with all the time. Actually, it's what i'd call my passion. The real has its own magic. Of course, i know the magic that lies in thought. The passion of a beautiful thought. But what i'm talking about here is something i often find even more incredible: the magic of things, the magic of the real world».

línea Platónica obviaba la materia, prácticamente la llamaba inútil, hacía de ella una pura receptora sin alma ni espíritu. En cambio, Aristóteles y lo que devino posteriormente en la escuela Aristotélica, sí creyeron en la materia como sustancia constitutiva de las cosas. Estos llegaron a afirmar que la materia sin la forma no existe, pero de igual manera expusieron, que la forma sin la materia no es nada, es puro artificio. La materia para ellos ya era esencia, este primer posicionamiento señala el problema cultural que se nos presenta a principios del siglo XX, pues hasta entonces la materia fue denostada, casi olvidada salvo contadas excepciones como es el caso del medieval de Tomás de Aquino o el anterior de Avicena, entre otros.

Antes de entrar a conocer las posturas que históricamente se han ocupado de la materia como aquello que porta una memoria propia y es a la par trabajada, aquello con lo que se hace algo, se debe ahondar, primeramente, en su significado y etimología. En lo que define su identidad. Por lo tanto, ¡entremos en materia! Para esto, se describirán y analizarán las diferentes acepciones significativas recogidas por el Diccionario de la Real Academia Española de la Lengua, y las diversas etimologías que esta palabra de profundo significado contiene. Nos apoyaremos, en primer lugar, en la raíz latina, para posteriormente descubrir en palabras del arquitecto Fernando Espuelas, su raíz sanscrita y así comprender los conceptos internos a la misma.

Identidad de la materia

Para conocer la identidad de nuestra compañera de viaje, en primer lugar, se comenzará por consultar en el DRAE el término *Materia*[2]. La primera de las definiciones, de las cuales se ocupa nuestro diccionario, se refiere a la condición espacial y perceptible de la materia, así como a la capacidad de esta para constituir el mundo. Al observar las palabras con detenimiento, en primer lugar, estas hacen noción explícita a la rea-

---

[2] Materia: *Del lat. materia.*
1. f. Realidad espacial y perceptible por los sentidos de la que están hechas las cosas que nos rodean y que, con la energía, constituye el mundo físico.
2. f. materia física diferenciada de las demás por una serie de propiedades determinadas. La materia del casco debe ser dura. 3. f. Ser que tiene existencia física, por oposición a espíritu.

lidad, a su existencia y causa y, por tanto, dejan de lado cualquier ámbito que ataña a la materia de una forma no presente. La materia es y está. La materia se entiende esencial, tal y como explica Aristóteles a través del pensamiento hilemorfista en su libro *Metafísica VII*[3], «lo que se busca es la causa de la materia. Y esta causa es la forma que determina el ser, es la esencia»[4]. A continuación, la propia explicación incluye la palabra «*perceptible*». Esta se refiere a la capacidad de comprender a la materia con todos los sentidos, al conocimiento y experiencia sobre la misma y, por tanto, a su condición fenomenológica. A esta situación última, la cual alude al conocimiento natural como parte de la experiencia. Se refiere el filósofo alemán Edmund Husserl, al descifrar que para conocer hay que permanecer en la experiencia: «el conocimiento natural empieza con la experiencia y permanece dentro de la experiencia»[5]. La tercera de las definiciones aquí recogidas alza una mirada sobre la condición existencial de la misma y dice, literalmente, «ser que tiene existencia física, por oposición a espíritu». Esta existencia física, bien podría haber sido formulada por Martin Heidegger, al cual se puede interpretar que no le seducía la materia como campo de estudio único pero, sin embargo, sí se ocupaba de la noción existencial a través del concepto «*dasein*»[6] (ser-aquí), el cual

---

4. f. Idea o hecho central en torno a los cuales gira una obra literaria, científica o de otro tipo.
5. f. Idea, hecho o cosa sobre los que se habla, se escribe o se piensa. Índice de materias.
6. f. Conjunto de conocimientos que constituyen un campo del saber, una disciplina científica o una asignatura académica. Es un especialista en su materia.
7. f. Ocasión, motivo o pretexto para algo. Dar, proporcionar, ofrecer materia.
8. f. pus.
9. f. Fil. En la filosofía escolástica, realidad primera que, en su unión con la forma, constituye la esencia de todo cuerpo. materia prima
1. f. materia que una industria o fabricación necesita para transformarla en un producto.
2. f. Fil. En la filosofía aristotélica, principio potencial y pasivo que en unión con la forma sustancial constituye la esencia de todo cuerpo, y subyace a cada una de las formas que se suceden.

[3] Aristóteles, Metafísica, Ciudad del Vaticano: Biblioteca apostólica vaticana, 1311-1321; ed. Utilizada: Aristóteles, Patricio de Azcárate tr., Metafísica. Barcelona: Espasa Libros, 1943
[4] Ibid, 236
[5] Edmund Husserl, Ideen zu einer reinen Phänomenologie und phänomenologischen Philosophie. Berlin: Springen, 1913; ed. Utilizada: Edmund Husserl, Ideas relativas a una fenomenología pura y una filosofía fenomenológica, (México D.F: Fondo de Cultura Económica, 1949), 17
[6] Martin Heidegger, ¿qué es metafísica?, (Madrid: Alianza Editorial, 2003), 18

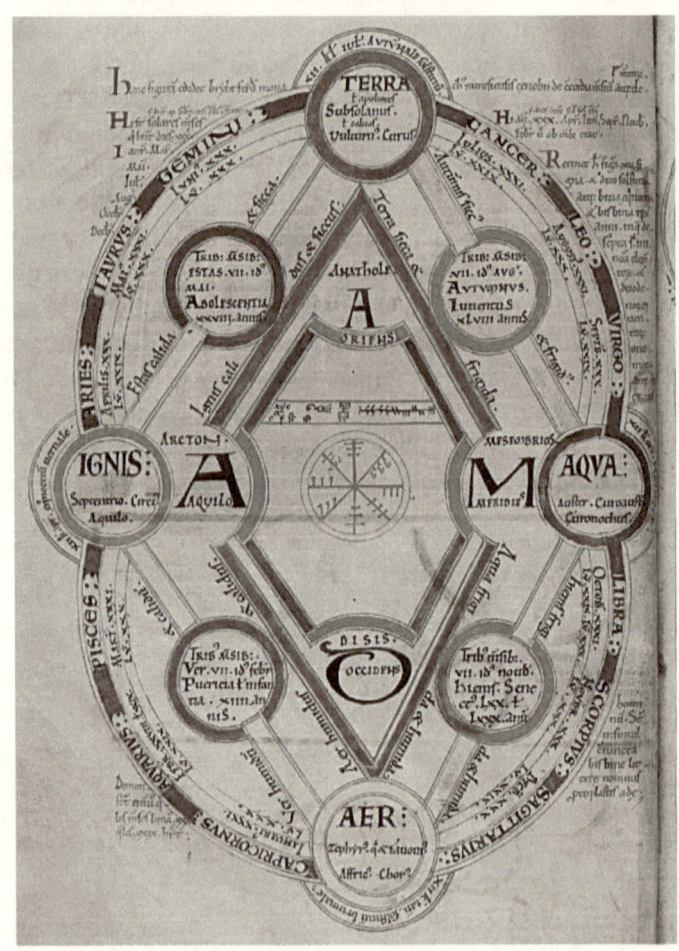

Los cuatro elementos de la naturaleza, Inglaterra, s. XI

alude a la actualidad física, y encuadra a la materia como realidad de las cosas que nos rodean. En nuestro caso las construcciones que están constituidas por materias en plural, una suma de sustancias que se hacen presentes y por lo tanto son presencia pura, son reales y son ante todo materiales. La última de las definiciones que se ocupa del término hace referencia a la comunión entre materia y forma. Es cierto que, en la filosofía escolástica, se reconoce que la materia necesita a la forma para ser un cuerpo, para existir. Sin embargo, como posteriormente se verá de la mano del historiador francés Henri Focillon, o el filósofo español Xabier Zubiri, la materia tiene voluntad formal propia y al ahondar dentro de ella, ésta se hace presente. De todas formas, si se vuelve a la definición última de la cual se ocupa el diccionario, la materia, en este caso en conjunto con la forma, constituye la esencia de todo cuerpo. Entendiendo la esencia como parte fundamental del ser material.

En último lugar, se recoge en el DRAE un término compuesto que define un estado de la materia, la materia prima. En la primera de las acepciones de este nuevo término, se hace noción a su condición primitiva, aquello que alude cien por cien al carácter natural de la misma, y de la cual nos ocuparemos en nuestra clasificación de materias. A este momento de la materia, el cual se encuentra en un estado embrionario a expensas de ser transformada, Fernando Espuelas lo ha llamado primer segmento temporal de la materia. «El primer segmento representa el tiempo en el que la materia sólo lo es genéricamente. Su origen es borroso pero nítido el momento en que entra en el proceso que la llevará a la arquitectura»[7]. En este estado iniciático, o mejor dicho, este primer segmento es el que guarda y conserva todas las propiedades conceptuales, y ha sido objeto de este libro para diferentes artistas y artesanos. Dicho de otra forma, la materia prima es una sustancia material que tiene unas condiciones particulares capaces de ser conceptuadas, trabajadas y sustraídas. La materia prima quizás responda a la pregunta formulada por el filósofo alemán Hans-Georg Gadamer en *Wahrheit und Methode*: «¿qué clase de conocimiento es éste que comprende que algo

---

[7] Fernando Espuelas, Madre Materia, (Madrid: Ricardo S. Lampreave, 2009), 98

sea como es porque comprende que así ha llegado a ser?»[8]. La segunda de las acepciones aquí recogidas describe la noción aristotélica de materia prima, en esta se explica que es principio potencial y pasivo cuando trabaja en comunión con la forma, puesto que ambas se necesitan. Aristóteles llamaba materia prima al mármol de la estatua, a la madera de la silla; así se requería de ambas partes, la forma y la materia, como sustancia para hacer el objeto. La materia es aquello de lo que algo está hecho, esta noción aristotélica no es del todo correcta según apreciaremos, posteriormente, en esta investigación de manos de Xabier Zubiri.

A continuación se indagará en la etimología de la propia palabra. Para ello, se ahondará en los diversos matices que esta contiene. Antes de comenzar con ello, se realizará una recapitulación de los conceptos hasta ahora extraídos a través del conocimiento de las diferentes acepciones recogidas por el DRAE. Como se ha observado en las páginas posteriores, en primer lugar, la materia es y está. La materia es presencia y, por tanto, está aquí y ahora. Tal y como expresa Xabier Zubiri en *Espacio, Tiempo, Materia*: «las notas constitutivas son actuales, están aquí determinadas por la actualidad de la esencia-materia»[9].

El segundo de los conceptos descritos expone la noción fenomenológica en la materia, puesto que se experimenta por completo con ella (haciendo uso de los cinco sentidos) y, por consiguiente, se debe ahondar «dentro» de ésta. Esta segunda idea es detallada, de nuevo, por Fernando Espuelas: «sólo tiene sentido intentar habitar dentro de la materia para llegar a su intimidad, para conocer ciertos rasgos que exclusivamente se dan en ese dentro tan compacto e inasequible a la mirada»[10]. Por último, materia y forma son un par indivisible, siempre y cuando se entienda que la materia tiene una cierta voluntad propia, la materia tiene sus leyes y reglas. La materia, en palabras de Luis Moreno Mansilla es más de lo que nosotros quisiéramos. «No hay arquitectura sin confianza en la ma-

---

[8] Hans-Georg Gadamer, Warheit und Methode. Tübingen: De Gruyter, 1960; ed. Utilizada: Hans-Georg Gadamer, Verdad y método. Fundamentos una hermenéutica filosófica, (Salamanca: Ediciones Sígueme, 1977), 33
[9] Xabier Zubiri, Espacio, Tiempo, Materia, (Madrid: Alianza Editorial, 1996), 376
[10] Fernando Espuelas, Madre Materia, (Madrid: Ricardo S. Lampreave, 2009), 43

teria; en su capacidad de ser además, inesperadamente, y por sí misma, más de lo que nosotros quisiéramos. Porque es ésto, y no nuestra voluntad, creo, lo que quedará»[11].

Raíces etimológicas de la materia

Conocidos los diferentes significados de materia, a continuación se indagará en las «raíces» de este denso «árbol». *Mater* es la palabra latina de la cual proviene materia, y que significa madre. Ahora bien, esta palabra, madre, aquí está haciendo referencia directa a su origen, puesto que es por todos nosotros sabido que en el interior de la madre es donde la vida se origina, crece y se desarrolla. Este origen debería dotar ya de una primera pista proyectual, inicio de investigación u apoyo, lugar de búsqueda, o fuente de recursos imaginativos infinita. A su vez, la propia palabra hacía mención directa a las ramas limpias y la madera sin corteza de los árboles. Se puede decir que describía a la materia prima madera como material de construcción. Así, el vocablo *mater* devino posteriormente en *Materia*, la cual se refiere a los fundamentos filosóficos de la escuela aristotélica, como anteriormente hemos visto. O por el contrario, ésta viraba hacia la ya comentada noción constructiva de la misma, la materia prima como material de construcción. De forma complementaria, y dado que ha aparecido la figura del griego Aristóteles en las primeras aproximaciones conceptuales al término materia, se debe igualmente citar que al término latín *Materia* le corresponde el vocablo griego *húle*, que curiosamente significa: bosque, selva, árbol, madera o leña. Es por tanto revelador qué materia, madre y árbol se fundan bajo un mismo vocablo, el cual, finalmente, sirve para afirmar la noción de crecimiento como concepto.

Si analizamos la raíz léxica de este término, se descubre que – *Ma* – expresa lo bueno y – *Er* – es una partícula que indica parentesco. De nuevo Fernando Espuelas nos indica un camino más denso en el cual mirar. En *Madre Materia*, el arquitecto describe perfectamente la raíz sánscrita de los términos *Matár o meter*, los cuales significan al igual que en griego

---

[11] Luis Moreno Mansilla, Circo 52 3rd series, Sobre la confianza en la materia, (Madrid: Circo MRT coop, 1998), 7

o latín, madre. La última raíz descrita por el arquitecto es *me*, que en sánscrito significa medir. «Por otra parte, encontramos que la raíz *me,* en sánscrito, indica medir. De ahí, *meti* es el que mide y *metra* medida. Parece que la alusión a lo que es medible, es decir a lo que es estable, está no por casualidad cercana a la acepción del término *mater* que nombra a la materia»[12]. Este último término es especialmente interesante. Si se observa en profundidad se descubre su notable referencia al formato, a la unidad de medida y en lo que se convierte esto definitivamente: un salto cualitativo de la materia al material. Esta nueva definición, la que curiosamente une materia y medida, se puede entender también tal y como aparece en el propio término *meti* «es el que mide» y, por tanto, la persona, el artesano, es aquel que transforma la materia.

De esta forma aparece por primera vez la noción de mano como manipuladora de la materia. Esta nueva idea, de ahora en adelante inseparable a la materia, e interna a ella, dirige nuestra mirada hacia la obra de arte y su previa mutabilidad, tal y como describe Henri Focillon en, *Vie des formes et Èloge de la main:* «El arte comienza por la transmutación y continúa por la metamorfosis»[13].

Por último, es interesante proseguir con el análisis realizado por el profesor Espuelas en su motivación por enfatizar que la materia es una naturaleza viva, como aquí se defiende y se expone. El señala una nueva vinculación que describe la mutabilidad de la materia. «De la misma raíz *meter* viene el nombre de la diosa griega de la fertilidad de la tierra: Deméter. En su figura se aúnan el amor maternal y el concepto de naturaleza mutante, de materia viva»[14] Esta nueva comunión de términos afirma nuestras primeras intuiciones: la materia tiene vida, la materia tiene su propia conciencia, la materia adentro, muy adentro, quiere determinarse y quiere enseñarnos. En este sentido la materia es fuente de imaginación proyectual.

---

[12] Fernando Espuelas, Madre Materia, (Madrid: Ricardo S. Lampreave, 2009), 16
[13] Henri Focillon, Vie des formes et Èloge de la main. Paris: Bibloteque de philosophie contemporaine, 1937; ed. utilizada: Henri Focillon, Vida de las formas y Elogio de la mano, (Buenos Aires: Librería y editorial el ateneo, 1943), 142
[14] Fernando Espuelas, Madre Materia, (Madrid: Ricardo S. Lampreave, 2009), 16

Esta investigación en lo desconocido, en los conceptos inherentes a cada par materia-material es la que dotará de herramientas para realizar la obra, para construir el proyecto. La inmersión en estos mundos no explorados eran parámetros que Eduardo Chillida animaba a explorar en su afán por descubrir desde dentro, desde el límite. «Creo que las obras conocidas a priori nacen muertas y que la aventura, al borde de lo desconocido, es la que a veces puede producir el arte»[15].

A través de las raíces etimológicas se ha descubierto que madre, árbol, medida, material de construcción, artesano e imaginación/investigación están unidos en el interior del término *Materia*. Se puede igualmente observar, que toda esta terminología guarda en común una línea de trabajo concreta, aquella que persigue y demuestra que la materia es fuente de acción proyectual, aquella que ya Aristóteles exprimió y descifró para nosotros. Ahora bien, nos falta seguir sus rastros, comprender su «árbol genealógico». Para ello, se deberán plantear las siguientes cuestiones, ¿cuál ha sido el discurso histórico de la materia?, pero sobre todo, en lo que se ocupa este viaje sobre la materia como fuente de exploración y acción proyectual, ¿cuál es el pensamiento sobre ésta en el siglo XX?. Para responder a esto nos sumergiremos en el libro, *La vida de la materia. Sobre el inconsciente del arte y la arquitectura*. Este es obra del arquitecto y profesor Eduardo Prieto, y ofrece una visión histórica en torno al mundo de la materia (de la cual se recomienda su lectura para ahondar más aún en nociones historiográficas sobre la misma). Llegados al siglo XX y estando el principio existencial de la materia completamente asumido, se profundizará en los nuevos discursos fenomenológicos que tratan sobre la misma, para así navegar en aguas desconocidas. Se indagará en el pensamiento y corporeidad de nuestra protagonista, a través de diversos pensadores, historiadores y arquitectos del siglo XX, entre los

---

[15] Eduardo Chillida, Escritos, (Madrid: La Fábrica, 2016), 41

que destacan: Henri Bergson[16], Edmund Husserl[17], Martin Heidegger[18], Henri Focillon[19], Gaston Bachelard[20], Maurice Merlau-Ponty[21], Steen Eiler Rasmussen[22], George Kubler[23], Christian Norberg-Schultz[24], Ezio Manzini[25], Steven Holl[26], Kenneth Frampton[27], Xabier Zubiri[28], Peter Zumthor[29],

[16] Henri Bergson. Matière et mémorie. Essai sir la relation du corps à l'espirit. Paris: Livrarie Felix Alcan, 1896; ed. utilizada: Materia y memoria. Ensayo sobre la relación del cuerpo con el espíritu. Buenos Aires: Cactus, 2006
[17] Edmund Husserl. Ideen zu einer reinen Phänomenologie und phänomenologischen Philosophie. Halle: Max Niemeyer, 1913; ed. utilizada: Ideas realitivas a una fenomenología pura y una filosofía fenomenológica. México D.F: Fondo de Cultura económica, 1949
[18] Martin Heidegger, Sein und Zeit. Halle: Max Niemeyer, 1927; ed. utilizada: Ser y Tiempo. Madrid: Trotta, 2009
[19] Henri Focillon, Vie des formes et Èloge de la main. Paris: Biblioteque de philosophie contemporaine, 1937; ed. utilizada: Vida de las formas y Elogio de la mano. Buenos Aires: Librería y editorial el ateneo, 1947
[20] Gaston Bachelard, L'eau et les rêves. Essai sur l'imagination de la matière. Paris: José Corti, 1942; ed. utilizada: El agua y los sueños: ensayo sobre la imaginación de la materia. México D.F: Fondo de cultura económica, 1978
[21] Maurice Merleau-Ponty, Phènomènologie de la perception. Paris: Librarie Gallimard, 1945; ed. utilizada: Fenomenología de la percepción. México D.F: Fondo de cultura económica, 1957
[22] Steen Eiler Rasmussen, Om at opleve arkitektur. Copenague: G.E.C. Gads Forlag, 1957; ed. utilizada: La experiencia en la arquitectura: sobre la percepción de nuestro entorno. Barcelona: Editorial Reverté, 2004
[23] George Kubler, The Shape of time: Remarks on the history of things. New Haven: Yale University Press, 1962
[24] Christian Norberg-Schultz, Genius Loci: Towards a Phenomenology of Architecture. Nueva York: Rizzoli, 1976
[25] Ezio Manzini, Artefatti. Verso una nuova ecología dell'ambiente artificiale. Milan: Domus Academy, 1990; ed. utilizada: Artefactos. Hacia una nueva ecología del ambiente artificial. Madrid: Celeste Ediciones y Experimenta Ediciones de Diseño, 1992
[26] Steven Holl, Questions of Perception. Tokio: a+u editors, 1993; ed. utilizada: Questiones de percepción. Fenomenología de la arquitectura. Barcelona: Gustavo Gili, 2018
[27] Kenneth Frampton, Studies in Tectonic Culture: The Poetics of Construction in Nineteenth and Twentieth Century Architecture. Cambridge: The MIT Press, 1995; ed. utilizada: Estudios sobre cultura tectónica. Madrid: Ediciones Akal, 1999
[28] Xabier Zubiri, Espatio, tiempo, materia. Madrid: Alianza Editorial, 1996
[29] Peter Zumthor, Architektur denken. Basilea: Birkhäuser Verlag, 1998; ed. utilizada: Pensar la arquitectura. Barcelona: Editoral Gustavo Gili, 2014

Adam Caruso[30], Richard Sennett[31], Juhani Pallasmaa[32], Fernando Espuelas[33] y Eduardo Prieto[34], para así tener un conocimiento explícito sobre la cultura de la materia en el siglo XX, y más en concreto, sobre la dupla memoria-materia y trabajo-materia.

El árbol genealógico de la materia

De Platón y de su extenso mundo geométrico sabemos que rebajó la materia a una serie de masas que recibían ideas sin voluntad alguna propia. De este afirmación se puede extraer que la materia era para él una sustancia indiferente que estaba esperando a la forma o, mejor dicho, en palabras del profesor Eduardo Prieto, «de la física de Platón podía concluirse también que la materia era un sustrato neutro en busca de forma»[35]. Este posicionamiento, del cual por cierto Aristóteles tenía algo que decir, fue secundado por la filosofía tradicional medieval (salvo contadas excepciones como Tomás de Aquino), hasta entrados al siglo XVII. Pero volviendo a Aristóteles por un momento, en lo que consideraría una falta de información en torno al pensamiento sobre la materia, el par materia-forma era indivisible al igual que para nosotros, pero éste no tenía en cuenta las variantes internas de la propia materia para definir el trabajo realizado. Se puede afirmar que para Aristóteles materia y forma se necesitan y son dependientes. Veamos un ejemplo del propio filósofo: «examinemos por de pronto el sujeto: porque la sustancia debe ser, ante todo, el sujeto primero. El sujeto primero es, en un sentido, la materia; en otro, la forma; y en tercer lugar el conjunto de la

---

[30] Adam Caruso, The feeling of things. Barcelona: Ediciones Poligrafía, 2008
[31] Richard Sennett. The Craftsman. New Haven: Yale University Press, 2008; ed. utilizada: El Artesano. Barcelona: Editorial Anagrama, 2009
[32] Juhani Pallasmaa: The Thinking Hand. Existential and Embodied Wisdom in Architecture. West Sussex: John Wiley & Sons Ltd., 2009; ed. utilizada: La mano que piensa. Sabiduríaa existencial y corporal en la arquitectura. Barcelona: Editorial Gustavo Gili
[33] Fernando Espuelas, Madre Materia. Madrid: Ricardo S. Lampreave, 2009
[34] Eduardo Prieto, La vida de la materia. Sobre el inconsciente del arte y la arquitectura. Madrid: Ediciones Asimétricas, 2018
[35] Eduardo Prieto, La vida de la materia. Sobre el inconsciente del arte y la arquitectura, (Madrid: Ediciones Asimétricas, 2018), 31

Cristo señor de los elementos, 1495

materia y de la forma. Por materia entiendo el bronce, por ejemplo: la forma es la figura ideal; el conjunto es la estatua realizada»[36]. Este posicionamiento, no sería, sin embargo, del todo correcto, puesto que el bronce es un material, es una sustancia compleja que tiene una materia prima de origen mineral, una materia mineral.

Este mismo razonamiento es secundado por Xabier Zubiri, cuando describe este ejemplo aristotélico: «tomemos el ejemplo más manido desde los tiempo de Aristóteles, y lo aduzco justo para hacer que apunta en una dirección distinta de la clásica: una estatua de mármol. La estatua de mármol es una cosa material, evidentemente, como lo es una estatua de bronce, etc. Pero la materia de la primera es mármol, mientras que la materia de la segunda es bronce. Entonces, materia no es la cosa material sino tan sólo un «momento» de esta cosa: cada cosa material tiene su materia»[37]. Esta racional y radical aproximación corrige al filósofo griego y da paso a una comprensión mucho más sencilla de los conceptos que aquí se están tratando. La materia tiene unas cualidades inherentes en su interior que en conjunto con la forma de ser trabajada/manipulada, nos enseña como conforma las cosas, nos indica su camino hacia la construcción y, finalmente, nos da las pistas sobre su esencia.

Esta búsqueda esencialista ya fue intuida y recorrida por Aristóteles, aun cuando no era del todo completa: «lo que se busca es la causa de la materia. Y esta causa es la forma que determina el ser, es la esencia»[38]. Tal aproximación clásica prosiguió con Tomás Aquino, el cual entendía a la *materia primera aristotélica* como un ser potencial. Ahora bien, estos primeros posicionamientos de vital importancia pero no excesivo seguimiento durante los siglos venideros fueron muy importantes llegada su hora en el siglo XIX. No obstante, hasta entonces la propia materia seguía siendo, durante los siglos XVI, XVII y XVIII, para el común de los pensadores una masa estúpida y receptora de ideas, tal y como describe el profesor Prieto: «sin embargo, la presunta redención de lo material por la vía del mecanicismo no cegó el foso entre la materia y la forma (la ma-

---

[36] Aristóteles, Patricio de Azcárate tr., Metafísica, (Barcelona: Espasa Libros, 1943), 200
[37] Xabier Zubiri, Espacio, Tiempo, Materia, (Madrid: Alianza Editorial, 1996), 394
[38] Aristóteles, Patricio de Azcárate tr., Metafísica, (Barcelona: Espasa Libros, 1943), 236-237

teria seguía siendo para Newton y sus colegas una estofa bruta, inerte y literalmente estúpida)»[39]. Esta condición inoperante de la materia era una constante, exceptuando en figuras como Miguel Ángel que se posicionaron de forma radical en el bando creativo-conceptual de la misma.

En los albores del siglo XVIII y principios del siglo XIX, la arquitectura de la ilustración, de ideología materialista, estudió las propiedades mecánicas de los materiales y se definieron con precisión las leyes estáticas de estos, dando lugar a diferentes manuales o tratados artesanales. Entre estos, el profesor Eduardo Prieto apunta como vital el redactado por François Cointeraux quien «escribió en 1793 un tratado dedicado a la edificación vernácula en cuyas láminas lo relevante no era el acabado de los edificios, ni la retórica de los órdenes, sino el proceso de transformación de la materia que los originaba, aunque este fuera tan humilde como el barro apisonado»[40]. Este primer tratado se aproximaba a las condiciones que realmente definían el concepto material de la arquitectura, las condiciones internas a la materia y los procesos que la transforman. Ciertamente las viviendas del tratado aluden a tipos reconocibles, pero, de igual forma, éstas tenían una carencia de estilo total y absoluta, no existen adornos en ellas, solo construcción y hábitat.

En pleno siglo XIX, el discurso sobre la materia toma una dimensión moral. La aparición de ciertas voces en contra de la máquina y la revolución industrial propician una nueva moral hacia la materia y el valor de la artesanía. John Ruskin, Enmanuel Viollet-le-Duc y Gottfried Semper establecen un nuevo camino hacia la verdad material de los edificios, se critica esconder, maltratar o no respetar, todos los deseos de la materia y las leyes internas de ésta. De entre ellos emerge con gran fuerza la figura de Gottfried Semper a través de *Der Stil*. Semper expuso que la elección de cada materia debía depender de las propias leyes impuestas por su naturaleza. Que «el ladrillo pareciera ladrillo; la madera, madera; el hierro, hierro; cada uno según sus leyes mecánicas»[41]. A su vez y en

---

[39] Eduardo Prieto, La vida de la materia. Sobre el inconsciente del arte y la arquitectura, (Madrid: Ediciones Asimétricas, 2018), 32
[40] Ibid, 42
[41] Gottfried Semper, Antonio Armesto ed., Manuel García Roig tr., Escritos fundamentales de Gottfried Semper, (Barcelona: Fundación Arquia, 2014), 131

los albores del siglo XIX, a través de la teoría de la empatía o *Einfühlung*, con Theordor Lipps como máximo exponente, la materia se vuelve empática, la materia vira hacia un significado mucho más interno a su ser, y así se valoran sus condiciones interiores, en definitiva la materia se muestra como algo vivo. «Los materiales, por tanto, expresan su interioridad, 'viven' en cierto sentido, y compete al artista averiguar cuál debe ser la forma más apropiada de esa ánima oculta»[42]. Esta afirmación de Lipps introdujo unas nuevas incógnitas sobre la materia, hasta entonces malentendida y malinterpretada: *¿cómo es la imaginación de la materia?, ¿se puede pensar a través de la materia?*

Antes de acometer estas respuestas parece necesario recapitular un poco. De la materia se conoce que ha sido objeto de debate poniendo en entredicho su condición vital, se ha valorado la relación dual entre materia y forma, su capacidad, mejor dicho, su nula capacidad para proponer, tratándola de mera receptora. Posteriormente, se ha visto que una vez se asumió como parte fundamental de la obra de arte, se estudiaron sus condiciones determinantes, tanto físicas como estáticas. A la materia se le reconoció su condición constitutiva y prueba de ello fueron los diferentes estudios sobre ética y moral de ésta. En último lugar, se asume que la materia está viva y, por tanto, expresa sus condiciones interiores, para lo cual se necesitan la mano y el conocimiento profundo del artista, del artesano. Resumiendo, se puede afirmar que los primeros debates sobre la materia versaban sobre su identidad, a continuación sobre su constitución, seguido de la ética y en último lugar de su capacidad creativa. Ahora bien, a las puertas del siglo XX, es cuando aparece un discurso que se considera fundamental en la vida de la materia, la materia como profunda «creadora», en resumen, la posibilidad de pensar a través de la imaginación de la materia.

---

[42] Theodor Lipps en, Eduardo Prieto, La vida de la materia. Sobre el inconsciente del arte y la arquitectura, (Madrid: Ediciones Asimétricas, 2018), 71

Matière et Mémorie. Essai sur la relation du corps a l'espirit, Henri Bergson, Francia, 1896

La imaginación de la materia

Al término del siglo XX, Peter Zumthor escribe *Thinking Architecture*. En este libro detalla, entre otras cosas, la búsqueda de la «sustancia concreta» en la arquitectura, y narra a través de una aproximación personal, una suma de conocimiento e imaginación mediante la realidad de los materiales y las formas constructivas. El arquitecto expone sus primeras intenciones como aquellas que penetran al interior de la materia a través de los sentidos, se preocupa por las condiciones que permiten a su imaginación crear una fantasía arquitectónica concreta. Se puede decir que genera un «almacén» propio de imágenes a partir de la materia que alimenta la memoria. Estás imágenes están compuestas de experiencias, de actos físicos, de una percepción conjunta de la materia con todos los sentidos. Pero más allá de esto, obtiene una percepción de la materia a través de la mano, del conocimiento táctil.

Esta doble aproximación, la cual Zumthor expresa con certeras palabras, fue fuente de debate intelectual en la primera mitad del siglo XX. Hasta 1896 no se había conceptuado el imaginario de la materia como una meta específica de la filosofía y la ciencia. Es entonces, cuando Henri Bergson escribe *Matière et mémorie. Essai sir la relation du corps à l'espirit*. En este fundamental ensayo se recogen dos aproximaciones que marcarán el devenir de las futuras investigaciones. Bergson se aproxima, tal y como describe el propio título, a la cuestión de la materia desde la relación del espíritu con el cuerpo[43]. De este modo, el problema planteado se aborda desde dos focos complementarios, los cuales serán parte fundamental en las discusiones sobre materia y fenomenología durante la primera mitad del siglo XX. En primer lugar, memoria y percepción, un par en el cual se apoya el conocimiento háptico a través de los sentidos, sobre todo el tacto. En segundo lugar,

---

[43] "Pero como anunciamos de entrada, sólo consideramos la cuestión de la materia en la medida en que involucra el problema abordado en el segundo y el tercer capítulo de este libro, el cual constituye el objeto del presente estudio: el problema de la relación del espíritu con el cuerpo»; citado en: Henri Bergson. Matière et mémorie. Essai sur la relation du corps à l'espirit. Paris: Livrarie Felix Alcan, 1896; ed. utilizada: Henri Bergson, Materia y memoria. Ensayo sobre la relación del cuerpo con el espíritu, (Buenos Aires: Cactus, 2006), 27

memoria y experiencia, una dualidad sustentada en la asimilación de acontecimientos y fragmentos, a través de recuerdos constituidos de materia. En definitiva: razón y emoción.

Henri Bergson, la memoria la materia

Primeramente se explicará el par memoria y percepción. El filósofo francés expone la condición existencial de la materia, mediante la cual ésta construye un imaginario, valga la redundancia, de imágenes pertenecientes a atmósferas y recuerdos concretos. Tal es así que Bergson plasma una definición de lo que para él es materia: «llamo materia al conjunto de las imágenes, y percepción de la materia a esas mismas imágenes relacionadas a la acción posible de una cierta imagen determinada, mi cuerpo»[44]. Esta aproximación bergsoniana a las imágenes de la materia sirvió para crear un ámbito de investigación más extenso, y es ahí por donde se adentraron otros en busca de los diferentes estratos de conocimiento a través de la materia, como posteriormente veremos.

En esta primera noción de conocimiento de la materia, Bergson se detiene para descifrar que la realidad de la materia se mide en relación a lo que se puede hacer con ella, lo que le acerca al alma de la materia. Esta aproximación vincula experiencia táctil o, mejor dicho, la técnica y el hábito con el conocimiento puro sobre la materia. Este primer estado de entendimiento, esta primera percepción es la denominada por el filósofo como *percepción pura*, y se puede decir que define un criterio intuitivo. Bergson describe con un claro ejemplo esta asimilación física, la cual se ocupa de ahondar en lo más profundo del objeto material, en los diferentes estratos y capas que configuran las cualidades sensibles de la materia. «Muchos ciegos de nacimiento poseen sus centros visuales intactos: sin embargo viven y mueren sin haber formado jamás una imagen visual. Semejante imagen no puede aparecer más que si el objeto exterior ha jugado algún papel al menos una primera vez; en consecuencia, él debe haber entrado efectivamente en la representación. Ahora bien, no nos exigimos otra cosa por el momento, pues es de

---

[44] Ibid, 38

la percepción pura que nosotros hablamos aquí, y no de la percepción complicada de la memoria. Rechacen pues la aportación de la memoria, consideren la percepción en estado bruto, estarán obligados a reconocer que no hay jamás imagen sin objeto»[45].

Se puede afirmar que esta primera forma de conocimiento intuitivo a través de la materia, nos forma en una nueva percepción que nace en el interior de esta, y activa el conocimiento háptico. De esta manera se asevera que la materia es esencia y conciencia a la hora de construir un conocimiento sobre ella. Este par indivisible está ciertamente cimentado en las cualidades sensibles que constituyen cada materia, las cualidades que necesitamos descubrir para expandir nuestro conocimiento que fundamentan el corazón de esta exploración, los «procesos operativos de la materia». El propio Bergson termina su exposición exponiendo esta suerte de bondad que la materia trae consigo y explica: «la materia, capaz de crear esos hechos de conciencia elementales, engendraría también los hechos intelectuales más elevados. Es pues de la esencia del materialismo afirmar la perfecta relatividad de las cualidades sensibles, a la que Demócrito ha dado su fórmula precisa, resulta ser tan vieja como el materialismo»[46]. Así se presenta un camino que posteriormente será recorrido por Focillon, Bachelard y Merleau-Ponty entre otros, un camino de incertidumbres pero cimentado en las cosas reales, en las cualidades de las diferentes materias.

En segundo lugar, la pareja memoria y experiencia será con la que Bergson comienza su defensa sobre la construcción de la memoria a través de realizar un ejercicio de conceptualización de la misma. Se entiende como capital la condición inseparable de la memoria con la percepción, como aquello que «intercala el pasado en el presente»[47]. El pensador francés comienza por exponer la necesidad de entender la memoria como «una potencia absolutamente independiente de la materia»[48], para así defender, posteriormente, la intuición de la propia memoria tras conocer la materia. Bergson esgrime un concepto hasta

---

[45] Ibid, 58
[46] Ibid, 85
[47] Ibid, 86
[48] Idem

ahora no tratado. La memoria es la que insiste en la percepción de la materia, «es causa de que percibamos de hecho la materia en nosotros, cuando de hecho la percibimos en ella»[49], permitiéndonos almacenarla. La memoria crea un estímulo en nosotros, éste pertenece al espíritu y a través de la memoria penetramos en él, tal y como expone Bergson cuando explica, ahora sí, la comunión entre materia y memoria: «es verdaderamente en la materia que la percepción pura nos colocaría, y es realmente en el espíritu mismo que penetraríamos ya con la memoria. Por otra parte, la misma observación psicológica que nos ha revelado la distinción de la materia y del espíritu nos hace asistir a su unión»[50].

Esta exposición enlaza materia y memoria bajo un mismo ámbito de conocimiento, la memoria no tiene una codependencia directa de la materia, eso está claro. Se puede, por ejemplo, memorizar un texto o una fecha, lo cual no requiere de la aparición de la materia constructiva. Sin embargo, lo que no se puede obviar es que la memoria trae ante nosotros la experiencia de la materia, creándose una percepción de la misma, creándose una experiencia. La materia entonces es el estímulo, tal y como expresa Bergson, «la memoria no es pues en grado alguno una emanación de la materia; bien por el contrario, la materia, tal como la captamos en una percepción concreta que ocupa siempre una cierta duración, deriva en gran parte de la memoria»[51]. Esta necesidad une de forma inseparable al par materia y memoria.

Para terminar de dotar de sentido a este último concepto es necesario adentrarnos un poco más al interior de la propia explicación. La materia es, por tanto, percepción y, por ende, la materia es presente y se refiere también al pasado, o sea, a la memoria. Por el contrario la memoria es recuerdo, una función del cerebro que activa nuestros estímulos y nos trae a la actualidad una imagen pasada. La materia nos permite experimentar el pasado en el presente, y la memoria nos permite recordar el pasado para idear un presente y un futuro según Bergson[52].

[49] Idem
[50] Ibid, 190
[51] Ibid, 192
[52] «El espíritu toma de la materia las percepciones de donde extrae su alimento, y se las devuelve bajo la forma de movimiento en la que ha plasmado su libertad»; citado en: Ibid, 255

Esta introducción relativa a la cuestión creativa entre materia y memoria fue fuente de estudio en la primera mitad del siglo XX. Henri Bergson fue el primero en ocuparse de conceptualizar este complejo binomio. No obstante, en el primer cuarto de siglo se fundamentaron, igualmente, las vías de investigación en torno a la percepción y, por ende, a la fenomenología como ciencia de estudio. Las figuras de Edmund Husserl y Martin Heidegger fueron vitales para comprender estos caminos que brotan del ensayo realizado por Bergson en el umbral del cambio de siglo. Antes de avanzar hacia el interior de la materia de la mano de Gaston Bachelard, se deben esbozar las ideas que se ocuparon de la imaginación de la materia como fundamento fenomenológico.

En primer lugar, Edmund Husserl se adentra en la fenomenología pura y en la filosofía fenomenológica. Este autor presenta las ideas y conceptos en torno a un conocimiento natural basado en la experiencia del conocimiento empírico, como él mismo enuncia. Husserl defiende una actitud primitiva a la hora de enfrentarse al conocimiento profundo de la materia y al adiestramiento de los sentidos mediante la percepción de esta y, al igual que Bergson, se describe el conocimiento intuitivo como parte fundamental a la hora de ampliar la experiencia en torno a la materia. Las «*investigaciones lógicas*» que enuncia el pensador alemán incluyen el concepto «*esencia*» como parte fundamental del conocimiento natural. La esencia, como hemos visto anteriormente, está basada en la conjunción de la forma y la materia, buscando la forma en el interior de la segunda, como también defiende Henri Focillon cuando enuncia: «las materias plásticas no son intercambiables, es decir, que la forma al pasar de una materia dada a cualquier otra materia sufre una metamorfosis»[53].

Esta comunión entre ambos campos históricamente unidos es comprendida por Husserl a través de los sustratos y sus categorías. Siendo esto aquello que está dotado de contenido material y, citando al filó

---

[53] Henri Focillon, Vie des formes et Èloge de la main. Paris: Biblioteque de philosophie contemporaine, 1937; ed. utilizada: Henri Focillon, Vida de las formas y Elogio de la mano, (Buenos Aires: Librería y editorial el ateneo, 1947), 73

sofo, son «la esencia última dotada de contenido material y esto que está aquí»[54]. Esta definición ampara la realidad existencial tanto de la materia como del contenido concreto de las cosas y, por tanto, se entiende que la esencia como fenómeno está hecha de cosas materiales, de materia. Quizás Husserl por primera vez singulariza las imágenes formales que crean la materia, las cuales son parte de la memoria únicamente; así como las percepciones materiales reales, que existen de la mano del tacto, son la esencia. Posteriormente el discípulo de Husserl, Martin Heidegger, pone de manifiesto la noción existencial del ser. Este filósofo sin ser un materialista convencido, al menos en su primera etapa, aporta un concepto que traspasa los límites físicos, *Dasein*, el cual dota a la existencia de una dimensión mayor y, así, este concepto el cual define «estar ahí» como un valor más allá de la presencia: «dasein a lo largo de todo el tratado de *Ser y tiempo* es algo sobre lo que ya informa la frase que dice así: *La esencia del Dasein reside en su existencia*»[55]. Esta idea esencial del existencialismo está fundamentada en la conciencia del propio ser humano para comprender y asimilar, para percibir y, lo que en esta investigación más interesa, manipular y recordar a través de la experiencia. El propio filósofo alemán incide en la condición completa existencial en torno al tema de la asimilación y la percepción cuando escribe *Construir, habitar, pensar*[56], situando al hombre en el centro del mundo experimentado.

Bergson presenta el tema de la imaginación de la materia desde las dos ideas fundamentales de este libro. En primer lugar, la materia y su fisicidad. El acto de tocar y percibir la materia como parte fundamental del proceso de reconocimiento de ésta. La aproximación al conocimiento de la materia con el conjunto de nuestros sentidos, que supone la percepción háptica de la materia. En segundo lugar, la memoria y la materia entendiendo ambas como una pareja indivisible, gracias a los estímulos que ha provocado el conocimiento de la segunda y las imágenes que

---

[54] Edmund Husserl. Ideen zu einer reinen Phänomenologie und phänomenologischen Philosophie. Halle: Max Niemeyer, 1913; ed. utilizada: Edmund Husserl, Ideas realitivas a una fenomenología pura y una filosofía fenomenológica, (México D.F: Fondo de Cultura económica, 1949), 40
[55] Martin Heidegger, ¿Qué es la metafísica?, (Madrid: Trotta, 2009), 79
[56] Martin Heidegger, Construir habitar pensar. Madrid: La oficina ediciones, 2015

se han almacenado en la memoria para, posteriormente, construir esa nebulosa llamada ideograma o concepto de proyecto. Estas dos dualidades, de las que se ocupa este documento fueron y son fuente de conocimiento real de la arquitectura. Henri Focillon, Gastón Bachelard, Maurice Merleau-Ponty, Steen Eiler Rasmussen o Christian Norberg-Schultz se sumergen en las aguas profundas del conocimiento enunciado por Bergson, Husserl y Heidegger. Se adentran en la imaginación de la materia.

Henri Focillon, la experiencia de la materia

Steven Holl asevera en sus célebres textos sobre la fenomenología arquitectónica lo profundo de adentrarse en la vida interior de la percepción, la cual es mucho más densa y profunda que la simple visión de las cosas[57]. Esta mirada más consciente hacia el mundo descubre la búsqueda en la voluntad de la materia como un valor fundamental a la hora de conocer la arquitectura de la imaginación de la materia. Si Bergson abrió un primer camino, una amplia puerta, Henri Focillon se ocupó de ensalzar el valor de la materia y su conocimiento a la hora de caracterizar la forma.

El historiador francés comienza poniendo en entredicho la condición existencial del arte y, por ende, de la arquitectura a la hora de explicar la tremenda dependencia que tiene el arte para existir y, por tanto, para ser tal como es. La materia para Focillon se transforma y conforma, actúa en la memoria, puesto que dota al hombre de una nueva inteligencia. La conciencia de la materia es, según el historiador francés, «estructura y acción»[58], en tanto que impone sus propias condiciones a la forma, impone «su propia forma a la forma»[59]. La materia, por tanto,

---

[57] "Para abrirnos a la experiencia debemos trascender la urgencia mundana de las cosas que hay que hacer. Debemos intentar acceder a esa vida interior que revela la intensidad luminosa del mundo»; citado en: Steven Holl, Cuestiones de percepción. Fenomenología de la arquitectura, (Barcelona: Editorial Gustavo Gili, 2018), 10
[58] Henri Focillon, Vie des formes et Èloge de la main. Paris: Bibliteque de philosophie contemporaine, 1937; ed. utilizada: Henri Focillon, Vida de las formas y Elogio de la mano, (Buenos Aires: Librería y editorial el ateneo, 1947), 67
[59] Idem

Vie des formes et Éloge de la main, Henri Focillon, Francia, 1937

se transforma en la medida que es acción y, así, de su origen natural «muta» a un nuevo estado, a través de la transformación que sus condiciones primarias le permiten para, con la ayuda de la memoria de la propia materia conformar la obra. Estas nuevas condiciones deudoras de su materia prima son las que enuncian la pregunta fundamental de este libro: *¿cuáles son estos procesos que transforman la materia prima en arquitectura?*, o mejor dicho, *¿cómo se conforma y configura la materia en espacio y límite?*.

Ante estas preguntas Focillon reflexiona de singular manera, estableciendo dos materias: las materias del arte y las materias de la naturaleza[60]. Esta profunda reflexión invita en primer lugar, a una observación en el interior de las materias, a una búsqueda en sus condiciones internas para, finalmente, alimentar nuestro «tacto óptico»[61]. En definitiva, para explorar al interior de la voluntad de cada sustancia en busca de las materias de la arquitectura.

Henri Focillon invita a mirar al interior para conocer cómo se transforma la materia, en definitiva muestra el camino hacia la obra de arte. Este mismo sendero, marcado por el filósofo francés en 1934, es sugerido por Alvar Aalto en 1938. El arquitecto finlandés describe, en una conferencia impartida en las «Jornadas Nórdicas de la Construcción» en Oslo, la influencia de los métodos constructivos y los materiales en la arquitectura moderna. En la conferencia, Aalto insta a conocer los materiales de la arquitectura y la transformación que estos han sufrido, aun conservando en su esencia las condiciones constitutivas de los mismos para

---

[60] "Así se establece un divorcio entre las materias del arte y las materias de la naturaleza, aunque estén unidas entre sí por una rigurosa conveniencia formal. Vemos instituirse un nuevo orden. Son dos reinos, aunque no se hagan intervenir los artificios y la fábrica. La madera de la estatua ya no es la madera del árbol; el mármol esculpido no es más el mármol de la cantera; el oro fundido, pulverizado, es un metal inédito; el ladrillo cocido y fabricado no tienen nada que ver con la arcilla de la barrera. El color, el grano y todos los valores que afectan al tacto óptico han cambiado. Las cosas sin superficie, ocultas tras las corteza, enterradas en la montaña, bloqueadas en la pepita, tragadas por la ciénaga, se han separado del caos, y han acogido una luz que a su vez las modifica. Aun cuando el tratamiento sufrido no haya modificado el equilibrio y el vínculo natural de las partes, la vida aparente de la materia se ha metamorfoseado»; citado en: Ibid, 69-70
[61] Ibid, 67

ser parte fundamental en el arte de construir[62]. Esta afirmación propone ya una clasificación en diferentes materiales que devienen de unas materias primeras. De esta misma forma, el arquitecto nórdico sugiere un nuevo recorrido de investigación aún por describir en 1938: «en vez de hablar de la influencia de los materiales y los sistemas constructivos en la arquitectura, sería mucho mejor que nos dedicáramos a estudiar modestamente este proceso interno, intentando descubrir el rastro de su curva evolutiva. Su forma en el pasado, en el presente y aún en el futuro, nos brinda valiosas conclusiones, importantes para el arte de construir en nuestro tiempo»[63]. Este valiente camino es el que la presente exploración recorrerá en el trascurso de los cinco capítulos correspondientes a las cinco materias que componen este libro, sumergidas al interior de las profundas aguas de la materia.

MATERIAS DE LA NATURALEZA	MATERIA PÉTREA	MATERIA ARCILLOSA	MATERIA LEÑOSA	MATERIA MINERAL	MATERIA FLUIDA
TRANSFORMACIÓN CONFORMACIÓN					
MATERIAS DE LA ARQUITECTURA	PIEDRA	LADRILLO	MADERA	ACERO ALUMINIO	HORMIGÓN

Los materiales de la arquitectura.

---

[62] "Los «materiales extraídos directamente de la naturaleza» son reemplazados por verdaderos materiales de construcción, que ya no pertenecen al grupo de materiales originales sin tratar, sino que están sujetos a retoques y a manipulaciones constantes, hecho que ha ocurrido y ocurre dentro del proceso arquitectónico. Por tanto, y a su modo la arquitectura ha dado a luz y creado su propio mundo de materiales y métodos»; citado en: Alvar Aalto, de palabra y por escrito, (El Escorial: El Croquis Editorial, 2000), 136
[63] Idem

Al igual que Aalto, Eduardo Chillida apoyándose en la percepción afirma que: «la experiencia se orienta hacia el conocimiento. La percepción, hacia el conocer»[64]. En primer lugar, Chillida indica, a través de esta afirmación, que la experiencia ayuda a saber y por tanto a memorizar, a recordar, tal y como desciframa Focillon y Gaston Bachelard. En segundo lugar, el artista vasco reclama el papel de la percepción como herramienta para conocer las cosas reales, aquellas que se trabajan. En otras palabras, quizás más certeras, percibir es reconocer, volver a aprender de las condiciones táctiles de esas cosas reales, aprender de las materias. La obra de Chillida *Sueño articulado. Homenaje a Gaston Bachelard* hace certera la relación entre el espacio que quiere abrazar el artista a través del trabajo con la materia, la percepción de esta, y el pensamiento experiencial mediante el cual el filósofo francés nos presenta su texto: *L'eau et les rêves. Essai sur l'imagination de la matière.* Chillida explica que su concepción artística de espacio no fue normalmente comprendida, y es la figura de Bachelard, el cual llamaba a Chillida *le forgeron*[65], el primero que fue capaz de percibir ese espacio[66] explicando la comunión entre experiencia y percepción, o lo que es lo mismo, memoria y tacto.

Gaston Bachelar, las imágenes de la materia

Si Chillida o Aalto eran hombres de acción y también de percepción, la cual posteriormente descubriremos de la mano de Merleau-Ponty y Focillon, Gaston Bachelard era un soñador de la experiencia y de la percepción en busca de la emoción.

El filósofo francés hace una profunda explicación sobre los diferentes estratos de conocimiento que la materia nos ofrece, y los revisa por

---

[64] Eduardo Chillida, Escritos, (Madrid: La Fábrica, 2016), 17
[65] Le forgeron: el herrero
[66] "Bachelard, por ejemplo, sí se dio cuenta inmediatamente, hasta el extremo de que me escribió una hermosa carta al poco de conocernos y de haber escrito el texto de mi catálogo. En la carta me habla de aquella mañana, paseando por las orillas del Sena en París, buscando libros viejos, en que había escuchado un yunque de Hernani. Escuchaba aquel yunque, claro está, a través del espacio peculiar de su propio recuerdo, de su cabeza... él sabía, desde luego, lo que era el espacio»; citado en: Eduardo Chillida, Escritos, (Madrid: La Fábrica, 2016), 86

L'eau et les Rêves. Essai sur l'imagination de la matière,
Gaston Bachelard, Francia, 1942

medio de «sus aguas». Bachelard repasa todas las capas y las diferentes franjas que la imaginación de la materia deja como parte del conocimiento experiencial y perceptivo. El pensador comienza presentando a la materia como capaz de provocar una imaginación abierta, puesto que sus condiciones particulares se transforman, estableciendo una correlación entre dos sentidos: la profundización y el desarrollo; de nuevo: memoria y mano[67] o emoción y razón. Esta primera explicación bien podría dejarnos con la boca abierta, Bachelard descubre a la materia como maestra, la materia se vuelve educadora y, sí, la materia con sus límites internos no es una limitación, sino una fuente de exploración y de continuo comienzo.

Esta búsqueda de infinitos arranques en las entrañas de nuestra gran protagonista es explicada por Bachelard como alimento inagotable, el cual se abastece de imágenes que han sido experimentadas y pertenecen a los diferentes estratos que la materia provoca en la emoción[68], siendo estas imágenes divididas por el filósofo en diversos tipos de «aguas». La comprensión de la profundidad de las diferentes imágenes que conseguimos almacenar por medio de la materia son el objeto de investigación de Bachelard en su ensayo sobre la imaginación de ésta. El filósofo comienza realizando una clasificación de «aguas»: las «aguas claras», las «aguas profundas» y las «aguas compuestas». Estas tres aguas componen una primera capa de imágenes y recuerdos, de la combinación de los dos primeros tipos de «aguas» se llega a una serie de imágenes mucho más profundas y complejas, a una imaginación de la materia. Al final de su ensayo Bachelard describe otro tipo de aguas diversas, entre todas ellas son importantes para la exploración que nos

---

[67] "La materia se deja valorizar en dos sentidos: en el sentido de la profundización y en el sentido del desarrollo. En el sentido de la profundización aparece como insondable, como un misterio. En el sentido del desarrollo, como una fuerza inagotable, como un milagro. En ambos casos, la meditación de una materia educa a una imaginación abierta»; citado en; Gaston Bachelard, L'eau et les rêves. Essai sur l'imagination de la matière. Paris: José Corti, 1942; ed. utilizada: Gaston Bachelard, El agua y lo sueños. Ensayo sobre la imaginación de la materia, (México D.F: Fondo de cultura económica, 1978), 11
[68] "Para tener constancia del sueño que produce un poema, es necesario tener delante de los ojos algo más que imágenes reales. Es necesario perseguir esas imágenes que nacen en nosotros mismos, que viven en nuestros sueños, esas imágenes cargadas de una materia onírica rica y densa que es un alimento inagotable para la imaginación material». Ibid, 35

acontece: «las aguas maternales» y «el agua violenta». Para comprender mejor esto se hará una pequeña descripción de cada una de las aguas propuestas por el filósofo francés, las cuales nos sumergirán en lo profundo del agua.

Las *Aguas Claras* son las imágenes inmediatas formadas por un reflejo que se ocupan propiamente de la forma, estas aguas no muestran profundamente el poder de la imaginación y trasladan las condiciones superficiales, aquellas que poco a poco se materializan pero ante todo son una imagen y, por tanto, se almacenan en nuestra cabeza. Las «aguas claras» son las imágenes primeras de la materia, las imágenes inmediatas de fácil comprensión. Estas son el primer estímulo más directo, «de una producción de imágenes profundamente homogéneas porque participan de una realidad elemental de la imaginación material»[69]. Por tanto, éstas son las imágenes que forman recuerdos superficiales unidas a la primera impresión, a la vista[70].

Las *Aguas Profundas* son un tipo de imágenes que se forman desde una experiencia mucho más profunda. Para encontrar éstas densas imágenes de la materia hay que observar dentro de esta, en su conciencia y características constitutivas. Estas imágenes se caracterizan por su asepsia formal y se encuentran muy adentro de nuestra memoria. Esta metáfora de la profundidad establece una comunión con los recuerdos más intensos, aquellos que están más adentro[71]. Estas imágenes están más arraigadas al interior de cada persona, a nuestras percepciones más intensas y, por tanto, son más profundas y poderosas en lo que a la imaginación material se supone, configurando estímulos más elevados que pertenecen en palabras de Bachelard: «a la naturaleza imaginaria primitiva»[72].

---

[69] Ibid, 70
[70] «el ser que sale del agua es un reflejo que poco a poco se materializa: es una *imagen* antes de ser un *ser*, es deseo antes de ser una imagen»; citado en: Ibid, 59
[71] «¿Podríamos acaso describir el pasado sin recurrir a imágenes de la profundidad? ¿Y podríamos tener una imagen de la *profundidad plena* sin haber meditado antes al borde de un agua profunda? El pasado de nuestra alma es un agua profunda»; citado en: Ibid, 86
[72] Ibid, 129

Tal y como advierte Bachelard, las «aguas compuestas» son la combinación de dos tipos de imagen de la materia[73]: las imágenes más inmediatas que constituyen el primer tipo de «aguas» mediante formas superficiales y experiencias y, las imágenes profundas que son mucho más densas e intensas, siendo estas los recuerdos que se establecen mediante la percepción de la materia. Esta comunión entre experiencia y percepción es perfectamente descrita por el soñador francés, cuando explica un ejemplo que une ambas imágenes a través del barro como pasta a la espera de ser amasada: «la unión del agua y de la tierra da la pasta. La pasta es uno de los esquemas fundamentales del materialismo. Siempre nos ha parecido extraño que la filosofía haya desdeñado su estudio. En efecto, la pasta nos parece el esquema del materialismo verdaderamente íntimo en el que la forma aparece vaciada, borrada, disuelta. La pasta plantea pues los problemas del materialismo bajo formas elementales puesto que libera a nuestra intuición de la preocupación por las formas. El problemas de las formas se plantea entonces en segunda instancia. La pasta nos da una experiencia primera de la materia. En la pasta, la acción del agua es evidente. Si el amasado continúa, el obrero podrá pasar a la naturaleza especial de la tierra, de la harina, del yeso, pero al comienzo de su trabajo, su pensamiento es para el agua que es su primer auxiliar»[74].

Esta descripción afirma el principio combinatorio de experiencia y percepción para la producción, para el desarrollo de la imaginación material. Este notorio ejemplo en el uso de la materia narra, por primera ocasión, una condición singular en torno a la combinación de ambas «aguas», el enlace como transformación de la materia. Posteriormente, se podrá comprender con mayor intensidad la noción del trabajo sobre la masa, aumentando la experiencia a través de la percepción en la combinación del agua y el barro, estableciendo el sueño del enlace[75]. Estos

---

[73] "La imaginación formal necesita la idea de *composición*. La imaginación material necesita la idea de *combinación*»; citado en: Ibid, 144
[74] Ibid, 161
[75] "Luego, el trabajo de la pasta continúa. Cuando hemos podido hacer entrar realmente el agua en la propia sustancia de la tierra aplastada, cuando la harina ha bebido el agua y cuando el agua ha comido la harina, entonces comienza la experiencia del «enlace», el largo sueño del «enlace»»; citado en: Ibid, 162

anhelos de unión propios de la masa son la lucha para formar, deformar, modelar y, finalmente, conformar la materia.

El *Agua Maternal* está directamente relacionada con el proceso creativo de la materia y, por tanto, son las aguas de la imaginación material. Este tipo de agua, el cual toma su nombre maternal del propio significado de materia (*mater*), es una sustancia creativa y está referida a un proceso dinámico, al movimiento[76].

Por último, *el agua violenta* se ocupa del último de los intereses de esta investigación: la fuerza imaginaria de la materia en la exploración de lo desconocido. La capacidad de la materia en torno a la experiencia intensa de los procesos creativos internos a ella. Esta última experiencia creativa es la dominadora de nuevas metáforas[77].

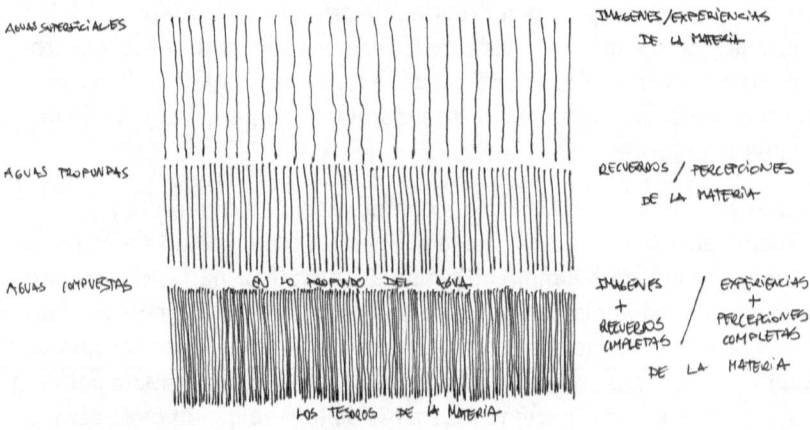

En lo profundo del agua.

[76] «La imaginación material es una imaginación primera. Imagina la creación y la vida de las cosas con las luces vitales, con las certidumbres de la sensación inmediata, es decir, atendiendo a las grandes lecciones cenestésicas de nuestros órganos»; citado en: **Ibid**, 186
[77] «Si la imaginación material trabaja esta experiencia, abrirá un nuevo dominio de metáforas»; citado en: **Ibid**, 249

Mientras Gaston Bachelard anima a experimentar constantemente y a diferentes niveles la materia y, por ende, las imágenes, condiciones y estratos que esta constituye, la condición experimental de la arquitectura y la materia es tratada por el arquitecto danés Steen Eiler Rasmussen en 1957, a través de su libro, *Om at opleve arkitektur*. En él, Rasmussen invita a reconocer la arquitectura desde la experiencia de habitar y percibir sus espacios. Por primera vez se obvia la condición únicamente formal de la arquitectura, para realizar una narración sobre las parámetros que construyen los diversos espacios que continuamente usamos. Espacios, que están construidos de materias diversas para el disfrute del hombre y las cuales, Rasmussen, anima a experimentar y percibir. En su alegato experiencial el arquitecto anuncia que no es lo mismo ver que experimentar y, por ende, proclama un manifiesto experiencial al final de sus observaciones básicas. Al igual que Bachelard y recogiendo su testigo, el arquitecto danés invita a adentrarse en lo más profundo de la experiencia en la arquitectura y así, de la mano de ella, buscar en el más intenso conocimiento arquitectónico: «no es lo mismo entender la arquitectura que ser capaz de determinar el estilo de un edificio por algunos rasgos externos. No basta con ver la arquitectura; hay que experimentarla. Hay que observar cómo se proyectó para satisfacer un cometido especial y cómo se adaptó a las ideas y al ritmo de una época específica»[78], señala Rasmussen quien obtuvo las enseñanzas de Bergson, Husserl y Bachelard para hacer, de la experiencia, la construcción del espacio arquitectónico.

En resumen, Henri Focillon y Gaston Bachelard miraron mucho más adentro en las magníficas condiciones de la materia. Focillon animaba a conocer desde dentro la consciencia de la materia para conformar, pero dejaba de mano de las condiciones internas de ésta la capacidad para obtener forma. Bachelard, en cambio, animaba a mirar al interior de la propia materia por capas, a conocer los diferentes estratos de conocimiento que esta nos ofrecía para así, a través de sus diferentes «aguas» conseguir construir el «fantasma» en nuestros recuerdos en

---

[78] Steen Eiler Rasmussen, Om at opleve arkitektur. Copenague: G.E.C. Gads Forlag, 1957; ed. utilizada: Steen Eiler Rasmussen, La experiencia en la arquitectura. Sobre la percepción de nuestro entorno, (Barcelona: Editorial Reverté, 2004), 31

nuestra memoria y, por tanto, a formarlos a través de una experiencia completa. Este proceso de aproximación a la materia en sus diferentes capas es muy similar al descrito por Miguel Ángel Alonso del Val sobre el «fantasma» del proyecto de arquitectura, tal y como se expone continuación: «recordando a Javier Carvajal, se podría decir que el procedimiento que requiere la búsqueda de un fantasma visibilizado desde el otro, una mirada relacional, que, de nuevo, hace referencia a la creación poética. El proyecto es un deseo informe que no nos pertenece, que no debemos prefijar, un fantasma que no se hace corpóreo hasta su realización. Podría decirse que es una idea difusa que se informa mediante rodeos que propician saltos entre distintos niveles de pensamiento y en las que se pierden parcelas de libertad al tiempo que se ganan cotas de pensamiento y en las que se pierden parcelas de libertad al tiempo que se ganan cotas de seguridad y precisión en la definición (plástica, gráfica o técnica) que anticipa la obra final»[79].

A continuación, la investigación se adentrará en la imaginación de la materia que la mano nos ofrece al aprender a través de ella. Para ello, se descifrará, de nuevo, de la mano de Bachelard, Focillon y, sobre todo, Maurice Merleau-Ponty, la capacidad de nuestro sentido del tacto o, mejor dicho, de nuestra percepción táctil para crear una serie de estímulos que ayudan en la tarea de proyectar.

---

[79] Miguel Angel Alonso del Val, Luis Suarez Mansilla, Francisco Glaria Yetano, Victor Larripa Artieda, Elementos de arquitectura. Pensar y construir el proyecto, (Pamplona: Ulzama Ediciones, 2012), 29

Maurice Merleau-Ponty, la percepción de la materia

«También la mano tiene sus sueños y sus hipótesis. Ayuda a conocer la materia en su intimidad; ayuda por lo tanto a soñarla. La hipótesis de «química ingenua» que nacen del trabajo del *homo faber* tienen tanta importancia psicológica por lo menos como las ideas de «geometría natural». Incluso, como esas hipótesis prejuzgan de la materia más íntimamente, dan más profundidad a la ensoñación. En el amasado no hay ya geometría, no hay aristas, no hay cortes. Es un sueño continuo. Es un trabajo en que se pueden cerrar los ojos. Por lo tanto, es una ensoñación íntima... Luego comienza la acción ligadora, y el amasado con su lento pero regular progreso concede una alegría especial, menos satánica que la alegría de disolver; la mano toma conciencia directamente del éxito progresivo de la unión de la tierra y del agua»[80].

Gaston Bachelard considera la mano como la más poderosa de las herramientas del hombre, la llave del conocimiento, en este caso, a través de la materia. Bachelard, se adentra a describir cómo la mano, con la materia, consigue soñar más profundo y, por ende, hace que imaginemos y proyectemos. La intensa atención que Bachelard pone sobre la capacidad de la mano para manipular, transformar pero, sobre todo, para sustraer de la materia ideas y conceptos era, igualmente, formulada a través de una férrea defensa de ésta, por el también francés Henri Focillon ocho años antes, en 1934. El historiador escribe, simultáneamente, *Vie des formes et Èloge de la main*. En este segundo ensayo se define el valor de la mano a la hora de realizar la actividad creativa. Se establece, en primer lugar, que la mano es la llave al conocimiento (como ya se ha adelantado) y, por tanto, tiene diferentes valores perceptivos. Se traza el concepto de olfato táctil[81], que bien podría estar ligado a los aromas citados por Eduardo Chillida con sus diferentes materias.

---

[80] Gaston Bachelard, L'eau et les rêves. Essai sur l'imagination de la matière. Paris: José Corti, 1942; ed. utilizada: Gaston Bachelard, El agua y lo sueños. Ensayo sobre la imaginación de la materia, (México D.F: Fondo de cultura económica, 1978), 165-166
[81] "La posesión del mundo exige una especie de olfato táctil. La vista resbala a lo largo del Universo; la mano, en cambio, sabe que el objeto tiene peso, que es liso o rugoso, que no está soldado al fondo de cielo o tierra con el cual parece formar cuerpo. La acción de la mano define los vacíos del espacio y los llenos de las cosas que lo ocupan»; citado

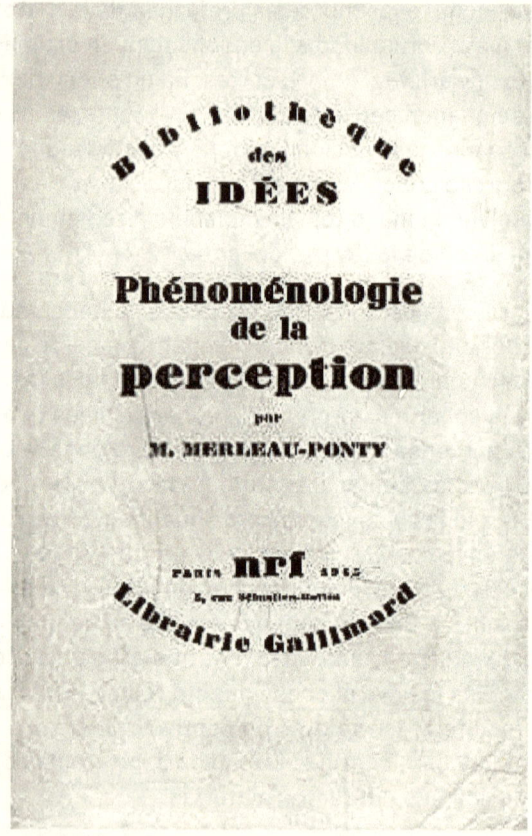

Phénoménologie de la perception, Maurice Merleau-Ponty, Francia, 1945

Esta clase de olfato que proviene de una mano pensante y productora encuentra en la materia y sus condiciones internas una gran maestra. De esta forma poética y técnica de la mano se abrazan en la exposición de Focillon, como resortes fundamentales para la creación de la obra de arte. Se establece así un primer encuentro entre la destreza precisa, la técnica y la materia. «El arte se hace con las manos. Ellas son el instrumento de la creación, pero desde luego son el órgano del conocimiento»[82]. En su exposición sobre la educación de la destreza, el pensador francés prosigue razonando: «el artista prolonga el privilegio de la curiosidad de la infancia mucho más allá de los límites de esa edad. Toca, palpa, calcula el peso, mide el espacio, modela la fluidez del aire para prefigurar en el la forma; acaricia la corteza de todas las cosas y con el lenguaje del tacto compone el lenguaje de la vista: un tono cálido, otro frío, un tono pesado, otro hueco, una línea dura, otra blanca»[83]. ¡Eso es!, ahora hagamos un ejercicio, sustituyamos palabras, quitemos la palabra artista para incluir arquitecto. Mejor dicho, hagamos un segundo esfuerzo, sustituyamos la palabra arquitecto por estudiante de arquitectura y entonces ¡Voilà!, que diría el propio Focillon, aparece ante nosotros un nuevo conocimiento experiencial y perceptivo, la capacidad de aprender tocando, palpando, manipulando la materia y sus condiciones. La tremenda versatilidad que, ahora ya se puede afirmar, aporta el conocimiento háptico. La mano es en palabras de Focillon: «educadora del hombre, lo multiplica en el espacio y en el tiempo»[84]. La mano extrae de su mejor sentido, que no el único, el tacto, la experiencia y la acción. La mano, en definitiva educa.

Mientras Henri Focillon termina su breve ensayo con una ferviente defensa de la mano como educadora y adiestradora de los hombres, nueve años más tarde, el también francés Maurice Merleau-Ponty en su libro, *Phènomènologie de la perception,* incluye un nuevo concepto que está

---

en: Henri Focillon, Vie des formes et Èloge de la main. Paris: Biblioteque de philosophie contemporaine, 1937; ed. utilizada: Henri Focillon, Vida de las formas y Elogio de la mano, (Buenos Aires: Librería y editorial el ateneo, 1947), 135
[82] Ibid, 139
[83] Ibid, 140
[84] Ibid, 159

unido al «olfato táctil» que Focillon presentó, la «percepción táctil». Merleau-Ponty anima constantemente a palpar y tocar todo, ya que el cuerpo es el centro mediante el cual nos comunicamos con el mundo[85]. Esta consciencia completa requiere de una serie de datos unidos a la percepción táctil. Esta información perceptiva, que nuestro cuerpo nos permite asumir por medio de la experiencia, es un conocimiento que se acumula por capas o estratos, no es inmediato.

En primer lugar, los «datos visuales» hacen referencia a lo que Merleau-Ponty llama el «lenguaje de la vista»[86]. Estos datos son aquellos que están relacionados con los estímulos que nos producen una imagen en los sistemas neuronales. Estos estímulos son los que se ocupan de enviar la información a nuestro cerebro y provocan así un recuerdo. Bien es cierto, que para llegar a la formación de éstos, se requiere profundamente del uso de todos los sentidos, y más en concreto del tacto.

Merleau-Ponty en su apartado «la síntesis del cuerpo propio» describe la comunión que existe entre todos los sentidos con nuestro cuerpo a la hora de concebir una experiencia completa. De esta forma los llamados «datos táctiles» hacen uso de las «sensaciones táctiles» y percepciones que estas producen, para crear una experiencia a través de un estímulo. «Lo que reúne las «sensaciones táctiles» de mi mano y las enlaza a las percepciones visuales de la misma mano e igualmente a las percepciones de otros segmentos de cuerpo, es un cierto estilo de los gestos de mi mano que implica un cierto estilo de los movimientos de mis dedos y contribuye, por otra parte, a formar un cierto talante de mi cuerpo»[87].

---

[85] "Volvamos, pues, a los «caracteres» del cuerpo propio y reanudemos su estudio en el punto en que lo habíamos dejado. Al hacerlo así, redibujaremos el progreso de la psicología moderna y efectuaremos con ella la vuelta a la experiencia»; citado en: Maurice Merleau-Ponty, Phènomènologie de la perception. Paris: Librarie Gallimard, 1945; ed. utilizada: Maurice Merleau-Ponty, Fenomenología de la percepción, (México D.F: Fondo de cultura económica, 1957), 104
[86] Ibid, 164
[87] Maurice Merleau-Ponty, Phènomènologie de la perception. Paris: Librarie Gallimard, 1945; ed. utilizada: Maurice Merleau-Ponty, Fenomenología de la percepción, (México D.F: Fondo de cultura económica, 1957), 164

¡Claro, talante!, si entendemos este como el carácter de la mano, en seguida se puede deducir que esta tiene, al igual que la materia, consciencia propia, nos hace comprender el mundo de una forma determinada, a su manera, y nos adiestra en el conocimiento de las cosas y en la percepción de la materia. Ahora bien, la siguiente cuestión sería saber, *¿como consigue la mano adiestrar al cerebro?*

Para responder a esta pregunta se debe, en primer lugar, razonar la cuestión. Cuando se quiere memorizar algo se hace el esfuerzo de repetir para almacenar. De igual forma para adiestrar se insiste en la acción de realizar una tarea repetitiva hasta la extenuación, para adquirir una memoria corporal, para utilizar la motricidad, más en concreto la «motricidad fina»[88]. Cuando memorizamos, por ejemplo un texto, la fórmula más común es leer el texto en repetidas ocasiones para así almacenar dicha información. Esta ardua tarea tiene el campo de la repetición como acción común entre ambos tipos de aprendizaje, entonces ¿cómo consigue la mano adiestrar al cerebro? De nuevo, se utilizará un ejemplo: todos nosotros, en mayor o menor medida, tenemos la capacidad de escribir a máquina con una cierta destreza gracias a la motricidad. Para esto, nuestros dedos y nuestras manos realizan la acción de mecanografiar en infinitas ocasiones, hasta que adquieren una nueva voluntad, hasta que adquieren un *hábito*. De esta manera se comienza por el clásico, «asdf, espacio, ñlkj, espacio», y se termina por adquirir la capacidad necesaria para escribir todos los caracteres sin necesidad de mirar el teclado, únicamente gracias a la memoria táctil que hemos obtenido a través de nuestros dedos, a través de la acción motriz. Este acto de adiestramiento, este hábito táctil es la condición que enunciaba el propio Merleau-Ponty a la hora de adiestrar la memoria corporal. Así, el filósofo francés advierte de la capacidad de esta acción, el hábito, para dotar al ser humano de nuevos instrumentos[89]. Esta acción de adiestramiento

---

[88] Motricidad fina: Movimientos voluntarios precisos en los que se requiere la acción coordinada de mano y ojo.
[89] "el hábito expresa la facultad que tenemos de dilatar nuestro ser en el mundo, o de cambiar de existencia anexándonos a nuevos instrumentos»; citado en: Maurice Merleau-Ponty, Phènomènologie de la perception. Paris: Librarie Gallimard, 1945; ed. utilizada: Maurice Merleau-Ponty, Fenomenología de la percepción, (México D.F: Fondo de cultura económica, 1957), 157

modula el aprendizaje motriz y estimula la memoria corporal por medio del movimiento, del «suave» baile que los dedos procuran sobre el teclado y, así la percepción actúa mediante el tacto para que aprendamos. La principal diferencia entre ambos mecanismos de aprendizaje está en el espacio que controlan[90]. Se puede afirmar, por tanto, que cuando se aprende a mecanografiar conseguimos de alguna forma incorporar el teclado a nuestro lenguaje corporal y, por ende, a nuestra memoria a través de la percepción.

El ejemplo de la mecanografía puede ser secundado por medio de los músicos. Estos aprenden a tocar un instrumento por medio del tacto, la vista y el oído, y así, mediante la acción repetida de tocar el piano o el violín por medio del arco, el músico adopta un lenguaje corporal que le ayuda a memorizar gracias a su cuerpo. De igual manera los artesanos, por ejemplo el carpintero, aprendían a trabajar la materia por medio de ejecutar una serie de operaciones de manipulación de la madera hasta la extenuación. Estos tomaban «lecciones» de ella, por medio de las condiciones y condicionantes que tiene implícito en su ADN. Este hábito y posterior domino, en el cual Merlau-Ponty hace tremendo hincapié, es el mismo que permite al arquitecto aprender de todas las aspiraciones internas que la materia posee. Es el que permite al arquitecto transformarse (al igual que la materia se transforma) en artesano, un concepto que es muy interesante en el desarrollo del siguiente apartado.

Bachelard, Focillon o Merleau-Ponty han puesto de manifiesto la importancia de la mano a la hora de soñar, imaginar y habituar nuestro cuerpo a manipular la materia. Pero bien es cierto que el acto de manipular de forma descontrolada no nos puede permitir adentrarnos tan profundamente como quisiéramos. Si la experiencia nos construye un imaginario por estratos, y la percepción define una suerte de memoria

---

[90] "la palabra leída es una modulación del espacio visible, la ejecución motriz es una modulación del espacio manual, y todo reside en saber cómo puede cierta fisonomía de los conjuntos «visuales» evocar un determinado estilo de respuestas motrices, como cada estructura «visual» se da al fin de cuentas su esencia motriz sin que tenga la necesidad de deletrear la palabra y de deletrear el movimiento para traducir la palabra»; citado en: **Idem**

corporal táctil; aprender a pensar la materia por medio de los procesos y mecanismos de transformación de ésta, nos sirven para concebir un nuevo «lenguaje» creativo alrededor de ella. A continuación se conocerá, en primer lugar, la fundamental aproximación de Martin Heidegger y sus seguidores, Richard Sennett y Juhani Pallashma, en torno a las nociones de artesanía y artesano para pensar con la materia. Para terminar, a través del arquitecto Fernando Espuelas y del arquitecto e ingeniero Ezio Manzini, se comprenderán los procesos que sufre la materia hasta configurar el límite y, por tanto, el espacio arquitectónico. Estos últimos procesos se recogen y transcriben a una serie de mecanismos proyectuales capaces de ser utilizados en el proceso creativo.

Pensar con la materia

«La mano es la ventana de la mente», «no soy lo que soy, soy lo que hago con mis manos», «el hombre piensa porque tiene manos», «la mano es el verdadero órgano de la civilización, iniciador de la evolución humana», etcétera. Immanuel Kant, Louise Bourgeouis, Anaxágoras o Franz Kafka en el largo devenir de la historia se posicionaron a favor de la mano como educadora del hombre y adiestradora de los sentidos a través de la materia. Durante la segunda parte del siglo XIX (gracias a John Ruskin o William Morris entre otros) y primera mitad del siglo XX, el debate volvió a tener un calado importante, tal y como hemos visto en el anterior apartado. Se abrió de nuevo la puerta al conocimiento háptico (que nunca estuvo del todo cerrada) y, con ello, a la noción de pensamiento artesanal más radical, el cual incluye la compleja idea existencial en su interior.

Durante la segunda mitad del siglo XX se construye en torno a la cultura material un discurso intelectual que se ve secundado por Martin Heidegger en 1951 cuando escribe *Bauen, Wohnen, Denken*[91]. En este célebre ensayo el filósofo alemán hace una pregunta de gran importancia en el desarrollo de la cultura material durante la segunda mitad del siglo XX, y que influyó profundamente a Kenneth Frampton en sus libros: *Modern Architecture: A critical history* y *Studies in Tectonic Culture: The Poetics of of Construction in Nineteenth and Twentieth Century Architecture*. Heidegger pregunta y descifra que construir significa habitar, que se habita en torno al ser en la tierra y, finalmente, afirma que el construir como habitar se ocupa de cultivar las cosas que crecen y construir edificios, en definitiva, en estar junto a las cosas materiales, en ocuparse de ellas[92].

---

[91] Martin Heidegger, Bauen, Wohnen, Denken. Frankfurt am Main: Vorträge und Aufsätze(-GA7), 1951; Ed. Utilizada: Martin Heidegger. *Construir Habitar Pensar*. Madrid: Oficina de Arte y Ediciones, 2015

[92] "Pero escuchemos lo que el lenguaje dice en la palabra *bauen* [construir], oiremos tres cosas:

1. Construir es propiamente habitar.
2. El habitar es el modo en que los mortales son sobre la tierra.
3. El construir como habitar se despliega en el construir que cultiva las cosas que crecen y en el construir que levanta edificios»; citado en: Ibid, 19

Anteriormente, el propio Heidegger ya había expuesto que la palabra en antiguo alemán *bauen* significaba, «que el hombre es en la medida en que habita»[93], y esto se ocupaba de la formación en torno a construir un lugar propio, a ser en el mundo y, finalmente, a una noción existencial elevada. Este estar en el mundo Heideggeriano, se une a su preocupación sobre la artesanía y el aprendizaje mediante las manos. El filósofo alemán en sus lecciones, entre 1951 y 1952, tituladas: «¿qué significa pensar?»[94], establece el concepto de la *esencia* de la técnica como una manera de aproximación al conocimiento mediante la acción de realizar, en definitiva: por medio de hacer. En la propia explicación del pensador alemán, se describe el oficio del aprendiz de carpintero como una experiencia mucho más elevada que la única adquisición de la capacidad técnica, señalando la importancia por la materia de la cual se ocupa dicha técnica. «Si es un auténtico carpintero, busca ponerse en correspondencia sobre todo con los diversos tipos de madera y las formas que allí duermen, con la madera tal como descuella mostrando la oculta plenitud de su esencia en el habitar del hombre. Y esta relación con la madera incluso soporta toda la obra del artesano»[95]. Su exposición, breve pero intensa, en defensa de este tipo de mecanismo de pensamiento artesanal, continua con una defensa férrea de la mano, más en concreto de la mano de obra como adiestradora de nuestro pensamiento a través de la artesanía[96]. Esta visión del filósofo alemán, donde el aprendizaje mediante la mano que trabaja por medio del pensamiento artesanal, fue un tema de preocupación en los siguientes años.

---

[93] Ibid, 17
[94] Martin Heidegger, Was heisst denken?. Frankfurt am Main: Vorträge und Aufsätze(GA7), 1951;Martin Heidegger. ¿qué significa pensar?. Madrid: Editorial Trotta, 2005
[95] Ibid, 77
[96] "La mano de obra es mucho más rica de lo que habitualmente nos parece. La mano no solo agarra y apresa, no sólo presiona y empuja. Más allá de esto, la mano entrega y recibe, y no se reduce a hacerlo con cosas, sino que se da a sí misma a otros y se recibe de otros. La mano sostiene. La mano lleva. La mano diseña, y diseña seguramente porque el hombre es un signo. Las manos se junta cuando el hombre se sume en un gesto de candor. Todo eso es la mano y, por ello, es la auténtica mano de obra [...] Toda obra de la mano descansa en el pensar. De ahí que el pensar mismo sea la más sencilla y, por ello, a la vez la más difícil mano de obra del hombre cuando en ciertas ocasiones quisiera realizarse de propio»; citado en: Ibid, 78-79

KENNETH FRAMPTON

Towards a Critical Regionalism:

Six Points for an Architecture of Resistance

The phenomenon of universalization, while being an advancement of mankind, at the same time constitutes a sort of subtle destruction, not only of traditional cultures, which might not be an irreparable wrong, but also of what I shall call for the time being the creative nucleus of great cultures, that nucleus on the basis of which we interpret life, what I shall call in advance the ethical and mythical nucleus of mankind. The conflict springs up from there. We have the feeling that this single world civilization at the same time exerts a sort of attrition or wearing away at the expense of the cultural resources which have made the great civilizations of the past. This threat is expressed, among other disturbing effects, by the spreading before our eyes of a mediocre civilization which is the absurd counterpart of what I was just calling elementary culture. Everywhere throughout the world, one finds the same bad movie, the same slot machines, the same plastic or aluminum atrocities, the same twisting of language by propaganda, etc. It seems as if mankind, by approaching en masse a basic consumer culture, were also stopped en masse at a subcultural level. Thus we come to the crucial problem confronting nations just rising from underdevelopment. In order to get on to the road toward modernization, is it necessary to jettison the old cultural past which has been the raison d'être of a nation? ... Whence the paradox: on the one hand, it has to root itself in the soil of its past, forge a national spirit, and unfurl this spiritual and cultural revindication before the colonialist's personality. But in order to take part in modern civilization, it is necessary at the same time to take part in scientific, technical, and political rationality, something which very often requires the pure and simple abandon of a whole cultural past. It is a fact: every culture cannot sustain and absorb the shock of modern

autoportret 2 [57] 2017 | 11

Towards a Critical Regionalism. Six Points for an Architecture of Resistance, EEUU, 1983

La cultura de la materia

En 1961, de la mano de Claude Lévi-Strauss y su libro, *La pensee sauvage*[97], se presenta al *Bricoleur*. Un nuevo tipo de artesano, aquel que construye con lo que tiene o puede disponer. En esta nueva noción artesanal, construir no solo se entiende como el acto de edificar sino que, al igual que Heidegger, éste hace referencia a la construcción también como el que siembra o, en el caso del *Bricoleur*, el que encuentra. Este nuevo protagonista se las «apaña» con los que tiene, haciendo uso concreto de los condicionantes culturales, materiales y sensoriales que le rodean como alguno de nuestros posteriores protagonistas realiza[98]. El *Bricoleur* usa la mano como un estímulo inmediato en el aprendizaje, en definitiva, el artesano de «hágaselo usted mismo».

Un año más tarde en 1962, George Kubler, en su célebre libro sobre la cultura material, *The Shape of Time. Remarks on the history of things*[99], vuelve a traer la figura del artesano tradicional como aquel que transporta el conocimiento entre generaciones. Kubler utiliza la noción más exacta de artesanía como un viaje en el tiempo. De esta forma el historiador se preocupa por la las *señales* y los *relevos* como esa parte de conocimiento que se realiza mediante la transmisión entre generaciones y gremios. Kubler, tomando el relevo de Henri Focillon, presenta al artista-artesano como aquel que pertenece a una razón artesanal de conocimiento de la técnica, y de transmisión de la forma. Para Kubler el trabajo de arte (en cierto sentido la artesanía) transforma el trabajo del artista, convirtiéndolo en señales inequívocas en el tiempo. El historiador transmite que la historia de la cosas, aquellas que han sido producidas por la mano del hombre, están basadas en relevos y cada relevo deforma la

---

[97] Claude Levi-Strauss, La penseé sauvage. Paris: Plon, 1962; ed. Utilizada: Claude Levi-Strauss, El pensamiento salvaje. Mexico D.F: Fondo de Cultura Económica, 2006
[98] Véase Casa de vacaciones en Arzachena en el capítulo Materia Pétrea, pag. 116-134
[99] George Kubler, The Shape of Time. Remarks on the history of things. New Haven: Yale University Press, 1962

información previamente recibida, en aras de adaptarlo al pensamiento de su tiempo[100].

Si bien estos discursos trazan una línea temporal significativa, se puede decir que cada diez años la artesanía y el trabajo manual comienzan a resonar de nuevo en la filosofía y el pensamiento contemporáneo. No es hasta 1983, veinte años más tarde, cuando Kenneth Frampton presenta su artículo, *Towards a Critical Regionalism: Six Points for an Architecture of Resistance*[101]. En él, Frampton describe seis puntos en el devenir de la cultura tectónica y material de la arquitectura, el arquitecto británico recupera, en cierto sentido, el radical discurso iniciado veinte años antes por Bernard Rudofsky en su libro, *Architecture without architects. An introduction to non-pedigreed architecture*[102]. En este ensayo, el arquitecto de origen checo realiza un viaje por arquitecturas que son realizadas sin arquitectos, las cuales nacen del contexto social, cultural, climático y material que les rodea. Rudofsky justifica así la transmisión de conocimientos entre generaciones, entre diferentes artesanos. Este fenómeno transmisor se basa en el conocimiento táctil de aquellos que han manipulado y ordenado la materia de su contexto específico. A su vez, Frampton, en el sexto punto, hace una defensa férrea de lo táctil frente a lo visual. En el corto texto, el arquitecto describe como el regionalismo crítico, término acuñado por él mismo, defiende el uso primario de los sentidos que rodean a la vista. Los cuales complementan y completan la capacidad de percepción de las personas

---

[100] «El conocimiento histórico consiste en transmisiones, en las cuales el emisor, la señal y el receptor son elementos variables que afectan la estabilidad del mensaje. Dado que el receptor de una señal se convierte en su emisor en el curso normal de la transmisión histórica, podemos tratar a los receptores y emisores juntos bajo el encabezado de las paradas. Cada parada es la ocasión de alguna deformación en la señal original»; citado en: Ibid, 19. T. del original: «Historical Knowledge consists of transmissions in which the sender, the signal, and the receiver all are variable elements affecting the stability of the message. Since the receiver of a signal becomes its sender in the normal course of historical transmisión, we may treat receivers and senders together under the heading of relays. Each relay is the occasion of some deformation in the original signal».
[101] Kenneth Frampton. *Towards a Critical Regionalism: Six Points for an Architecture of Resistance*. Anti-Aesthetic. Essays on Postmodern Culture. Seattle: Bay Press, 1983
[102] Bernard Rudofsky. Architecture without architects. Introduction to non-pedigree architecture. Alburquerque: University of New Mexico Press, 1964

en torno a una arquitectura construida y vivida. Frampton anima, al igual que otros «compañero de viaje» aquí incluidos, a tocar la arquitectura. Este acto, según el propio arquitecto, acerca al hombre a una «pérdida de cercanía» y, por tanto, el arquitecto impulsa, en palabras de Frampton, su sentido más táctil en una vuelta hacia la poética de la construcción[103].

Hasta ahora se han estado descubriendo las diferentes preocupaciones que aparecieron en torno al pensamiento artesanal y la cultura material en la segunda mitad del siglo XX. Llegados al umbral del cambio de siglo, y en plena era de la imaginería digital, donde la arquitectura, y en general, el mundo en el que vivimos ha perdido todo contacto con la fisicidad de las cosas reales que nos rodean, el pensador americano Richard Sennett y el arquitecto finlandés Juhani Pallasmaa son los máximos exponentes en torno al pensamiento y posicionamiento artesanal como mecanismo de aprendizaje imaginativo con la materia, como actitud pragmática ante el mundo.

Aprender de la materia

«El artesano explora estas dimensiones de habilidad, compromiso y juicio de una manera particular. Se centra en la estrecha conexión entre la mano y la cabeza. Todo buen artesano mantiene un dialogo entre unas prácticas concretas y el pensamiento; este diálogo evoluciona hasta convertirse en hábitos, los que establecen a su vez un ritmo entre la solución y el descubrimiento de problemas»[104].

---

[103] «Lo táctil y lo tectónico tienen, en conjunto, la capacidad de transcender la mera apariencia de lo técnico, de la misma manera que la forma del lugar tiene el potencial de resistir el ataque implacable de la modernización global»; citado en: Kenneth Frampton, Anti-Aesthetic. Essays on Postmodern Culture, Towards a Critical Regionalism: Six Points for an Architecture of Resistance, (Seattle: Bay Press, 1983), 29. T. del original: «The tactile and the tectonic jointly have the capacity to transcend the mere appearance of the technical in much the same way as the place-form has the potential to withstand the relentless onslaught of global modernization».

[104] Richard Sennet, The Craftsman. New Haven: Yale University Press, 2008; ed. Utilizada: Richard Sennett, El artesano, (Barcelona: Editorial Anagrama, 2009), 21

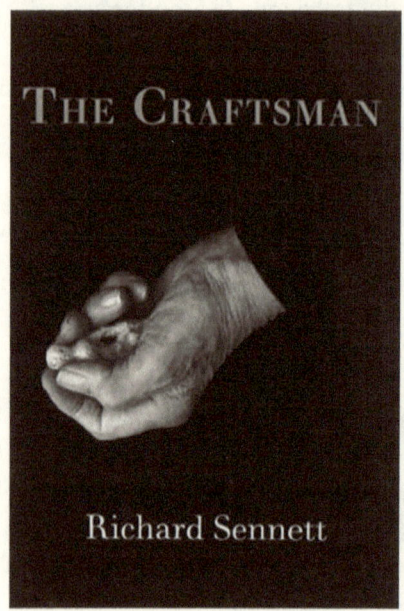 

The Craftsman, Richard Sennett, EEUU, 2008

The Thinking Hand. Existential and Embodied Wisdom in Architecture, Juhanni Pallasmaa, EEUU, 2009

Richard Sennett, en su reconocido libro, *The Craftsman*, defiende dos poderosos argumentos en torno al aprendizaje artesanal. Ambos se centran en el proceso como herramienta de conocimiento, y, por ende, la adquisición y desarrollo de la destreza. Sennett descifra como fundamentales, la adquisición de habilidades por medio de las prácticas corporales y la comprensión de la técnica como herramienta para el desarrollo de la imaginación. El sociólogo americano apoya su discurso en la figura del artesano, afirmándose en la razón técnica, la cual utiliza la mano y el pensamiento, para a través de ella hacer de la expresión la voluntad de dominio material.

Esta relación entre mano y ojo establece la capacidad de desarrollar una habilidad, para la adquisición de esta es fundamental la aparición del ritmo como concepto que da alimento a la habilidad. Repetir una tarea nos dota de un nuevo conocimiento, el cual se reconoce fundamental a la hora de desarrollar la competencia de la anticipación. Estas nuevas competencias son la aparición de *la habilidad* y *la intuición,* que serán posteriormente explicadas. Así, el músico aprende mediante la repetición de la acción y la variación de tiempo, o el arquitecto descubre el espacio a través del dibujo continuado del mismo. En ambos casos la mano recoge la información del ojo y la traslada al cerebro a través de acariciar o comprender lo que le rodea. Por tanto, la mano en su entrenamiento adiestra la intuición de nuestra mente. El pensador a este proceso le llama, textualmente, «''la triada de la mano inteligente», esto es la coordinación de mano, ojo y cerebro»[105]. Esta triada se puede afirmar que nutre a la habilidad del artesano a través de la acción de la repetición ya descrita. A continuación se descifrarán los tres fenómenos fundamentales a la hora adquirir conocimiento y desarrollar a nuestro buen artesano interior en base a lo expuesto por Sennet: *la prehensión*[106], *la intuición* y *la habilidad*.

---

[105] Ibid, 215
[106] La prehensión: término acuñado por Richard Sennet que significa: coger algo; citado en: Ibid, 190

En primer lugar se planteará una sencilla pregunta: *¿Cómo aprende la mano del artesano?*. Para responder a esto Richard Sennett acuña el término de *la prehensión*, como la capacidad para coger algo, para reconocer con la mano. Esta definición fundamentada en una base fenomenológica es compleja, pero se torna clara una vez se comprende la totalidad de la argumentación que Sennett presenta de la mano de Raymond Tallis. El pensador americano describe de manera muy sencilla como el filósofo británico ordena el fenómeno de la prehensión en cuatro actos, a través del ejemplo del vaso: «*anticipación* del tipo de formas que la mano deberá adoptar para coger el vaso; *contacto*, cuando el cerebro recibe datos sensoriales a través del tacto; *reconocimiento lingüístico*, cuando se da nombre a lo que se tiene en las manos; y finalmente, *reflexión* sobre lo que se ha hecho»[107] En último lugar, Sennett agrega un quinto y último valor: «los valores desarrollados por manos extraordinariamente hábiles»[108]. O, lo que es lo mismo, la capacidad de evolución y mejora.

La prehensión.

El anterior esquema se puede clarificar a través de un sencillo ejemplo. Hagamos a un joven arquitecto palpar un ladrillo, reconocerlo al completo. En primer lugar, para coger la masa de arcilla cocida se deberá valorar el momento previo a atraparla y manipularla, reconociendo lo que está ante nosotros. Tras el primer contacto se descubrirán todas las condiciones que

---

[107] Raymond Tallis en, Richard Sennet, The Craftsman. New Haven: Yale University Press, 2008; ed. utilizada: Richard Sennett, El artesano, (Barcelona: Editorial Anagrama, 2009), 192
[108] Ibid, 193

este material tiene: textura, peso, color, temperatura, tamaño y, quizás, olor. A posteriori, se verbalizara todo este aprendizaje táctil dándole un nombre: ladrillo. Finalmente el arquitecto dibujará, escribirá y relatará todo lo comprendido, todo lo aprendido, todo lo reconocido a través de sus sentidos.

Hasta aquí, todo es muy sencillo, pero ¿cómo se da el siguiente paso?. Conocidas algunas cualidades de esta materia se realizarán maquetas reales, objetos de materia arcillosa a través de una pura experimentación espacial entre el par materia y espacio. Este mismo mecanismo de reconocimiento y aprendizaje es expuesto por Peter Zumthor en *Thinking Architecture*. El arquitecto describe en su capítulo «Enseñar arquitectura, aprender arquitectura» la metodología de enseñanza que aplica con sus alumnos de primer curso. Zumthor expone que la obra se experimenta con todos los sentidos, para conocer el cuerpo real de la arquitectura: «en todos los ejercicios se trabaja con materiales reales, se apunta siempre, y de una forma directa, a objetos concretos, cosas e instalaciones hechas de materiales reales (barro, piedra, cobre, acero, fieltro, tela, madera, yeso, ladrillo, etc...). No hay maquetas de cartón. Lo que se debe producir no son, en absoluto, «maquetas», en su sentido habitual, sino objetos concretos, trabajos plásticos a una determinada escala»[109]. Este fenómeno alimenta la imaginación y, por ende, la intuición material a través de una serie de imágenes que se instalan en nuestro recuerdo, tras el estímulo generado por la comprensión y manipulación de la materia[110].

Si hasta ahora se ha descrito *la prehensión* como fenómeno de aprendizaje. A continuación, se explicará el fenómeno de la intuición en el buen artesano o, dicho de otra forma, *el salto intuitivo*. Según Sennet, «la intuición comienza con la sensación de que algo que aún no es podría llegar a ser»[111]. Este fenómeno se basa en cuatro pilares fundamentales: «*impre-*

---

[109] Peter Zumthor, Architektur denken. Basilea: Birkhäuser Verlag, 1998; ed. utilizada: Peter Zumthor, Pensar la arquitectura, (Barcelona: Editorial Gustavo Gili, 2014), 66
[110] «todo proyecto ansía tener imágenes nuevas, nuestras «viejas» imágenes únicamente nos pueden ayudar a encontrar las nuevas»; citado en: Ibid, 67
[111] Richard Sennet, The Craftsman. New Haven: Yale University Press, 2008; ed. utilizada: Richard Sennett, El artesano, (Barcelona: Editorial Anagrama, 2009), 257

*Laboratorio de Espacios, TPI ETSAUN, España,
Blanca Aguiló Balcazar, 2019*

Laboratorio de Espacios, TPI ETSAUN, España, Blanca Aguiló Balcazar, 2019

sión de una nueva forma, *contingüidad, sorpresa y gravedad*»[112]. La primera etapa está basada en el conocimiento previo, esto es debido a que al haber experimentado algo con anterioridad se pueden explorar nuevas aproximaciones, por ejemplo: manipular arcilla, en aras de conocer su consistencia, flexibilidad, maleabilidad y expresión plástica. La siguiente etapa, la llamada de *contigüidad*, se da cuando se realiza una aproximación a través de dos dominios técnicos diferentes que se activan de forma conjunta, Richard Sennett ejemplifica esta etapa a través de la creación del teléfono móvil. Para la consecución de éste fue necesario que se aproximarán dos tecnologías diferentes: la radio y el micrófono. Esto mismo ocurre en los procesos de transformación de la materia. Por ejemplo, para la realización de un ladrillo se necesita la tecnología del horno y la del molde, pasando de la masa arcillosa por medio de la transformación al elemento - módulo. La tercera etapa se llama *la sorpresa*, ésta es la que confirma, en cierto sentido, la intuición primera. En esta etapa se sopesa la voluntad propia, y nos decimos a nosotros mismos que algo que suponemos que puede ser diferente es diferente. En esta etapa actuamos por comparación, por ejemplo, la sospecha de que si ordenamos los ladrillos de determinada manera se definirá un espacio, que intuimos será moldeado. La última etapa, la de *gravedad*, defiende que esta intuición no la desafía. Este cuarto paso demuestra que aunque nuestra intuición sea correcta, algunos problemas se quedan sin resolver. Este espacio modelado en arcilla tendrá siempre la condición de la junta y el rigor del ladrillo a la hora de configurar su textura y apariencia interior. De igual forma la exigencia de aparejar los ladrillos, dada su pertinente necesidad grávida es la verdadera naturaleza constitutiva del espacio que deviene de la masa arcillosa. Intuición y forma se entrelazan a través de la gravedad.

Hasta ahora hemos conocido las condiciones que un buen artesano necesita para su tarea específica y, sobre todo, cómo adquirir éstas facultades. *La prehensión* e *intuición* son los componentes que se ocupan de formar el trabajo del artesano. Si tanto prehensión e intución son fenómenos capaces de ser entrenados, ¿cuál es el objetivo de dicho entrenamiento?, se puede afirmar que la adquisición por parte del buen artesano de *la habilidad*.

---

[112] Ibid, 260

El saber artesanal y, por consiguiente, la formación del buen artesano tiene en palabras de Richard Sennett, «tres habilidades básicas: la de *localizar*, la de *indagar* y la de *desvelar*»[113], las cuales se van a describir a continuación. La primera de ellas es la capacidad de saber cuándo va ocurrir algo importante en relación a la mano. Por ejemplo, cuando un maestro alfarero conoce la presión justa con la cual tiene que presionar el torno para no desfigurar la arcilla. La capacidad para *indagar* está representada por la curiosidad o la conciencia que mueve al ser humano a investigar con rigor sobre un tema específico. Esta condición se da por medio de la aparición de un estímulo en nuestro sistema neurológico, el cual nos hace avanzar en relación a descubrir algo. Por tanto tras *localizar*, el maestro alfarero se decide a investigar en la metodología de trabajo con la arcilla, ésta investigación le puede permitir hacer vasijas mucho más finas y perfectas utilizando las manos para estirar los bordes de éstas. La última de las capacidades es la naturaleza del ser humano para abrirse a otras opciones, para estar dispuesto a realizar las cosas de otra manera, en definitiva, para evolucionar. A esta capacidad se le llama *desvelar*, y se da cuanto el maestro alfarero descubre tras la investigación que esa forma de trabajar con la vasija, mediante la cual él sospechaba que iba a poder realizar piezas más perfectas es posible y, por tanto, se inicia en el dominio de la misma, en la adquisición del hábito en el trabajo de esta.

En resumidas cuentas, la consecución del saber artesanal está relacionado con la conexión de todos nuestros sentidos, y la capacidad de comprensión mediante ellos, tal y como indica Richard Sennett en su exposición en torno al desarrollo de la habilidad[114].

Del entrenamiento de la mano y la adquisición del más profundo conocimiento a través de ella, el más ferviente defensor ha sido y es el arquitecto finlandés Juhani Pallasmaa. Tal y como se ha citado en el capítulo introductorio, su libro, *The thinking Hand. Existential and Embodied Wisdom in Architecture,* defiende la existencia corporal y el pensamiento

---

[113] Ibid, 340
[114] «Para desarrollar estas aptitudes el cerebro tiene que procesar en paralelo información visual, auditiva, táctil y relativa a símbolos lingüísticos»; citado en: Ibid, 341

háptico como fundamentales a la hora de hacer batalla a la constante pérdida de facultades que nuestro cuerpo y, por tanto, la producción manual está sufriendo en aras de la sociedad de consumo actual.

Pallasmaa, en su radical posicionamiento sostiene, al igual que Sennett, el entrenamiento y adiestramiento de las manos para poner de manifiesto al buen artesano que cada arquitecto debe tener dentro. El profesor finlandés comienza su alegato explicando la importancia del entrenamiento de la mano para el arquitecto desde el punto de vista intelectual, puesto que este ejercicio vincula cuerpo y mente. En las sucesivas páginas de este célebre ensayo, el arquitecto describe una serie de capítulos que narran las relaciones vigentes entre existencia corporal y pensamiento sensorial en la educación, con el fin de desarrollar, a su juicio, la habilidad más importante del arquitecto: «convertir la esencia multidimensional del trabajo proyectual en sensaciones e imágenes corporales y vividas»[115].

En el argumento se continua explicando, a través del trabajo de diversos arquitectos y artistas, la importancia capital que adquiere la dimensión temporal en el arte y la arquitectura a la hora de transcender con el proyecto artístico e intelectual. Durante el transcurso de la lectura se repasa la importancia de la mano en la aparición del lenguaje, apoyando su defensa en la evolución conjunta de ambos[116].

En el libro el arquitecto describe, a través de ocho capítulos, las diferentes asociaciones existentes entre la mano, el ojo, la mente y el pensamiento, en aras de desarrollar la emoción y la imaginación. De entre todos los temas expuestos es de capital importancia para esta investigación el segundo capítulo: «la mano que trabaja»[117]. Pallasmaa divide este capítulo

---

[115] Juhani Pallasmaa, The Thinking Hand. Existential and Embodied Wisdom in Architecture. Chichester: John Wiley & Sons Ltd., 2009; ed. utilizada: Juhani Pallasmaa. La mano que piensa. Sabiduría Existencial y Corporal en la Arquitectura, (Barcelona: Editorial Gustavo Gili, 2015), 12
[116] «las teorías actuales sugieren que el lenguaje se originó en la primitiva fabricación colectiva y uso de herramientas implican que incluso el desarrollo del lenguaje está ligado a la evolución conjunta de la mano y del cerebro»; citado en: Ibid, 36
[117] Ibid, 51-77

en una serie de apartados que son: «La mano y la herramienta», «La mano del artesano», «La artesanía colaborativa» y «La arquitectura como trabajo». En el primero de ellos, se establece la unión inseparable entre mano y herramienta en aras de transformarlo en una unidad compleja, pasando a formar parte de un desarrollo cultural superior cómo por ejemplo en Japón[118]. En el tercer apartado, se explica la importancia del trabajo colaborativo en el proceso de proyecto. En éste se describen los procesos creativos propios del arquitecto, realizando un alegato al conocimiento artesanal de los bellos oficios que rodean a esta profesión, y que ayudan al arquitecto a descifrar de forma más elocuente los matices del mismo[119]. En el último apartado de este capítulo, Pallasmaa explica la profesión del arquitecto desde una visión tradicional, donde ésta se considera un oficio en el cual se fundamentan las tareas en los aspectos prácticos técnicos que permiten construir, literalmente, el proyecto. Este capítulo finaliza por parte del profesor finlandés, realizando una alegato en defensa del proceso de producción y pensamiento artesanal como fundamental para la enseñanza del arquitecto[120]. Por último, en el segundo apartado, el cual ha sido de capital importancia en el devenir de toda esta investigación debido a sus referencias y fuentes bibliográficas, el arquitecto expone y defiende la adquisición de habilidades por medio de la mano en el *buen artesano*[121].

---

[118] «Por ejemplo, es posible identificar la línea genética de las herramientas japonesas, claramente diferenciada de las familias de herramientas escandinavas o norteamericanas; el funcionamiento y la apariencia de la herramienta refleja inevitablemente la actitud particular de una cultura hacia el trabajo y el valor social que se le otorga»; citado en: Ibid, 52
[119] «Llegar a dominar personalmente un oficio ayuda al diseñador y al arquitecto a captar los matices de otros oficios y, sobre todo, a respetar la habilidad especial y la experiencia del artesano que ejecuta su proyecto. Además, aprender íntimamente cualquier habilidad le enseña a uno a ser humilde. La arrogancia no concuerda con la verdadera destreza»; citado en: Ibid, 70
[120] «El arquitecto sabio busca alianzas profundas con artesanos y artistas con el fin de volver a conectar su mundo y su pensamiento intelectualizados con la fuente de todo conocimiento verdadero: el mundo real de la materialidad, de la gravedad y de la comprensión sensorial y corporal de estos fenómenos físicos»; citado en: Ibid, 75
[121] «El artesano necesita desarrollar relaciones específicas entre el pensamiento y la creación, entre la idea y la ejecución, la acción y la materia, el aprendizaje y la elección, la identidad propia y la obra, y entre el orgullo y la humildad. El artesano necesita incorporar la herramienta o el instrumento, interiorizar la naturaleza del material y finalmente convertirse él o ella mismos en su propio producto, bien sea material o inmaterial»; citado en: Ibid, 57

Este paciente trabajador o, dicho de otro modo, el arquitecto, se debe formar en este conocimiento tácito[122], el cual se encuentra implícito en el saber artesanal. Así los jóvenes arquitectos, en palabras de Pallasmaa, «necesitan entender las posibilidades y límites de los materiales y de los oficios»[123]. Por tanto, a continuación, la investigación se centrará en responder las preguntas planteadas al comienzo del apartado denominado: «En lo profundo del agua: La conciencia de la materia».

Para ello, se pondrá atención en conocer las etapas o procesos que permiten al buen artesano o arquitecto comprender y transformar la materia prima en arquitectura. Los procesos que adiestran al arquitecto en la transformación, conformación, orden y configuración de la materia como espacio y límite. Antes de comentar éstos, se debe hacer, de manera análoga, una mención al texto de Miguel Ángel Alonso del Val: «el proyecto como proceso: sobre la razón práctica en la teoría del proyecto arquitectónico»[124]. Este cuadro y posterior texto explicado dentro del libro, *Elementos de arquitectura. Pensar y construir el proyecto*, tiene un importante valor en el propio proceso propuesto por este trabajo. Por tanto, la aproximación llevada a cabo por diferentes capas o estratos al proyecto de arquitectura está relacionada con lo expuesto a continuación, y se cree que consigue vincular lo que en palabras del propio Alonso del Val establece, «unas claves académicas basadas en que todo proyecto, como operación creativa, necesita de un método de aproximación, de unas estrategias lógicas de encuentro, entre la idea generadora y obra construida. Este procedimiento operativo produce, al mismo tiempo, un conocimiento y una habilidad»[125]. Por tanto, descubramos los procesos operativos de la materia.

---

[122] Conocimiento tácito: conocimiento práctico que se basa en la experiencia directa y la acción.
[123] Ibid, 70
[124] Miguel Angel Alonso del Val, Luis Suarez Mansilla, Francisco Glaria Yetano, Victor Larripa Artieda, Elementos de arquitectura. Pensar y construir el proyecto, (Pamplona: Ulzama Ediciones, 2012), 25-29
[125] Ibid, 26

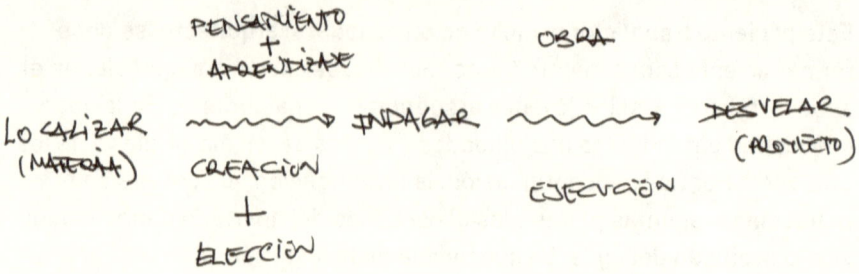

Aprendizaje del buen artesano.

Transformación, conformación y construcción de la materia

«Nada se pierde, nada se crea, todo se transforma»

La ley de Lomonósov-Lavoisier, o ley de la transformación de la materia, postula que la materia antes, durante y después de ser transformada es exactamente la misma. Salvando las diferencias, e interpretando la ley a nuestra manera, la materia extraída directamente de la naturaleza, tal y como indicaba Aalto, requiere de una transformación para convertirse en los materiales del arquitecto, los materiales de la arquitectura. Hasta ahora, se ha visto que a través de la mano se adquieren habilidades y se forma al buen artesano, entre otras cosas, alimentando su imaginación material mediante estímulos. Este nuevo apartado, se ocupa de explicar la capacidad humana para *transformar, conformar y construir la materia en material y arquitectura*. A esta serie de operaciones, se llegará desde el trabajo intelectual y físico sobre la materia. El arquitecto Fernando Espuelas escribe en «Madre Materia», que «el trabajo es el precio que paga el hombre para poseer a la materia, para transformarla, para domesticarla»[126]. Esta afirmación dice, que la materia se doméstica y se vuelve dócil. Como se ha ido descubriendo, a la materia se le supone una

---

[126] Fernando Espuelas, Madre Materia, (Madrid: Ricardo S. Lampreave, 2009), 159

voluntad propia que se impone siempre, apareciendo ante nosotros sus condiciones para sugerirnos un camino propio basado en el mundo real de la materialidad en la construcción del proyecto de arquitectura.

Espuelas en su amplio afán docente explica, a lo largo de los diez capítulos que componen su ensayo, las peripecias de la materia para ser y estar presente como el cuerpo principal de la arquitectura. De entre todos ellos, como ya se ha anunciado en la introducción, son vitales cinco capítulos para la comprensión de la investigación que estamos llevando a cabo: «Identidad», «Interior», «Materiales», «Tiempo» y «Trabajo». A lo largo de estos cinco capítulos se establecen vínculos entre condiciones tan básicas de la materia como son; su remoto origen etimológico, su compacto e íntimo interior por descubrir, la porción de *fisis* que extraemos para obtener el material de la arquitectura de ella, el tiempo propio que emplea la materia en su formación, conformación, transformación y puesta, y, finalmente, el trabajo como la actividad que transforma profundamente a la materia en su camino a la arquitectura. De entre todos estos capítulos, el «trabajo» se expone como «la actividad organizada, sistemática y eficaz con la que el hombre transforma la materia»[127]. Y, por tanto, «la materia se entrega a cambio de inteligencia y cansancio»[128], entendiendo, por medio de esta taxativa pero realista afirmación, que la materia se presta a la energía del artesano que la transforma para mostrar todo su potencial interior.

Si bien se ha utilizado el trabajo para transformar la materia, se debe saber, previamente, en qué se transforma a la materia y cómo. Ante la primera pregunta, se conoce una clara respuesta. La materia, inicialmente, se transforma en material a través de las técnicas, luego en elemento constitutivo, tal y como asocia Gottfried Semper (plataforma, muro, cubierta, cierre), y, finalmente, deviene en espacio arquitectónico, cómo afirma energéticamente Espuelas, «yace dormida la materia, ensimismada en su condición natural hasta que es descubierta por una mirada si-

---

[127] Ibid, 160
[128] Ibid, 160

milar a la del depredador que escruta la sabana en busca de una presa»[129]. En esta caza material se arrebata a la materia, a la masa, a la montaña, al árbol o al mineral, una porción de fisicidad transformada por el artesano. A ésta porción, la cual será transformada en los materiales de la arquitectura aaltianos, le debemos la constitución del espacio arquitectónico y la construcción del preciso límite que conforma el umbral entre materia y aire. Para conocer cómo se llega hasta estos complejos puntos, se analizarán unos segmentos y fases que se ocupan de todas estas vidas de la materia. Este viaje se realizará por medio de Espuelas a través de los *segmentos temporales* en los que divide el tiempo como proceso en la materia, y por el reconocido arquitecto, ingeniero y teórico italiano Ezio Manzini mediante las diferentes *fases de complejidad material*.

Comencemos por el catedrático de diseño del *London School of Arts* y profesor del *Politécnico de Milano* Ezio Manzini. Este se ocupa de describir la transformación de la materia prima a material a través de su libro, *Artefatti. Verso una nuova ecologia dell'ambiente artificiale*[130]. En el libro se realiza una aproximación vinculando los orígenes antropológicos de la materia y las condiciones características de ella una vez transformada en material, para así configurar las formas inherentes a sus condiciones internas. Estos lazos, tanto de índole físico como cultural, son descritos por el autor italiano de la siguiente manera: «la materia comenzó a hablar del mundo físico y cultural que contribuía a construir y que había construido en el pasado. Y de ese encuentro entre propiedades físicas y valores culturales surge la identidad de los materiales; un conjunto de propiedades que acaban siendo intrínsecas al material concreto y que éste llevaba como un don a las formas que surgían de él, enriqueciéndolas en profundidad y espesor cultural»[131]. Este camino, al cual Manzini hace referencia, tiene una clara noción temporal y se puede decir que sugiere el sendero de transmisión de la cultura material, tal y como Kubler señalaba con anterioridad.

---

[129] Ibid, 55
[130] Ezio Manzini, Artefatti. Verso una nuova ecologia dell'ambiente artificiale. Milán: Domus Academy, 2000; ed. Utilizada: Enzio Manzini, Artefactos. Hacia una nueva ecología del ambiente artificial. Madrid: Celeste Ediciones, 1992
[131] Ibid, 56

Mientras Manzini, posteriormente, aludirá a sus *fases* para explicar las relaciones entre las complejas cuestiones de índole técnica y táctica de la materia, Espuelas se ocupa de los tiempos en ella. En el apartado anteriormente indicado como «tiempo», el autor español divide al mismo en cuatro segmentos temporales: el primer segmento representa en sus palabras, «el tiempo en el que la materia sólo lo es genéricamente»[132] y, por tanto, no es mesurable y está en formación como materia prima. En el segundo segmento, la materia está dispuesta a ser transformada para satisfacer las demandas del hombre. La materia, en palabras de Espuelas, es «dividida por sus rasgos y características, da lugar a los materiales»[133]. En este segundo segmento temporal, se mide el tiempo de acción mediante el cual la materia es, «extraída y transformada, fragmentada y convertida en elementos óptimos para la construcción»[134]. Es un segmento en el cual la materia es medible y, por consiguiente, ya ha sido sufrido una primera transformación hacia material. El tercer segmento pertenece al momento propio de la construcción, en el cual el material, tras ser ordenado por medio de la gravedad, conforma la materia-edificio. En último lugar comienza el segmento temporal mediante el cual la materia se habita y vive por el ser humano. A este último momento de la materia, que no menos importante, Fernando Espuelas lo llama: «la vida útil de la arquitectura»[135].

En resumidas cuentas, los dos primeros segmentos se ocupan de los procesos de producción, el tercer segmento sobre las acciones que ordenan y configuran; y, finalmente, el último segmento describe el tiempo de uso per se. Expuestos los segmentos, únicamente queda por conocer cuáles son las precisas etapas de transformación de la materia. Para ello se utilizará una analogía entre las fases descritas por Ezio Manzini, y los mecanismos de proyecto planteados en esta investigación a través de las técnicas y las tácticas de la materia.

---

[132] Fernando Espuelas, Madre Materia, (Madrid: Ricardo S. Lampreave, 2009), 98
[133] Ibid, 99
[134] Idem
[135] Idem

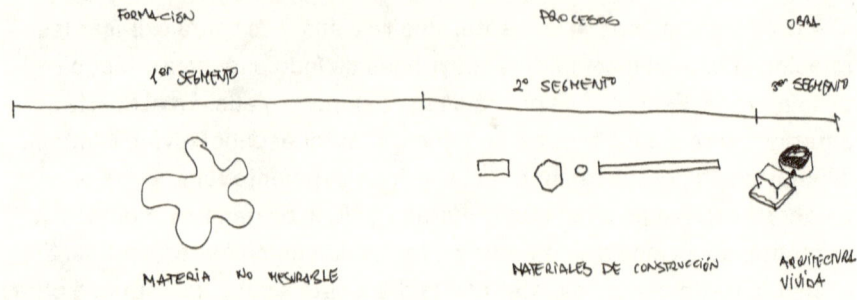

Segmentos temporales de la materia.

«En definitiva, el mundo de la técnica, descubre la complejidad»[136]. Si, tal y como Manzini expresa, la técnica descubre la complejidad de la materia a través de conseguir manipularla para su uso como material de arquitectura, las tácticas y las estrategias hacen lo propio en aras de preservar su esencia en el camino hacia el proyecto construido. Las etapas de la materia son, por tanto, los procesos que se ocupan de la metamorfosis que padece la misma hasta convertirse en edificio. Estos cambios, que como se ha observado mantienen la esencia constitutiva de la cosa material, establecen unas pautas para conseguir descifrar el espacio arquitectónico oculto en el interior de cada materia de las propuestas en esta exploración: pétrea, arcillosa, leñosa, mineral y fluida. Estas rotundas afirmaciones son perfectamente explicadas por el arquitecto e ingeniero italiano a través de las fases de la materia. Manzini divide el camino de la materia hacia la arquitectura en tres fases de diferentes complejidades[137], las cuales son capitales para esta investigación y serán descritas a continuación:

1. *Fase de complejidad soportada:* la materia guarda todas las condiciones hasta ser transformada. En esta fase se requiere del uso de la herramienta para extraer la materia prima, así la técnica, mediante el uso

---

[136] Ezio Manzini, Artefatti. Verso una nuova ecologia dell'ambiente artificiale. Milán: Domus Academy, 2000; ed. Utilizada: Enzio Manzini, Artefactos. Hacia una nueva ecología del ambiente artificial, (Madrid: Celeste Ediciones, 1992), 117
[137] Ibid, 118-119

de la habilidad bruta, extrae la materia. Esta primera fase es la que este trabajo llamará: *las técnicas de transformación de la materia*.

2. *Fase de complejidad normalizada:* la materia, ahora ya en porción material, sufre «transformaciones más profundas con el fin de ser normalizados y estandarizados»[138]. El artesano se ocupa de dotar a la materia de cierta regla o forma en base a las condiciones internas de la misma, en base a su esencia. En esta búsqueda, el material se conforma en elemento constructivo. A esta fase de complejidad normalizada, se le nombrará como: *las técnicas de conformación de la materia*.

3. *Fase de complejidad gestionada:* esta última fase descrita por Mazini se ocupa del control absoluto del material, para ello se rebusca en sus condiciones estáticas y mecánicas interiores, en su razón de ser estructural. La mano del artesano aquí es diferente, puesto que es el conocimiento experiencial e intelectual el que ordena los elementos para construir el espacio arquitectónico. A este proceso de proyecto se le conoce como: *las tácticas de construcción de la materia*.

Fases y Procesos de la materia.

[138] Idem

La materia se transforma, se conforma y se construye, la materia, como posteriormente veremos, también se configura a través de sus estrategias[139], las cuales son fuente continua de exploración y, por tanto, de operación proyectual. Todos estos procesos, todas estas aproximaciones al proyecto, aúpan al buen artesano en el camino de la arquitectura de la imaginación material. Lejos de resultar presuntuoso, el interés de esta investigación radica en conocer cómo se educa la imaginación material en los arquitectos. Apoyada en el pensamiento de Bergson, Bachelard, Focillon y Merleau–Ponty, esta exploración física defiende la singular capacidad de la materia como herramienta de formación intelectual. Así mismo, por medio de Richard Sennett y Juhani Pallasmaa se exponen los fenómenos de aprendizaje perceptivo propios de la materia en la educación. Finalmente, Fernando Espuelas y Ezio Manzini nos muestran el camino a seguir, mediante los segmentos y procesos con los cuales la materia construye su propio relato para la exploración y creación arquitectónica.

El siguiente estudio manifiesta una sencilla y radical hipótesis: la materia, sus condiciones y propiedades heredadas son fundamentales y únicas a la hora de pensar y habitar el proyecto de arquitectura. Este trabajo propone una mirada intensa sobre cinco materias fundamentales del arquitecto, para hacer visibles las condiciones esenciales que sirven en la construcción del espacio y el límite que cada una de ellas contiene.

---

[139] Estrategias de la Materia: Véase parte tercera, pag. 389-445

PARTE SEGUNDA

Cinco Materias

MATERIA PÉTREA

Un origen arcaico

De las cinco materias que abarcan este trabajo, la materia pétrea es la que, sin duda alguna, responde a una doble vertiente significante entre lo arcaico y lo monumental dada su condición compacta, continúa, densa y telúrica. La piedra evoca a las grandes construcciones del pasado, donde el hombre luchaba contra sus limitaciones físicas y técnicas para construir sus casas y templos como símbolo de la cultura de cada época. Aunque la construcción del muro de piedra es, en palabras de Semper, «la más primitiva y sencilla de las construcciones»[1], ésta aparente sencillez del muro se compondrá de dos factores fundamentales a la hora de entender esta construcción: la sustracción y la agregación, los cuales veremos en los siguientes apartados.

A lo largo de toda la exploración, se utilizarán dos conceptos clave para dividir las cinco materias de las cuales se compone esta tesis: la estereotomía y la tectónica. Ambas tienen un origen arcaico y, prácticamente, se pueden datar de forma simultánea su aparición como arte dependiendo de la región y recursos mediante los cuales se establecieron. El arte de la tectónica, del cual posteriormente conoceremos su origen[2], se ocupa de la construcción por medio de la adición de elementos. Este arte, tal y como cita Francesco Cacciatore en su libro, *The wall as a living place. Hollow structural Works in Louis Kahn´s work*[3], es el que consigue construir un conjunto mediante la suma de partes. «El arte de conectar implica una idea de construcción concebida como el ensamblaje de componentes específicos,

---

[1] Gottfried Semper, Antonio Armesto Aira ed., Manuel García Roig tr., *Escritos fundamentales de Gottfried Semper*, (Madrid: Edición fundación arquia, 2014), 29
[2] Ver capítulo materia leñosa perteneciente a la parte segunda.
[3] Francesco Cacciatore, Il muro come contenitore di luoghi. Evoluzione della parete stereotomica in forma strutturale cava. Siracusa: LetteraVentidue Edizioni Srl, 2008; ed. utilizada: Francesco Cacciatore, *The wall as a living place. Hollow structural Works in Louis Kahn´s work*. Siracusa: LetteraVentidue Edizioni Srl, 2008

Fundamentos: origen arcaico, Castro de Santa Tecla, España, s. IV a.C

que contribuyen a la creación de un todo mientras mantienen su carácter de elementos separados»[4]. Por el contrario, el arte de la estereotomía, el cual desempeña la materia pétrea, se ocupa de la construcción a través de la eliminación de partes o piezas en busca de un vacío. Aunque esto no es del todo cierto debido a que su significado describe la precisa transformación de la piedra, a través del puntero del cantero, en pieza, como posteriormente se descubrirá. Antes de conocer en el siguiente apartado la etimología de estereotomía y dos factores clave en la comprensión de los fundamentos de esta noble materia, se ahondará en el significado y etimología de la materia pétrea como concepto.

La materia pétrea proviene del latín *Petreus*[5], haciendo referencia a su origen, al yacimiento pétreo. De este lugar yacimiento llamado cantera, se extraen por medio de los trabajos de cantería (la explotación y la substracción) la materia prima anhelada: la roca. Al consultar la DRAE aparece que *pétrea* significa que está hecha de piedra y, por tanto, describe a ésta como sustancia constituyente de la materia. Entonces, en primer lugar, ¿no deberíamos conocer las entrañas etimológicas de *piedra*[6], a fin de esclarecer los conceptos de los que esta materia se ocupa?

La palabra piedra deviene del latín *petra*, vocablo de la cual desciende la bella y antigua ciudad excavada en roca Jordana con el mismo nombre: Petra o al-Batrā[7]. Volviendo a la propia palabra, ésta explica el origen mineral de la misma – compartido con otra materia de esta exploración – refiriéndose a la roca y la montaña de la cual se extrae. En sus acepciones segunda y tercera, se da pie al mundo de la construcción en piedra y del lenguaje so-

---

[4] Francesco Cacciatore, Il muro come contenitore di luoghi. Evoluzione della parete stereotomica in forma strutturale cava. Siracusa: LetteraVentidue Edizioni Srl, 2008; ed. utilizada: Francesco Cacciatore, The wall as a living place. Hollow structural Works in Louis Kahn´s work, (Siracusa: LetteraVentidue Edizioni Srl, 2008), 22. T. Del orginal: «the art of connection, which implies an idea of construction conceived as the assemblage of specific components contributing to the creation of a whole while maintaining their character of separate elements».
[5] *Petreus*: Hecho en roca y/o piedra
[6] Piedra: *Del lat. Petra.*
1. f. Sustancia mineral, más o menos dura y compacta. 2. f. Trozo de piedra que se usa en la construcción. 3. f. piedra labrada con alguna inscripción o figura.
[7] al-Batrā: nombre en árabe de la ciudad jordana de Petra.

Fundamentos: continuidad material, Templo de Horus, Egipto, 57 a.C

bre ésta. Buena prueba de ello son las escrituras sobre piedra en los templos egipcios: la técnica del bajorrelieve. Revisada su definición etimología, la palabra piedra indica de lo que está constituida y, por tanto, anuncia unas determinadas cualidades y condiciones que han sido expuestas por Fernando Espuelas en *Madre Materia*, «en el primer caso, al prescribir en arquitectura mármol, no aludimos a la roca metamórfica de estructura cristalina y naturaleza caliza que ocupa grandes extensiones edafográficas, sino a un material de dureza media, frágil, mal conductor térmico, que se corta bien, se pule con facilidad, que presenta múltiples variantes veteadas en su apariencia y viene cargado del prestigio obtenido en el mundo clásico»[8]. Entendido al mundo arquitectónico al cual, relativamente, pertenece esta materia: la estereotomía. Y, finalmente, descritas sus cualidades físicas, significativas y etimológicas, a continuación, se descifrarán dos factores propios de esta materia: su construcción tectónica y su clara relación entre forma y peso, lo cual le hace pertenecer al mundo de la estereotomía.

El primer factor deviene de la formación del muro a través del sumario de piezas que con caras y formas, regulares o no, consiguen generar un conjunto uniforme de elementos distintos. Se crea homogeneidad a partir de una gran heterogeneidad. Este factor se ocupa de las piezas individuales extraídas de la cantera, y que gracias a la artesanía pasan a formar parte de un sistema constructivo superior. El *castro de Santa Tecla* en La Guardia, Pontevedra, es un poblado perteneciente a la cultura castrense, construido a partir de un conjunto de construcciones circulares plásticas. Estas agrupaciones pétreas están realizadas a través del sumatorio de elementos de diferente forma y tamaño sin trabajar, piedras y ripios[9], que definen un muro heterogéneo y un conjunto perceptivo homogéneo.

En cambio, el segundo factor determinante es el que confiere al muro pétreo la relación lógica entre forma y peso. A más altura de muro, éste tiene mucho más peso y, por tanto, se requiere de mayor espesor. Este factor determina la forma estereotómica a partir de la fuerza de la gravedad, de-

---

[8] Fernando Espuelas, Madre Materia, (Madrid: Ricardo S. Lampreave, 2009), 56
[9] Ripio: pequeño canto rodado que sirve para rellenar tal y como su raíz etimológica latina indica *replere*.

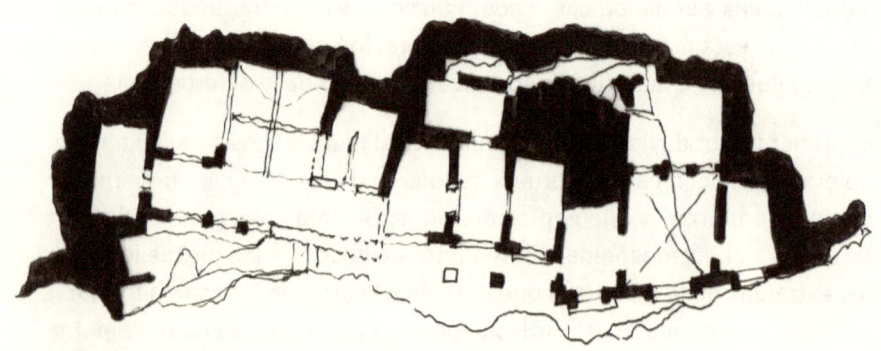

Fundamentos: extirpación material , Monasterio Vihara, India, s.II d.C

bido a que éstas construcciones funcionan estáticamente a compresión y, por tanto, transfieren las cargas en vertical del cielo al suelo del cual provienen. Por tanto, se puede afirmar que el peso propio de la piedra, en combinación con su lógica grávida, es la que confiere la forma a las construcciones en materia pétrea. Esta afirmación ofrece una lectura clara sobre la naturaleza gravitatoria de esta arquitectura, describiendo su funcionamiento prácticamente único a compresión. El magnífico acceso a *el templo de Horus* en Edfu, Egipto, da buena cuenta de ello. Dos torreones de forma trapezoidal dedicados al dios Horus son el acceso al patio hipóstilo del templo. Estos están conformados por el sumatorio de bloques pétreos, ahora si careados y trabajados, a fin de conseguir un conjunto homogéneo continuo. Aquí, se percibe la densidad material de la propia piedra en el espesor de sus anchos y poderosos muros, representando a la construcción estereotómica por excelencia: el muro *continuum*.

Comprendida la naturaleza conformante de un muro pétreo, a partir de la suma de elementos heterogéneos en busca de la homogeneidad. A continuación, se desarrollará el concepto de estereotomía existente tras la arquitectura en materia pétrea. Para ello, se indagará en el significado y etimología del propio término – estereotomía – , así como en dos conceptos que unen, de forma inquebrantable, esta palabra y a la materia pétrea: la cueva y el muro.

La cueva estereotómica

La arquitectura pétrea se crea a través de la suma de elementos o, por el contrario, de la eliminación de partes para configurar un espacio vacío. Ambos casos, el de la agregación o la supresión, nacen a partir de la consideración de una arquitectura que, como se ha explicado anteriormente, es estereotómica. Por tanto, en primer lugar se deberá conocer que es la estereotomía. Al consultar en la DRAE, ésta nos dice que es el arte de cortar piedras y otros materiales para utilizarlos en la construcción. Esta afirmación utiliza la palabra arte, que indica un conocimiento singular y superior de una cierta habilidad, en este caso el corte y prepa-

Fundamentos: agregación material, Fuerte de Golconda. 1512-1687

ración de las piezas. Así mismo, esto se realiza para la ejecución de la actividad principal de la cual se ocupa la arquitectura: la construcción. Ahora bien, al realizar un viaje al interior de la etimología de ésta palabra aparece que está formada por dos vocablos: *stereos* y *ektomia*. El primero de ellos *stereos* significa sólido, lo cual indica continuidad, en este caso, material. El segundo, *ektomia*, significa extirpación. Por tanto al pensar en este arte, se puede decir que es aquel que construye la arquitectura a través de la extirpación de masa, lo cual nos remite a la cueva como refugio primitivo a partir de la extirpación de piedra de la montaña.

Esta anhelada arquitectura excavada fue realizada por los maestros indios canteros en *el monasterio Vihara* de Gutumpalle, ubicado en la meseta Deccan Oeste. En la cresta de la montaña, se producen una serie de extirpaciones pétreas para conseguir tener unos vacíos que se habitan por los monjes en su retiro. Este concepto, el cual explica la extirpación material, requiere de una posterior reorganización material en busca de la persistencia de la forma, como veremos en el siguiente apartado y apunta, a continuación, Cacciatore: «la etimología de la palabra estereotomía, del griego, *stereos*, sólido y *tomia,* corte, en cambio introduce una idea de construcción que no se concibe como el ensamblaje y la yuxtaposición de elementos típicos mediante el procedimiento tectónico, sino más bien como la eliminación gradual de la materia de un lugar existente. La reorganización de dicha sustancia en una forma monolítica y compacta, a menudo, implica que las partes no se pueden discernir en su totalidad. Por lo que la construcción aparece como un bloque sólido del que se han eliminado algunas piezas para crear el espacio requerido»[10].

---

[10] Francesco Cacciatore, Il muro come contenitore di luoghi. Evoluzione della parete stereotomica in forma strutturale cava. Siracusa: LetteraVentidue Edizioni Srl, 2008; ed. utilizada: Francesco Cacciatore, The wall as a living place. Hollow structural Works in Louis Kahn´s work, (Siracusa: LetteraVentidue Edizioni Srl, 2008), 23. T. Del orginal: «The etimology of the word stereotomy, instead, from the Greek *stereos*, solid, and *tomia,* cut, introduces an idea of construction which is not conceived as the assemblage and juxtaposition of elements typical of the tectonic procedure, but rather as the gradual removal of matter from an existing place. The reorganization of such substance into a monolithic and compact form often implies that the parts can not be discerned in the whole so that the construction appears as a solid block from which some pieces have been removed in order to create the required space».

Una convocatoria material

Tras la extracción de una porción de *physis*[11] de la propia montaña, se deberá reubicar toda esta materia en busca del orden. Para ello es necesario recuperar la propia naturaleza aglutinante que ésta materia contiene y, por tanto, es fundamental restablecer la persistencia y el carácter formal denso propio de la roca. De nuevo Cacciatore explica la idea de permanencia en el muro con la siguiente reflexión: «la idea de permanencia del muro, es decir, la resistencia a eventos futuros, se refleja precisamente en el espesor de la construcción, al igual que la continuidad y la solidez se expresan en la superficie. Tal carácter superficial se realza mediante la perfecta ejecución de las juntas entre las cuñas, prácticamente invisibles en la visión general de la pared, y se hace más poderoso debido a los relieves o frescos que contribuyen a borrar cualquier idea de separación y discontinuidad»[12].

Por tanto, la arquitectura deudora de la materia pétrea tiene una gran carga sentimental, puesto que se realiza una convocatoria material en aras de devolver a esta la *physis*, anteriormente extraída de la montaña, para agrupar la materia y convertirla en un *continuum*[13] donde está todo unido. *El fuerte de Golconda*, en Hyderabad, India, da buena cuenta de ello. Una poderosa construcción pétrea sobre una montaña de granito reubica la materia extraída para la conformación de determinadas estancias y espacios del propio fuerte. Esta materia se ha vuelto a organizar,

---

[11] *Physis*: palabra griega que se traduce por naturaleza.
[12] Francesco Cacciatore, Il muro come contenitore di luoghi. Evoluzione della parete stereotomica in forma strutturale cava. Siracusa: LetteraVentidue Edizioni Srl, 2008; ed. utilizada: Francesco Cacciatore, The wall as a living place. Hollow structural Works in Louis Kahn´s work, (Siracusa: LetteraVentidue Edizioni Srl, 2008), 21. T. Del orginal: «the idea of permanence of the wall, tis resistance to future events, is reflected precisely in the construction in thickness, just like continuity and solidity are expressed on the surfave. Such superficial character is enhanced by means of the perfect execution of the seams between the quoins, virtually invisible in the general view of the wall, and made more powerful by reliefs and frescoes that further contribute to erase any idea of separation and discontinuity».
[13] *Continuum*: entidad física que indica continuidad.

en aras de construir un masa monolítica que forme parte de esta pequeña geografía, desde donde la dinastía Qutb Shani dominaba su imperio de diamantes.

Hasta ahora se han descrito los fundamentos conceptuales que unen a la materia pétrea con sus orígenes etimológicos, así como, con su naturaleza convocante que define los factores principales de trabajo con ella. Todas estas condiciones descifraban, de igual forma, dos aproximaciones arquitectónicas: una, por eliminación y otra, por adición.

A conitnuación, para poder proseguir comprendiendo como esta noble materia adiestra nuestros sentidos, se debe proceder a explicar los procesos que la transforman y conforman, en aras de conseguir el bloque con el cual se comienza la construcción con ella. Para esto, se describirán, en primer lugar, los procesos de la materia pétrea.

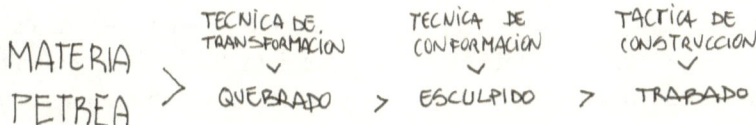

Procesos de la Materia Pétrea

De la cantera al bloque

Conocidos los fundamentos básicos, a continuación, la investigación centrará su interés en la descripción del proceso que transforma la materia pétrea en arquitectura, y cómo ésta conforma, transforma, ordena y configura el espacio arquitectónico a través de sus condiciones internas. Durante este proceso descriptivo, se indagará en las diferentes características fenomenológicas que emergen de la materia pétrea, su significado y forma de mostrarse, las cuales definen un espacio arquitectónico determinado.

Previo a la descripción conceptual del mismo, es necesario hacer hincapié en la expresión de las capacidades transformadoras de esta materia. Para ello, mediante la explicación de las técnicas y tácticas de la materia pétrea, se descifrarán las cualidades conformadoras de esta en piedra y unidad, para ordenar a través de la acción gravitatoria el espacio que en la piedra subyace. El proceso que explica la brutal ruptura de la piedra domando la masa continúa proveniente de la cantera es una característica singular y única de este material. Este proceso productivo es el quebrado. Posteriormente, tras la brusca separación de un bloque o laja de la montaña, se comenzará una segunda manipulación más fina que contiene en su interior un mecanismo heredado de otro arte técnico: la escultura. Este segundo paso es el esculpido. No obstante, antes de comenzar a describirlos, se deberá hacer un viaje al interior de la cantera, para comprender los procesos que transforman a la laja o el bloque de gran formato en una pieza preparada para ser trabajada. Estos procesos son: el corte primario, el corte secundario y el transporte.

El primer paso, el correspondiente al corte primario en la cantera a cielo abierto, se realiza mediante maquinaria provista de hilo diamantado o barrenos con maquinaria neumática, los cuales, posteriormente, son cargados con explosivos. Tras extraer los grandes bloques o lajas, aún sin dimensión determinada ni forma, se realiza un corte secundario. Este, se ejecuta por medio de una perforadora hidráulica, la cual subdivide los bloques o lajas provenientes del primer corte en bloques de formato controlado dispuestos a ser trabajados. Tras esto, los bloques son transportados a las fábricas de elaboración, aún en formato grande, y ahí, por medio de diferentes tratamientos, se convierte en producto preparado para ser trabajado.

A continuación, se explicará mediante un cuadro resumen cuales son los mecanismos de manipulación que se ocupan de este material. Estos se formalizan a través de la construcción que nos remite a la estructura interna propia de la materia trabajada, entendiendo ésta, cómo las condiciones sensibles internas que formalizan un límite y espacio pétreo. Esta serie de acciones, nos ofrecerán una lectura clara de cuáles son las pautas a seguir para realizar una arquitectura según las reglas pétreas, transfiriendo este conocimiento disciplinar.

Del bloque al muro pétreo

La materia pétrea, la cual se obtiene mediante la difícil manipulación de una porción de estrato geológico terrestre, deberá superar una serie de procesos de transformación y conformación señalados en la anterior tabla. Y que pasamos a descifrar a continuación tras explicar los últimos cuatro fases productivas. Antes de comenzar con la descripción, tanto significante como etimológica, de las operaciones de índole técnica y táctica, se deberán describir estas últimas fases que son: la subdivisión del bloque, la elaboración del acabado, el corte a medida y el almacenaje.

La primera operación, la subdivisión del bloque, se realiza por medio de máquinas de hilos, telares de flejes o discos rotativos. Aquí se obtendrán, dependiendo del producto, diferentes tableros o bloques a un tamaño y espesor determinado. En segundo lugar, se realizará la elaboración del acabado. Para la obtención de diferentes superficies, se utilizarán la pulidora, la cera, la abujardadora, las bujardas de geometrías variables o la flameadora. Todos estos acabados corresponden, en muchas ocasiones, a tratamientos que se dan para superficies interiores, siendo el acabado natural o abujardado los más utilizados como material portante de construcción. A continuación, se realizará el corte a medida de las piezas. Por medio de este corte, se obtiene el producto final dispuesto a ser ubicado en obra a falta de tener que trabajar sus bordes o superficies si fuera necesario, para conseguir unir las diferentes piezas por medio del esculpido. Finalmente, se efectuará el almacenaje desde el cual se hace el suministro a cada obra. Cabe indicar que este proceso de trabajo, se desarrolla mediante piezas de igual formato y, por tanto, es una elaboración totalmente industrializada. Sin embargo, para la construcción mediante muros mampuestos, de los cuales hablaremos en las tácticas de la materia pétrea, se utilizan bloques directamente obtenidos de la cantera y se modifican y trabajan en obra tras el consiguiente quebrado. A su vez, por medio del esculpido, para conseguir construir un muro continuo y plástico, se transforman las superficies de cada pieza obteniendo, de este modo, la contundencia formal que en la propia naturaleza pétrea de esta materia subyace.

Conocidas las fases de trabajo, por medio de las cuales obtenemos el producto previo a ser ordenado, a continuación, se describirán las técnicas y las tácticas de la materia pétrea. En primer lugar, se comenzará por indagar en el significado, etimología y conceptos que las operaciones de quebrado y esculpido que la materia pétrea contienen. Al indagar en la operación proyectual de *quebrar*[14], se distinguen entre los términos definidos recogidos en la DRAE, aquellos que hablan de la voluntad de una esta materia a ser separada por medio de la acción de un utensilio y el trabajo del hombre. De las descripciones propuestas, la primera referida al latín, resuelve quebrar como una técnica que proviene de *crepāre* que significa estallar, como la acción de separar una materia continua. La segunda de las definiciones aquí recogidas utiliza la palabra violencia, lo que expresa, en cierto sentido, un descontrol en la fuerza empleada para dicha separación a fin de conseguir extraer una parte pétrea. Esta acción está tremendamente unida al mecanismo de extracción material de la cantera, que se ejecuta, en ocasiones, por medio de explosivos. La tercera de las definiciones recogidas dicta que *quebrar* es la operación mediante la cual se vence una dificultad material u opresión y, por tanto, se refiere al domeñado de la voluntad de la propia materia para convertirse en material. De este modo, quebrar, y su etimología *crepare* extraen una porción de naturaleza a fin de transformarla en un material de carácter pétreo y continuó, convirtiéndose a través de la operación técnica de *esculpir*[15] en un elemento arquitectónico con formato y dimensión

---

[14] Quebrar: *Del lat. crepāre 'estallar', 'romper con estrépito'.*
1. tr. Romper, separar con violencia. 3. tr. Doblar o torcer. Quebrar el cuerpo. U. t. c. prnl 7. tr. Vencer una dificultad material u opresión. 18. prnl. Dicho de una cordillera, de una cuesta o de otra cosa semejante: Interrumpirse su continuidad.
[15] Esculpir: *Del lat. sculpĕre.*
1. tr. Labrar a mano una obra de escultura, especialmente en piedra, madera o metal.

determinada. Antes de describir esta operación, se mostrará mediante un ejemplo la acción de quebrar como mecanismo proyectual. La obra *Double Negative* de Michael Heizer da buena cuenta de ello. Una violenta grieta practicada en el valle de Moapa, en Nevada, EEUU, fracciona una montaña produciendo una interrupción artificial en la misma, por medio de una poderosa excavación que simula la violenta manipulación mediante el quebrado producida por el hombre.

Una vez se ha producido esta violenta separación de una porción de naturaleza material, se deberá de trabajar dicha porción– el bloque pétreo – a fin de conseguir manipularlo, transformarlo en piezas o, finalmente, obtener el vacío. *Esculpir* describe la acción que produce un desgaste preciso en la materia pétrea a través del acto del labrado de la arquitectura, conformando una unidad o serie de unidades que sirvan para definir un muro, basamento, etc. Los dos significados que la DRAE da para ésta palabra definen acción, indicando operaciones ya ligadas a una escala humana, puesto que hablan tanto de labrar a mano como de grabar algo. Ambas acciones son propias de oficios artesanales, de la cantería y la escultura, como conocimiento adiestrado superior y, por tanto, expresan la necesidad de dominar dicho trabajo a la perfección, obteniendo la capacidad de conformar, ahora sí, el noble bloque pétreo en piezas o en un mapa de marcas – en un jeroglífico –. Al explorar la etimología de la propia palabra, se descubre que *sculpere* es un verbo que adquirió este nombre de manera análoga, puesto que el verbo primitivo era *scalpere* que indicaba rascar, grabar, tallar o esculpir. De este verbo descienden en latín otras palabras vitales como escultor: aquel que trabaja la piedra o, lo que interesa al arquitecto, aquél que trabaja el espacio. El que lo esculpe. El reconocido arquitecto, escultor, inventor e intelectual italiano Michelangelo Buonarroti describe esto en una sencilla sentencia: «no tiene el mejor artista ningún concepto que un mármol en sí solo no circunscriba»[16].

---

2. tr. Grabar algo en hueco o en relieve sobre una superficie de metal, madera o piedra.
[16] Michelangelo Buonarotti en, Eduardo Prieto, La vida de la materia. Sobre el inconsciente del arte y la arquitectura, (Madrid: Ediciones Asimétricas, 2018), 23

Técnicas de transformación: Quebrar, Double Negative, EEUU, Michael Heizer, 1969

Técnicas de conformación: Esculpir, Templo de Ramses II, Egipto, 1274 a.C

Se puede establecer, por tanto, una conexión entre la técnica y el espacio obtenido, mediante la acción de trabajar el material gracias a el desgaste y el conocimiento humano. Esta descripción une trabajo y espacio siendo, a su vez, parte imprescindible el artesano que desarrollara un conocimiento relacionando a la memoria que ofrece esta propia técnica. *El templo para Ramsés II,* en Abu Simbel, Egipto, es un gran ejemplo de cómo es el espacio que deviene de la acción arquitectónica de esculpir. Ubicado en Abu Simbel, al sur de Egipto en la frontera con Sudán, el proyecto nace de esculpir un montaña reconstruida, puesto que la primitiva estaba inundada, a fin de extraer un vacío interior, el cual se reconoce por medio de la precisión en la cual cada uno de sus espacios ha sido arañado y extraído de la propia montaña. Esta idea estereotómica ha sido descifrada por Jesus Mª Aparicio Guisado en su tesis doctoral, *el muro,* en la cual se relata la consistencia de este concepto. «La idea estereotómica es un todo en el que luego se sustraen las ausencias murarias»[17].

Una vez se han explicado las operaciones de transformación que describen las técnicas de la materia pétrea, a continuación, se descifrará el proceso para la construcción de una obra arquitectónica mediante la unión de los elementos o unidades módulo arquitectónicas regulares o no: los sillares, las piedras y los ripios.

Por tanto, la táctica que se ocupa de determinar el mecanismo de unión entre dos piezas de piedra para la conformación de un muro, se define por el termino trabar[18]. Al indagar en las acepciones que aparecen en la DRAE y describen este verbo que remite a una acción, en primer lugar, se indica por trabar, a el acto por medio del cual se juntan o unen una cosa con otra para dotarles de resistencia y fuerza. La segunda de las acepciones, aquí recogidas, describe la unión mediante la cual se

---

[17] Jesus Mª Aparicio Guisado, El muro, (Buenos Aires: Nobuko, 2000), 18
[18] *Trabar*: De traba. *Trabis* (*to interlock*)
1. tr. Juntar o unir una cosa con otra, para darles mayor fuerza o resistencia.
2. tr. Sujetar algo o a alguien para impedir su movimiento..
6. tr. Enlazar, concordar o conformar una cosa con otra.

Táctica de construcción: Trabar, Termas de Vals, Vals, Suiza, Peter Zumthor, 1996

sujeta algo para impedir su movimiento. Finalmente, el último de los términos interesantes, que se describen en la definición de este verbo, es el concepto de enlazar, concordar y sobre todo conformar una cosa con otra. Esta acción de naturaleza pétrea describe, prácticamente, la ejecución de el mismo estableciendo tres pautas. En primer término, el orden para la correcta disposición de las piezas. En segundo, la sencillez mediante la cual se deben trabar y, por tanto, enlazar unas con las otras para la consecución de un muro. Y, finalmente, la acción de la gravedad para conseguir, mediante el enlace de diferentes capas o estratos horizontales de piedra, definir así el muro pétreo que debe pensar el arquitecto.

Esta operación reflexiva de la traba en el muro y el espacio resulta vital para comprender la arquitectura que de la materia pétrea proviene. *Las termas de Vals*, obra del arquitecto suizo Peter Zumthor, son un claro ejemplo de esta traba técnica y espacial. Ubicadas en el cantón suizo de Graubünden, este complejo termal es piedra y agua. Los muros, pavimentos y espacios están trabados como la propia naturaleza material de la piedra con la que se constituyen. El muro ejecutado mediante una traba de elementos horizontales de diversas longitudes y anchuras, se construye creando diferentes recintos que enlazan el espacio sin dejarnos percibir el mismo de manera continua. Esta operación proyectual captura fragmentos discontinuos de arquitectura, en la continuidad masiva de toda la construcción.

De la traba, se hablará a través del arte que describe los tipos que existen de ella. Este, tal y como hemos adelantado, se conoce por mampostería y aunque no es objeto de esta exploración explicarlo profundamente, sí debemos nombrarlo para entender las diferencias entre los tipos elementales que existen de la misma. Antes de comenzar, se debe indicar que las piezas que forman un muro de mampostería se llaman mampuestos y definen el tipo de piedra que conforma el muro. Una vez aclarado esto, se nombrarán los cuatro tipos de mampostería que existen y que se ocupan de clasificar los muros: mampostería en seco[19], mampostería ordinaria[20], mampostería careada[21] y mampostería concertada[22].

Tras conocer las técnicas y las tácticas que se ocupan de operar en esta materia, a continuación, se conceptuará a la misma a través de su espacio característicamente telúrico. Esta densidad estereotómica, propia de la idea y la materia, es la que se caracteriza a través del concepto de espacio negativo propio de la arquitectura de la piedra y su masa continua.

---

[19] *Mampostería en seco:* muro de piedra en el cual se han colocado los mampuestos sin argamasa, para garantizar la perfecta unión entre las partes y la continuidad en la transmisión de cargas. En este muro se usan ripios para rellenar los huecos existentes, a fin de conseguir tener continuidad. Es un muro con un significado más arcaico.
[20] *Mampostería ordinaria:* es la que se ejecuta mediante el uso de un material de unión entre las piezas, y que ofrece la lectura de la junta húmeda. Puede ser normalmente ejecutada en mortero de cal o argamasa.
[21] *Mampostería careada:* muro de piedra en el cual se ha esculpido la cara vista para realizar un acabado uniforme que dote de continuidad al muro. Al interior de esta cara no es necesario que las piezas sean coincidentes, pudiéndose usar material de relleno o ripios.
[22] *Mampostería concertada:* muro de piedra en el cual todos sus mampuestos han sido trabajados y careados para ejecutar un muro perfectamente trabado en el cual se pueda usar argamasa o no.

Luz y vacío

«Entre las cuatro categorías de las artes técnicas, definidas en el libro tres, de la segunda sección del primer tomo, el ámbito de la estereotomía comprende aquellas artes cuya dificultad radica en la utilización de materias primas que, debido a su constitución compacta, sólida y homogénea, ofrecen una firme resistencia al aplastamiento (compresión) y a la rotura. Son pues de consistencia considerablemente reactiva, por lo que pueden trabajarse dándoles la forma deseada gracias a la eliminación de partes de su masa, y unirse en piezas regulares formado sistemas trabados, cuya solidez efectiva constituye el principio más importante»[23].

En 1851, Gottfried Semper escribe, *Der vier Elemente der Baukunst*, este estudio, en conjunto con el escrito entre 1860-1863, *Der stil*, recoge las diferentes formas básicas que consiguen generar la construcción del hogar, estableciendo al ser humano en torno al fuego. Entre las descripciones realizadas por Semper, se encuentra la definición de tres formas básicas – *grundform*[24] – que consiguen crear un cobijo primitivo para la reunión en torno al fuego del ser humano. El texto hace referencias a los medios arquitectónicos para la protección del hogar describiendo a estos como: el basamento – *earthworks* –, el recinto – *enclousure* – y la cubierta – *roofworks* –[25]. El siguiente apartado centra su interés en la primera de estas formas: el basamento – *earthworks* – y su origen terrenal, gravitacional, oscuro y denso. Este tipo arquitectónico que deviene de la estereotomía y, por tanto, proviene del propio suelo que conforma la superficie terrestre es al que Semper alude en su clasificación de las artes técnicas, a través de sus categorías de materias primas: «materiales firmes, compactos, densos, resistentes

---

[23] Gottfried Semper, Antonio Armesto ed., Manuel García Roig tr., Escritos fundamentales de Gottfried Semper. El fuego y su protección, (Madrid: Edición fundación arquia, 2014), 323
[24] Ibid, 29
[25] Ibid, 324

al aplastamiento y la rotura pero de consistencia significativamente reactiva, adecuados, por tanto, para ser trabajados mediante la talla de partes de su masa según la forma deseada y dejarse añadir, en piezas regulares, a sistemas asimismo firmes y compactos, en los que la estabilidad reactiva constituye su principio constructivo»[26]. De acuerdo con esta clasificación, Semper incluye estos materiales dentro de las actividades relacionadas con las estereotomía, que se describen en los trabajos de albañilería o, en alemán, *mauerwerk*[27].

Por primera vez aparece ante nosotros, una suerte de arquitectura que se establece por medio de un proceso de substracción, a través del quebrado. Y, posteriormente, transformación, por medio del esculpido. Esta arquitectura, la de la piedra, pertenecerá en su lógica estructural al espacio oscuro, al vacío negativo propio de la eliminación de partes y, finalmente, a lo enigmático del descenso a las entrañas telúricas de la propia piedra que la constituye. El catedrático de proyectos arquitectónicos Luis Fernández-Galiano describe estas construcciones deudoras de la penumbra, las cuales definen el anunciado espacio negativo, de la siguiente forma: «el espacio negativo de la arquitectura excavada es a la vez teatral y ominoso: escenario en penumbra de la ceremonia o el rito, y recinto en tinieblas que protege de la persecución o la catástrofe»[28]. Por tanto, esta arquitectura pétrea proviene del orden de espacios negativos, en aras de responder a la clara acción de la gravedad y sus fuerzas verticales, para transformarse en basamentos habitables mediante la sustracción. O, por el contrario, ordenar el muro, mediante la agregación. Ambos casos, se recogen a continuación como dos mecanismos operativos con la materia pétrea.

---

[26] Ibid, 295
[27] *Mauerwerk*: *Mauer*: Muro, *Werk*: Trabajar
[28] Luis Fernández-Galiano, Arquitectura Viva 209 Bajo tierra, (Madrid: Arquitectura Viva SL, 2018), 3

Eliminar y ordenar el muro

Los conceptos que construyen la arquitectura que este material ordena gracias a su capacidad portante estructural son deudores de su propia naturaleza masiva y continua. Tanto en su interior, cuando se formalizan como una arquitectura primitiva que no requiere de otros medios para poder ser habitada más que la propia sustracción de la materia que la constituye, como a la hora de formalizar basamentos pétreos a través de pesados muros, se puede afirmar que el arte de la estereotomía pertenece propiamente a los trabajos de piedra. Esta arquitectura destaca por tener un límite opaco donde todo es denso, y por la creación de recintos o plataformas que se ejecutan con el material que obtenemos del propio suelo que nos rodea. Esta arquitectura encuentra su existencia y presencia en el orden de sus partes y el rigor en la elección del tipo de muro a realizar, el cual se someterá a la piedra encontrada para, de esta forma, crear un relato coherente entre materia y muro.

Por tanto, es clave contextualizar las dos operaciones a realizar en el uso de la materia que nos ocupa, la pétrea, a través de dos ejemplos muy conocidos que resumen ambas acciones proyectuales: *Can Lis* y *Can Feliz*, obras de Jørn Utzon. La idea tras la primera de las operaciones, la eliminación, está descrita por Jesús Mª Aparicio Guisado cuando explica el hueco en el muro continuo de materia: «la sustracción de la materia está vinculada con la idea estereotómica, esto es, mantiene el valor la materia de la arquitectura, del macizo, del muro sólido. Se sigue acentuando la presencia corpórea de la arquitectura. La idea de ausencia por sustracción en un muro se materializa al horadar el todo hermético, ese *continuum* de materia, que, aún después de haber sido sustraído, sigue existiendo»[29].

---

[29] Jesús Mª Aparicio Guisado, El muro, (Buenos Aires: Nobuko, 2000), 19-20

Concepto: Eliminación, Can Lis, Porto Petro, España, Jørn Utzon, 1971

 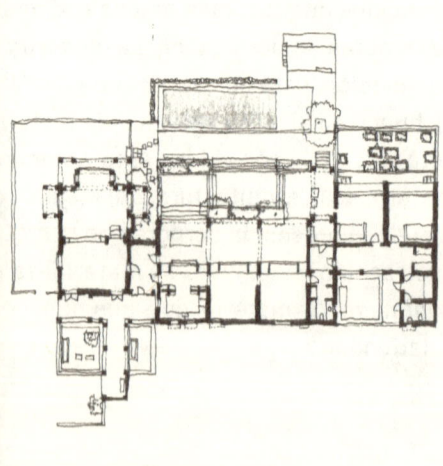

Concepto: Agregación, Can Feliz, S´horta, España, Jørn Utzon, 1994

La casa ubicada en Porto Petro (originalmente Porto Petra)[30], Mallorca, ejemplifica esta sustracción en el muro de forma inmaculada. Can Lis es una construcción pétrea, que consta de cuatro pabellones dispersos unidos mediante un muro quebrado, que permite la mirada desde su espacio de estar al mediterráneo. La sala mira al mar a través de cinco huecos sustraídos en los muros de piedra del marés. El paisaje, de esta forma, aparece y se enmarca tras el poderoso *continuum* matérico.

A su vez, la segunda de las operaciones que construye el muro mediante agreagación está representada por la obra *Can Feliz*, ubicada en el paisaje interior de la isla de Mallorca. El maestro danés responde, en esta ocasión, mediante una estrategia compacta que busca el orden claro y rítmico del muro y sus pilastras. La casa se aposenta sobre una plataforma aterrazada que se adopta al terreno y utiliza la construcción mediante muros lineales de mares, los cuales pierden materia a medida que se acercan al umbral de sus terrazas. La construcción se desarrolla mediante pura agregación y apilamiento de piedra sobre piedra, y el paisaje interior se enmarca mediante la incorporación en forma discontinua de materia. De nuevo, la idea de discontinuidad en la materia por medio de la agregación es explicada por Jesus Mª Aparicio Guisado al esclarecer la relación entre paisaje y muro. «El paisaje se enmarca mediante la adición de materia en forma discontinua. La idea de ausencia por la no adición de materia, *discontinuum* de materia, resulta común en el *continuum* óptico del espacio de la arquitectura, el paisaje y la naturaleza»[31]. Ambas operaciones arquitectónicas, se deben al rigor, curiosamente plástico, de la construcción pétrea que será expuesto a continuación.

---

[30] Porto Petra: puerto de piedra
[31] Jesús Mª Aparicio Guisado, El muro, (Buenos Aires: Nobuko, 2000), 20

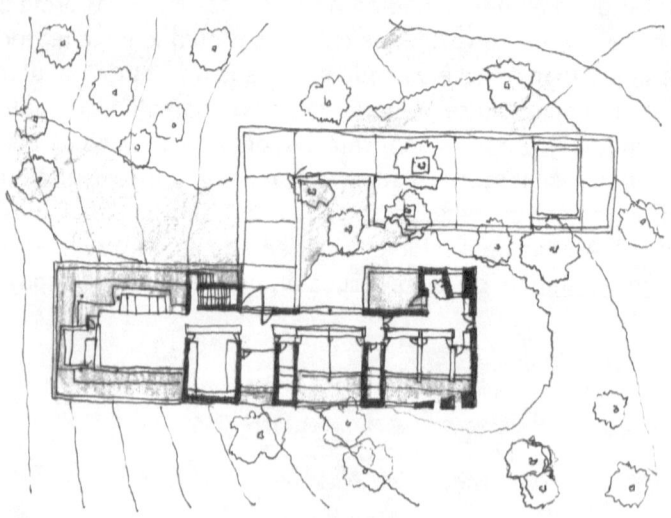

Concepto: Plasticidad, Casa del Horizonte, Campo Charro, España, Jesús Aparicio Guisado, 2006

El relativo rigor plástico

«Construir significa, como diría Hölderlin, «habitar poéticamente sobre la tierra». Establecer un compromiso con la realidad que constituye el origen de la arquitectura y cuya transformación acomete el proyecto. La recurrencia a valores meramente gráficos en las arquitecturas dibujadas suponen una limitación en la capacidad del proyecto para construir una realidad que tiene opciones de futuro en tanto no se envuelva en su propio discurso, evocador pero cerrado»[32]. Miguel Ángel Alonso del Val describe la importancia del rigor constructivo a la hora de configurar el proyecto de arquitectura. Como ya se ha podido descubrir a lo largo de este capítulo, los trabajos que se ocupan de la piedra, tanto en su conformación y transformación a través del quebrado y esculpido, como en su posterior confirmación como arquitectura a través de la traba del muro, tienen un rigor propio que depende de la habilidad del artesano. Esta arquitectura, que precisa de un cierto nivel artesanal técnico para conseguir crear el muro, dota a la piedra de su tremendo rigor plástico. No es baladí afirmar, que la forma propia de la construcción pétrea, continua o discontinua, es deudora total y absolutamente de la relación entre forma, gravedad y técnica.

Si como anuncia el arquitecto Aparicio Guisado, «la técnica es el arte en disposición de los medios para la ejecución material de un pensamiento artístico»[33], el rigor plástico de la materia pétrea es la ejecución material de este pensamiento. Esta plástica pétrea deudora de su forma grávida es expresada, igualmente, por Aparicio Guisado en Campo Charro, Salamanca, a través de *la casa del horizonte*. Esta construcción, que recupera la plástica de la técnica pétrea romana a través del *opus caementicium*, es radical en el empleo de la piedra y la argamasa. La casa, se construye sobre un basamento en lo alto de una loma que domina todo el territorio.

---

[32] Miguel Ángel Alonso del Val, Luis Suárez Mansilla, Francisco Glaria Yetano, Victor Larripa Artieda, Elementos de Arquitectura: pensar y construir el proyecto, (Pamplona: Ulzama ediciones, 2012), 62
[33] Jesús Mª Aparicio Guisado, Construir con la razón y los sentidos. Reflexiones docentes y de investigación, (Buenos Aires: Nobuko, 2008), 71

Concepto: Reunión, Spiral Jetty, Rozel Point, EEUU, Robert Smithson, 1970

Los muros crean recintos en ella, recortando, de igual forma, su perfil y entregando determinadas vistas al interior de la misma. Toda la construcción se ejecuta por medio de una mezcla de hormigón y pizarra a gran formato, que aparece en su plástica más bruta dominando el campo salmantino de encinares y alcorques. Piedra, gravedad y forma se encuentran en el preciso rigor de esta casa de campo.

En este apartado, se ha repasado la plasticidad de la piedra, a la hora de definir el límite construido y la volumetría del mismo, por medio del rigor que esta masa compacta pétrea contiene. A continuación, se expondrán los conceptos que elevan a esta obra a la categoría de arte, realizando un recorrido, mejor dicho unos paseos, por el trabajo del artista americano Robert Smithson, el cual eleva esta experiencia constructiva a un relato paisajístico sublime.

El constructor nómada

En 1967, Robert Smithson, antes de retornar a su ciudad natal, Passaic, partiendo desde Nueva York adquiere un libro llamado *Earthwoks*[34], durante ese viaje Smithson realiza un recorrido documentando a una serie de elementos comunes de cualquier ciudad de la periferia estadounidense, llamando a los mismos «monumentos»[35]. Estos elementos que encuentra a su paso son parte fundamental de un errabundeo nómada que simplemente busca el gusto de pasear, tal y como describe el propio artista: «el sábado 30 de Septiembre de 1967 fui al edificio de la Autoridad Portuaria, en la esquina de la calle 41 y la 8ª avenida. Compré un ejemplar del New York times y un libro de edición rústica de la editorial Signet llamado Earthworks, de Bria W. Aldiss. Después, fui a la taquilla 21 y compré un boleto de ida a Passaic. Subí al nivel de los autobuses (la plataforma 173) y abordé el número 30 de la Compañía de Transporte Inter-City»[36]. En el transcurrir de estos paseos, Smithson plantea una

---

[34] Brian W. Aldiss, Earthworks. Nueva York: Signet, 1965
[35] Nota: Elementos cotidianos del paisaje suburbano de Paissac tales como: tuberías de saneamiento, cajones de arena para juegos de niños, etc... .
[36] Robert Smithson, Selección de escritos, (Ciudad de México: editorial alias, 2009), 87

forma de aproximación artística nueva, que se presenta como una acción primitiva y nómada: los *earthworks*. A través de ellos, se comienza una investigación operativa sobre materiales, que él mismo describe como proyectos terrenos[37]. Estos ejercicios utilizan materia natural (piedra, tierra y áridos), para formalizar límites y crear recorridos que establecen un descubrir nómada. De entre todos estos trabajos hay que destacar la *Spiral Jetty* y su condición como plataforma o, mejor dicho, como límite protector que asume su función de lugar último, al estar ubicada en el Gran Lago Salado de Utah[38].

Al analizar *Spiral Jetty*, se entiende que el ejercicio está en un emplazamiento específico muy complejo, Rozel Point, al noroeste de Utah, el cual cuenta con una serie de condicionantes muy poderosos, tales como: la complicación para llegar a la localización exacta, la aparición de la roca basáltica negra como única materia, la gestión de la energía en la construcción, la complejidad de ejecución conceptual de un basamento que actúa como límite y la recuperación del hito a través de un menhir contemporáneo[39]. Todos estos condicionantes expresan que esta obra no

---

[37] «La superficie de la tierra y los productos de la mente pueden desintegrarse y dispersarse en regiones específicas del arte. De algún modo, varios agentes, tanto ficticios como reales, intercambian posiciones; es difícil evitar pensamientos confusos cuando se trata de proyectos terrenos o de lo que denominaremos «geología abstracta»»; citado en: Robert Smithson, Selección de escritos, (Ciudad de México: editorial alias, 2009), 115

[38] «Ahora bajo el agua, Spiral Jetty ha asumido un estado mítico. EL muelle en sí constituye una obra de arte, mientras que la película y el ensayo que lo acompañan son obras documentales críticas. Estas proporcionan un contexto claro para el Jetty y amplían las posibles formas en que la pieza funciona como arte». T. del original: «Now underwater, Spiral Jetty has assumed a mythic status. The jetty itself constitutes one work of art, while the accompanuing film and essay are documentary / critical Works of art. They provide a context for the Jetty and enlarge upon posible ways the piece functions as art»; citado en: Robert Hobbs, Robert Smithson. a retrospective view, (Ithaca: Cornell University, Herbert F. Johnson Museum of Art, 1982), 106

[39] «Cuando Smithson comenzó a construir Spiral Jetty en 1970, contacto con un contratista y otro trabajador, estos usaron dos camiones, un tractor y un cargador frontal grande para mover 6.650 toneladas de roca y tierra desde la costa hasta el agua. Con una longitud de 1.500 pies, la espiral gigante es lo suficientemente grande como para verse en fotografías tomadas desde el espacio. Encontrar un contratista dispuesto a construir una obra de arte gigante en un lugar tan remoto fue un desafío. Muchos contratistas de Utah desconfiaban de un artista de Nueva York que llevaba pantalones de cuero negros en pleno verano, con-

trata, únicamente, ser un acto nómada y primitivo de errabundeo, sino que se formaliza a través del apilamiento de capas de material y el claro pensamiento entre materia y construcción, tal y como describe Rudolf Schwarz en *Von der Bebauung der Erde*, en 1949: «con el fin de encontrar un hogar en la inhabitabilidad del espacio, por medio del proceso de construcción de capas análogas a las capas geológicas de la tierra»[40].

De esta forma, Smithson construía una serie de límites paseables, los cuales enmarcaban una suerte de protección y mirada, pero sobre todo remarcaban, una situación de exposición límite que dialogaba con el borde. Estas acciones realizadas por el artista describen una manera de comprender material y territorio, así como de actuar en él. Smithson entendía, en palabras de Francesco Caeri, la lógica antropológica del sitio y la capacidad seductora de la piedra arcaica que encontraba en dicho lugar. «Robert Smithson comprendió que con el earthart se abrían unos nuevos espacios que podían experimentarse física y conceptualmente, y que los artistas podían transformar la mirada del público sobre estos territorios, re-proponerlos bajo una nueva óptica, descubrir sus valores estéticos: la nueva disciplina estética del estudio de la selección de los emplazamientos acababa de iniciarse»[41], Smithson actuaba desplazando materia con sus propias manos, construyendo los límites durante sus largos paseos nómadas, lo que le convertía en constructor y habitante[42].

taba Bob Phillips, el contratista de Ogden, Utah, quien finalmente se unió para ayudar a Smithson a mover rocas en el lago. «Sus ideas sonaban realmente extrañas», dijo Phillips. «Nunca antes había oído hablar de algo parecido a lo descrito como earthwork»»; citado en: *Robert Smithson Online*, consultado 10 de Julio del 2018, https://www.robertsmithson.com/ essays/sanford.htm ,The Salt of the Earth
[40] Rudolf Schwarz en, Akos Moravanszky, Metamorphosim (Basilea: Birkhäuser Verlag GmbH, 2018), 80. T. del original: «in order to find a home in the uninhabitability of space, through a process of building layers analogous to the geological layering of the earth».
[41] Francesco Caeri, Walscapes, (Barcelona: Gustavo Gili, 2002), 130
[42] «Para Smithson, la exploración urbana era la búsqueda de un médium, de un medio para extraer del territorio unas categorías estéticas y filosóficas con las cuales poder confrontarse. Una de las capacidades más extraordinarias desarrolladas por Smithson es la de confundir constantemente en sus exploraciones las descripciones físicas y las interpretaciones estéticas: su discurso se sitúa a un mismo tiempo en distintos planos, se pierde por caminos jamás recorridos, profundiza en los materiales que lo rodean transformando

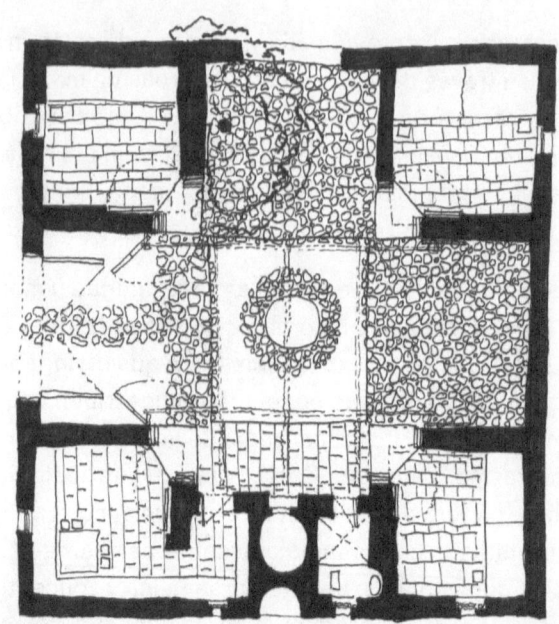

Casa de vacaciones en Arzachena, Italia, Marco Zanuso, 1964

Esta búsqueda de emplazamiento, a través de una actitud errante, presenta una situación similar a la vivida por el arquitecto Marco Zanuso en la elección del territorio en el cual implantar la casa de vacaciones en la isla de Cerdeña. Zanuso viviendo como un nómada, para encontrar por medio de su *errabundeo*[43] una manera de conocer, visitar y leer el territorio y el paisaje a través de la materia que lo compone, realiza un periplo que le permita construir con la voluntad material del lugar una arquitectura enraizada con él. Así, Zanuso, construiría su propio menhir.

Artista y arquitecto utilizan los medios que encuentran para construir en el paisaje. Smithson se acerca al ejercicio a través de un constructor local que le ofrece la herramienta necesaria, excavadoras y maquinaria de gran porte, para desplazar dicha materia y conformar la *Spiral Jetty*. Zanuso, en cambio, adquiere una porción de territorio a un cantero local, que se ocupa de ordenar la materia de esta porción de isla adquirida. Ambos, arquitecto y artista, utilizan al artesano como conocimiento operativo en este contexto concreto, consiguiendo concentrar la acción sobre la materia pétrea y ordenar el espacio.

La casa de vacaciones en Arzachena, de Marco Zanuso, es de piedra, y está construida con las leyes que la roca quebrada le ofrece. Este hogar reúne al hombre ante el fuego en su planta en cruz griega, utilizando las condiciones conceptuales que rodean a esta materia: la piedra, la masa y el espacio esculpido y negativo incierto. La casa asume con total naturalidad la fuerte condición espacial que la materia le ofrece, extendiendo sus fuertes lazos con el fin de habitar sus entrañas.

---

las estratificaciones del territorio en las de la mente, tal actitud queda definida en el título de otro artículo. Una sedimentación de la mente»; citado en: Francesco Caeri, Walscapes, (Barcelona: Gustavo Gili, 2002), 138

[43] *Rae Diccionario de la Lengua Española Online*, consultado 10 de Julio del 2018, https://dle.rae.es/srv/search?m=30&w=errabundo Del lat. *errabundus*. 1. adj. Que va de una parte a otra sin tener asiento fijo.

MATERIA ARCILLOSA

Un testimonio ante el fuego

Al pensar en materia arcillosa aparece en nuestra cabeza una masa de origen maleable, fluido y moldeable llamada arcilla o incluso lodo *ton*[1]. Ahondando en sus raíces etimológicas encontramos que la diversidad de terminología que se ocupa de ella nos remite siempre al trabajo o, más en concreto, a la materia prima y aquel que la transforma: el alfarero. Esta cuestión etimológica recoge diferentes acepciones que describen y sintetizan la figura del artesano y el material bajo un mismo significado. Así, al buscar en la raíz germana encontramos que la arcilla o el barro previo a ser cocido se denomina *töferthon* (barro o arcilla de alfarero), haciendo referencia al oficio del cual se ocupa el maestro: *töpferei*[2] (alfarería). Esta acepción alemana proviene del griego, y define el material que, posteriormente, aparece tras el proceso de cocido de la arcilla: la cerámica/ladrillo. Esta raíz griega descifra el nombre de la arcilla como *argillos/argillo*, refiriéndose a una tipología de vivienda antigua ejecutada mediante un proceso de substracción de tierra arcillosa superficial. Finalmente, la raíz latina proviene también del griego *argillos*, manifestándose, al igual que en el resto de etimologías, cómo arcilla o barro de alfarero.

De las cinco materias analizadas, la materia arcillosa, sin ningún lugar a duda, escoge como punto creativo inicial el fraguado mediante la acción del fuego para cocerla. Posteriormente, al endurecerse, pasará a ser

---

[1] Raíz germana de lodo.
[2] «Mientras que la palabra plástica [*plastik*] remite al procedimiento de configuración, y alfarería [*töpferei*] a la finalidad práctica material como primera exigencia, cerámica [*Keramik*] evoca sobre todo el tipo de sustancia material manejada, es decir, el barro o arcilla [κέραμος] que se utilizo desde las épocas más tempranas en esta técnica y de la que ahora se hablará. En sus diversas modalidades, esta sustancia firmó su total validez como materia plástica por excelencia, a través de todas las etapas de formación de este arte»; citado en: Gottfried Semper, Antonio Armesto Aira ed., Maniel García Roig tr., Escritos fundamentales de Gottfried Semper, (Madrid: Edición fundación arquia, 2014), 310

Fundamentos: Un testimonio ante el fuego, Argilos, Grecia, 424 a.C

un elemento constructivo arquitectónico: una pieza o un modulo. Esta relación entre el fuego y la materia establece al ser humano en un lugar o emplazamiento, por primera vez el ser humano se vuelve sedentario, encontrando un nexo de unión entre los primeros asentamientos de barro cocido o ladrillo de adobe, y la vivienda en la que las primeras tribus sedentarias se ubicaban. De igual manera, se puede afirmar que el grado de desarrollo alcanzado por un pueblo o tribu se medía por la habilidad empleada en la creación de sus piezas cerámicas. Este concepto, que une arcilla y vivienda, explica claramente su condición transformadora, mediante la cual se forman grupos de individuos alrededor del fuego[3], tal y como observamos en los poblados Dogon en Mali[4]. Es esta la primera de las necesidades para formar asentamientos en torno a los cuales establecer lazos humanos. Comenzar a cocer esta materia para crear objetos concretos derivo en la cerámica y la invención de una serie de piezas individuales llamadas ladrillos, los cuales servían para la creación de un mecanismo primitivo, el cierre, límite o perímetro. El límite, se verá compuesto de una serie piezas que se ocupan de conformarlo, tal y como describe Luis Moreno Mansilla al afirmar que: «el ladrillo no es un sistema constructivo sino un conjunto de individuos»[5]. Una vez comprendida la naturaleza agrupadora de esta materia, se deben explicar los factores que devienen en la misma para la conformación de los muros, los perímetros o los límites. Primero, se describirá el rigor propio del ladrillo y el acto constructivo propio mediante la suma de unidades. Posteriormente, se descubrirá la doble significación que pueden adquirir las construcciones de ladrillo por medio de la junta.

---

[3] «La arquitectura es la acción que devuelve al material empleado su materia. El ladrillo, por ejemplo, hace posible la pared, pero el ladrillo también trae, ante los habitantes de la casa, el agua, el fuego y la arcilla de los que procede. La casa es entonces el lugar donde esta devolución, este paso del material a la materia se hace presente y permanente. Desde ella la materia vuela, regresa a las alturas o las profundidades desde las que fue arrancada»; citado en: Luis Martinez Santamaría en, Fernando Espuelas, Madre Materia, (Madrid: Ricardo S. Lampreave, 2009), 67
[4] Véase Parte tercera. Estrategias de la Materia. Pág. 412-413
[5] Luis Moreno Mansilla en, Ibid, 66

Fundamentos: Homogeneidad y unidad, Dogon, Mali, s. XV

El rigor de la unidad

En primer lugar, la arquitectura de ladrillo o, lo que es igual, la obra de fábrica de ladrillo, se compone por el sumatorio de una serie de módulos – piezas – que, igualmente homogéneos, resuelven a través de la táctica del aparejo la conexión entre ellos. Estas piezas guardan unas condiciones muy específicas que, a diferencia del muro de mampostería, le confieren una precisión y rigor superior. Así como la obra de piedra utiliza los ripios para ejecutar una unión lo más perfecta posible, donde las piezas se trabajan – se carean – sobre la marcha a fin de conseguir un tapiz continuo portante, la fábrica de ladrillo, sea portante o no, se define mediante la creación de una pieza o piezas módulo. Estas se unen mediante el uso de mortero de cal, el cual dota de significado a través de la junta al muro aparejado, cómo posteriormente se explicará.

Del sumatorio de estos elementos casi idénticos, homogéneos y de naturaleza plástica aparece el muro de ladrillo. Es, por tanto, el rigor la condición que mejor expresa la dignidad de la obra de ladrillo. Así, el profesor Fritz Schumacher hace una defensa férrea de la voluntad arquitectónica del ladrillo siendo ésta el caballo de batalla para cualquier arquitecto: proyectar desde sus condiciones dimensionales y grávidas. «No es fácil someterlo a cualquier pequeña y caprichosa voluptuosidad a su serio semblante le repugna la prostitución, y por eso existe en él una barrera natural contra el exceso de fantasías inasumibles y caducas»[6].

---

[6] Fritz Schumacher en, Andrea Deplazes, Architektur konstruieren. Vom Rohnmaterial zum Bauwerk. Basilea: Birkhäuser Verlag, 2008; ed. utilizada: Andrea Deplazes, Construir la arquitectura. Del material en bruto al edificio. Un manual, (Barcelona: Gustavo Gili, 2010), 28

 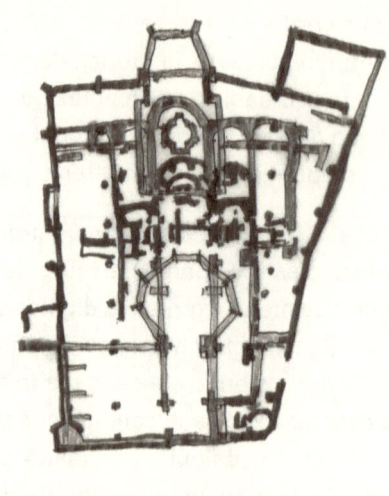

Fundamentos: Tejer y Estratificar , Museo de Arte de Kolumba, Alemania, Peter Zumthor, 2007

La junta, un decisión grávida

El segundo de los factores que describe la fábrica de ladrillo es su doble vertiente estereotómica y tectónica, que se descifra gracias a la acción de la gravedad. El muro de ladrillo se puede comprender como sistema que soporta y transporta sus cargas en vertical mediante la acción de la gravedad, y que resuelve los empujes horizontales gracias al aparejo de este material continuo y homogéneo. De este modo, se conseguirá transformar una pieza en arquitectura, mostrándose a través de la creación de recintos o muros complejos coplanarios.

Cuando esta condición material se hace presente en el *pathos* u obra de fábrica, el ladrillo es una arquitectura puramente estereotómica. Por el contrario existe la condición tejida y anudada del aparejo, apareciendo ésta, a través del segundo componente que se ocupa del carácter de esta construcción: la junta. De este modo espesor y dimensión, en este segundo tapiz, determinan y confieren el carácter tectónico a este tipo de muro. Podríamos decir que cuando la junta es prácticamente inexistente, la obra de fábrica ejemplifica como transporta por medio de su continuidad material las cargas a la tierra de la cual proviene. Al contrario, cuando la junta adquiere una presencia mayor y remarca la relación entre hiladas y mortero, el muro se muestra textil y conforma un tejido como anunciaba Rudolf Schwarz en *von der Bebaung der Erde*, «la construcción terrestre está dispuesta en laminas horizontales, sostenida y deshilachada verticalmente. Su articulación contiene lo estratificado por medio de la construcción sucesiva de capas, la junta es el lugar carente de espacio donde una capa se coloca sobre la otra, un tercer elemento»[7].

Este concepto oculto tras la obra de fábrica, el tejido, es trabajado por Peter Zumthor al realizar el *Museo de Arte de Kolumba,* en Colonia, Alemania. La obra utiliza una pieza especial de ladrillo, que fundamenta la fácil compresión de este tejido aparejado por capas horizontales. Estas atan, literalmente, la antigua iglesia de Santa Columba y el nuevo museo.

---

[7] Rudolf Schwarz, Von der Bebauung der Erde, (Salzsburgo: Verlag, 2006), 116

El ladrillo, con una dimensión y manufactura similar al romano, utiliza el aparejo gótico de la propia zona, variando la junta en las diferentes capas a fin de hacer obvia la condición textil del propio muro. La antigua iglesia y el nuevo museo evidencian, a través de este singular ladrillo, la construcción por estratos tejidos.

Conocida la naturaleza arcillosa y estratificada de esta materia, se torna importante describir la voluntad didáctica de un material que debe ser aprendido desde su manipulación y puesta en obra. Las siguientes partes de esta introducción explicarán los procesos que se ocupan de la transformación matérica de este especial elemento, desmenuzando la cantidad de condicionantes que interfieren en la creación, delimitación y conformación de una obra de arquitectura en fábrica de ladrillo. Es importante comprender que así como la piedra o la madera, entendidas como recursos naturales, se muestran como elementos de la construcción arquitectónica de forma idéntica o casi idéntica, a cómo los encontramos en su estado matérico primitivo; el ladrillo o la cerámica, de la cual no hablamos como material estructural portante, dependen principalmente de uno de los principales cuatro elementos – el fuego –. Esta necesidad hace que la arcilla tenga un proceso de transformación que reviste un cierto grado de complejidad, el cual se describe a través de las etapas que se ocupan primero de su formación y, posteriormente, de las técnicas productivas para su transformación y conformación.

De materia a masa

El proceso que describe la transformación de esta materia en un módulo llamado ladrillo acontece a través de una serie de etapas, las cuales deben explicarse antes de hablar sobre las técnicas conceptúan proceso productivo y espacio. Estas etapas son cuatro, y serán descritas a continuación: en primer lugar ocurre *la etapa de maduración.* Primero, se tritura, homogeniza y prepara una arcilla base. Esta etapa busca, a través de la mezcla y la exposición a un ambiente natural, deshacer todas las materias primas que pueda contener y conseguir un nuevo material con lo mayor pureza posible. Seguidamente, la *etapa de tratamiento* refina, purifica y rompe los terrones existentes a fin de tener un polvo continúo. A continuación, en la *etapa de depósito,* se guarda este polvo en un silo continuo, eliminando las últimas impurezas y obteniendo, finalmente, un polvo mucho más homogéneo. Para terminar, la *etapa de humidificación,* como su propio nombre indica, humecta, refina y mezcla todo este polvo, a fin de obtener la consistencia e humedad ideal. Tras este último proceso, se obtiene la masa plástica, uniforme y homogénea a la espera de ser manipulada, para a través de la acción del calor convertirse en diferentes formas y transformarse en un material continuo donde todo es portante.

A continuación, se describirá en el siguiente cuadro resumen, el proceso de conformación, transformación y construcción que transforma la materia arcillosa en una arquitectura de ladrillo. En éste, se relacionan los mecanismos de proyecto y se resumen la obtención de material, elemento constructivo y espacio construido. Posteriormente, se describirán los últimos procesos productivos, hasta la consecución de las piezas que pertenecen a la obra de fábrica: los ladrillos. Estos procesos son los que se ocupan, de forma práctica y conceptual, de construir el ladrillo y el espacio propio de esta arquitectura arcillosa.

	TECNICA DE TRANSFORMACIÓN		TECNICA DE CONFORMACIÓN		TACTICA DE CONSTRUCCION
MATERIA ARCILLOSA	> MOLDEADO	>	COCIDO	>	APAREJO

Procesos de la Materia Arcillosa

Técnica de transformación: Moldear, Maquetas de arcilla, Per Kirkeby

Técnica de transformación: Moldear, Abadía de San Benedictino en Vals, Alemania, Dom Hans Van der Laan, 1975

De la masa a la obra de fábrica

La materia arcillosa, o aquellas construcciones que se realizan mediante el trabajo sobre ésta masa dispuesta a ser manipulada, deberá superar una serie de procesos de transformación, conformación y construcción señalados en la anterior tabla, y que se descifrarán a continuación. Antes de comenzar con la descripción conceptual de éstas operaciones, se describirán las últimas fases productivas: en primer lugar, la arcilla se deberá moldear a través de la «boquilla»[8], consiguiendo una serie de piezas módulo. Tras esto, se secarán las piezas de forma natural para deshidratarlas y conseguir una mayor homogeneidad. Finalmente, se cocerán las piezas en un horno-túnel que reparte el calor uniformemente, gestionando unas piezas de forma y resistencia equivalente. El siguiente paso será la creación de un elemento de arquitectura portante o muro. De este proceso se ocuparán las tácticas de la materia arcillosa que producen, gracias a la acción de la gravedad y el aparejo, un elemento constructivo homogéneo y portante.

A continuación, se describirán las ideas tras las técnicas de transformación y conformación de la materia arcillosa. Para esto, se explicarán la etimológica y los conceptos ocultos en estas dos operaciones: el moldeado y el cocido.

Al indagar en la técnica de transformación proyectual de *moldear*[9], se distinguen, en las distintas acepciones de la DRAE, aquellas que se ocupan de los procesos de trabajo que hacen referencia explícita a la realización de un objeto específico de ladrillo, o aquellas que remiten directamente al mecanismo de conformación de la materia arcillosa. El primero de los procesos pone de manifiesto la acción del artesano que se ocupa de dar forma a esta pieza: el alfarero o ladrillero. Esta translación literal entre proceso de trabajo y molde indica, a través de una traducción formal directa, la necesidad de crear un elemento con un determinado formato. Se

---

[8] plancha – tabla perforada con la forma del objeto que se quiere producir.
[9] *Moldear:* De Molde - ear, proviene del latín *modulus* 'medida'. De la familia etimológica de *modo* (V.)
3. tr. Dar forma a una materia echándola en un molde.
4. tr. Dar forma a algo material o inmaterial. *Moldear arcilla. Moldear las conciencias.*

Técnica de conformación: Cocer , Proceso de trabajo arcilloso, Per Kirkeby

manifiesta, de nuevo, la cuestión creativa que une artesanía y arquitectura. La segunda de las acepciones describe la acción de moldear, uniendose tanto conceptualmente, como formalmente, pieza y espacio. Esta segunda aclaración es de gran interés a la hora de construir arquitectura, o explicar el mecanismo de producción espacial que deviene de esta materia, el moldeado o contorneado. Esta herramienta creativa tiene un gran valor en manos del arquitecto. El arquitecto dominico Hans van der Laan, en su proyecto para la *abadía de San Benedictino en Vals,* moldea un espacio arcilloso con sus manos, devolviendo al ladrillo a su estado más primitivo. Un estado en el espacio interior fluye de las condiciones internas de la materia con la cual está proyectada, la arcilla.

El segundo proceso que se ocupa de la técnica de conformación de la pieza ladrillo antes de ser ubicada es el cocido[10]. En el Diccionario de la Real Academia Española aparecen en sus diferentes acepciones, aquellas que hacen uso del latín *coquere* como la acción de madurar por calor. El concepto que acompaña a esta maduración y cocinado hace hincapié en el óptimo endurecimiento de la pieza, hasta la adquisición de una homogeneidad casi perfecta. Cabe destacar que estas condiciones conllevan un conocimiento superior de un artesano, encargado, en esta fase, del control y maduración de dicha pieza. Esta última operación se refiere a la acción de trabajo o desgaste continuado, a través de la cual se obtiene un objeto específico perfecto. Igualmente, éste proceso de maduración es el encargado de ofrecernos tres de los condicionantes que explican y confieren el carácter visual y experiencial a la obra de ladrillo: la homogeneidad, la dureza y el color.

El color o, mejor dicho, su grado de tonalidad térrea deriva de una serie de factores específicos como son: la tierra o arcilla de la cual proviene y, por tanto, lo específico que resulta el emplazamiento, la región y el clima

---

[10] *Cocer:* De ex – coquere, proviene del latín *coquere,* cocinar, madurar por el calor.
2. tr. Someter pan, cerámica, piedra caliza, etc., a la acción del calor en un horno, para que pierdan humedad y adquieran determinadas propiedades.
3. tr. Someter algo a la acción del fuego en un líquido para que comunique a este ciertas cualidades.

que definen dicha materia prima, y la temperatura, el tiempo y el grado de cocción al cual es sometido, que terminan por conferir el carácter visible, artesanal e individual de cada una de las piezas que pasan a construir este tapiz continuo. Por tanto, el color y la corporeidad que de él se estilan ofrecerán la conexión entre materia y territorio, siendo éste un nexo de unión entre memoria y cultura. Es está expresividad propia de la arquitectura del ladrillo, la que el arquitecto alemán Fritz Schumacher describe maravillosamente a continuación: «color incorpóreo y su corporeidad. Pues en los materiales auténticos el color no es sencillamente un tono, sino que posee vida propia. Nosotros sentimos que surge del interior de la materia, no se adhiere a ella como una piel exterior, y esto le confiere una mayor fuerza»[11]. La acción de cocer se torna proceso proyectual, ofreciendo un singular valor al tiempo. El tiempo como mecanismo del proyecto de arquitectura. Se entiende, por tanto, que la arquitectura que nace de la obra de fábrica de ladrillo y su absoluto rigor y precisión, requerirá de un tiempo de cocción primero material para la obtención de la pieza y, posteriormente, de ejecución para conseguir una obra exquisita. El reconocido arquitecto canadiense Adam Caruso tiene muy claro esto, al afirmar lo complejo y bello de hacer poesía con la fábrica de ladrillo. «Hacer de un material extraordinario algo especial resulta banal. Elevar nuestra consciencia respecto a un material humilde como el ladrillo resulta poético»[12].

Una vez se han explicado las operaciones de transformación y conformación que describen las técnicas de la materia arcillosa, a continuación, se descifrará el proceso para la construcción de una obra arquitectónica de fábrica de ladrillo, mediante la unión de los elementos o unidades módulo arquitectónicas: los ladrillos. Esta nueva operación técnica, la cual se ocupa de procurar orden y rigor a la construcción con ladrillo, es el

---

[11] Fritz Schumacher en, Andrea Deplazes, Architektur konstruieren. Vom Rohnmaterial zum Bauwerk. Basilea: Birkhäuser Verlag, 2008; ed. utilizada: Andrea Deplazes, Construir la arquitectura del material en bruto al edificio. Un manual, (Barcelona: Gustavo Gili, 2010), 41
[12] Adam Caruso, The feeling of things, escritos de arquitectura, (Barcelona: Ediciones Poligrafía, 2008), 77

aparejo[13] y describe la táctica de construcción de la materia arcillosa. Por tanto, en primer lugar, se consultarán las diferentes acepciones que se ocupan del aparejo en la DRAE. En todas ellas se encuentra un campo común semántico, *oppus,* el cual define las técnicas y los sistemas constructivos. Al indagar en las acepciones que describen estos procesos, rápidamente se advierte que aparejar[14] significa construir, formalizar o disponer una serie de elementos a fin de enlazarlos para crear un sistema constructivo superior, un muro o una pilastra. Aparejar no es solamente construir, sino caracterizar e incluso confeccionar el carácter visible de lo invisible en la obra de fábrica de ladrillo. Este radical concepto constructivo, que une de forma incontestable ladrillo y hecho construido en la obra de arquitectura, es explicado por Miguel Ángel Alonso del Val al esclarecer el vínculo inseparable que existe entre estructura y arquitectura: «una distinción clave para entender que la arquitectura no se dibuja simplemente, no se compone simplemente, no es un *poner con*; sino que se construye, se *estructura con*. El termino latino *struere* hace referencia simultánea a edificar y a construir, por lo que estructurar una idea en arquitectura es hacer presente su constitución física y, por lo tanto construirla ya desde el origen»[15]. De este modo, se comprende en la definición de *aparejo,* tanto en las acepciones descritas anteriormente, así como en su formulación constructiva, que estamos ante el arte específico de unir un sumatorio de «células», prácticamente iguales, a través de dos operaciones: la creación de hiladas y el enlace de piezas similares, mediante

---

[13] *Aparejo:* De *aparejar.*
1. m. Preparación, disposición para algo.
4. m. Conjunto de objetos necesarios para hacer ciertas cosas.
6. m. Constr. Forma y modo de disponer, tallar y enlazar los materiales de una construcción.
[14] *Aparejar:* Del latín, *apparare,* preparar, disponer, formado a su vez a partir de *parare,* arreglar, preparar.
1.sust. Forma en que quedan dispuestos los ladrillos o materiales constitutivos de una pared, con un solapado adecuado. «Un buen aparejo es asegurar que cualquier carga que actúe se distribuya a través de toda la pared, consiguiendo la máxima capacidad portante, estabilidad lateral y resistencia de empujes»; citado en: Jaime de la Hoz Onrubia, Luis Maldonado Ramos, Fernando Vela Cossío, Diccionario de construcción tradicional. Tierra, (San Sebastián: Editorial Nerea, 2003), 64
[15] Miguel Ángel Alonso Del Val, Zarch n°.11, Anatomías arquitectónicas primitivas, La estructura como poética arquitectónica, (Zaragoza: Universidad de Zaragoza, 2018), 10

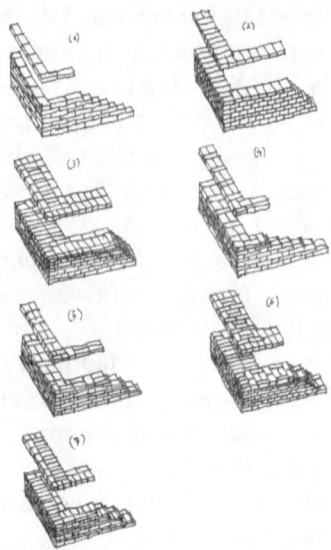

Táctica de construcción: Aparejar, (1)soga, (2)tizón, (3)inglés, (4)belga, (5)flamenco, (6)holandés, (7)gótico

Táctica de construcción: Aparejar, Casa experimental en Muuratsalo, Finlandia, Alvar Aalto, 1949

el uso del mortero para la conformación de un muro. A este arte, como bien conocían los grandes maestros y artesanos albañiles (bricklayers)[16], se le denomina *tekné*.

Por tanto, en la realización de la obra de fábrica de ladrillo es el aparejo la táctica que confiere al muro su singular carácter. Para esto, se debe reconocer en los tipos de aparejos una condición dual en la cual se inscribe un lenguaje global (muro de una sola hoja), y otro territorial (muros de dos o más hojas). Esto significa que el arte de aparejar no solo es condición física y grávida, sino que acerca, a través de la táctica específica de cada territorio, la obra a la memoria y cultura que la preceden. Los aparejos de una sola hoja genéricos son: soga[17], tizón[18] y sardinel[19]. Estos son comunes a todas las culturas, puesto que describen un método de unión entre ellos. Los dos primeros, soga y tizón, son portantes, en cambio el último, sardinel, es ornamental. De otro modo, los aparejos de hoja combinada son estudios que se han realizado en las diferentes culturas o áreas geográficas, de ahí sus diversos nombres. Estos aparejos realizan muros de mayor anchura y complejidad formal transmitiendo cargas siempre. En este tipo de obra de fábrica, el aparejo del muro depende de la cultura específica en la cual se ejecuta, siendo estos tipos: inglés[20],

---

[16] Definición inglesa para albañil. Brick = Ladrillo, Layer = Capa
[17] *A soga:* Cuando la dimensión más larga del ladrillo va colocada en la misma dirección del largo del muro o paramento construido. Mediante el solape, se adquiere gran resistencia tanto esfuerzos horizontales de empuje, como a la acción propia de la gravedad.
[18] *A tizón:* Cuando la dimensión más larga del ladrillo va colocada en perpendicular a al muro o el paramento construido. Este tipo de aparejo confiere gran resistencia a compresión, debido esto a que el ancho del muro final es igual al largo del ladrillo utilizado.
[19] *A sardinel:* Los ladrillos se colocan verticalmente cumpliendo una función de remate de muro u ornamental.
[20] *Aparejo inglés:* Se alternan hiladas completas a soga con hiladas completas a tizón. Las hojas internas se alternan de manera opuesta para construir un aparejo en amabas direcciones y tener una perfecta estabilidad mecánica.

belga[21], flamenco[22], holandés[23] o gótico[24]. Existen una gran variedad de aparejos que derivan del uso de este tipo de trabas en cada contexto concreto. Entre ellos, se deben destacar los siguientes: aparejo americano, aparejo catalán y polaco. La especificidad que ofrece la táctica del aparejo, unida a su enclave concreto, hace de este arte constructivo algo completamente específico a una cultura y memoria determinada, construyendo un palimpsesto del arte de la ladrilleria.

Un claro ejemplo del manejo del aparejo en todas sus versiones como ornato es *la casa experimental en Muuratsalo,* del maestro finlandés Alvar Aalto. La casa explora, en primer lugar, la condición tejida del aparejo, pintando toda la hoja exterior en blanco, restando carácter a la propia obra de fábrica. Una vez protegidos en las entrañas de su patio interior mirando al lago, la obra utiliza a la materia arcillosa en toda su expresión: zócalo, pared, cercos de ventanas y puertas, así como el solado, se ejecutan en ladrillo con toda clase de variantes aparejadas. La casa es un regalo a los sentidos. La casa es una reunión en torno al fuego que cuece lentamente a esta materia y toda su expresión. Tras conocer las técnicas y las tácticas que se ocupan de operar en esta materia, tanto a nivel conceptual como constructivo. A continuación, se conceptuará a la misma a través de su origen primitivo.

---

[21] *Aparejo belga:* Al igual que en el aparejo inglés se alternan hiladas a soga con hiladas a tizón, pero con la diferencia de que cada segunda hilada a soga incluye un desplazamiento de medio ladrillo.
[22] *Aparejo flamenco:* Cada hilada está compuesta por la alternancia de ladrillos a soga y a tizón, completándose la hoja interior por un cuarto a soga.
[23] *Aparejo holandés:* Una hilada se traza completamente a soga y en la siguiente se alterna un ritmo a soga y otro a tizón. Al igual que en el aparejo Flamenco existe un cuarto ladrillo que cierra cada hilada aparejada. Su resistencia se ve ampliada gracias a que en las esquinas se transforma el ritmo de aparejo, pasando de un ritmo a soga – soga, a un ritmo, soga – tizón.
[24] *Aparejo gótico:* Este tipo de aparejo, alterna una hilada que contiene dos ladrillos a soga con un ladrillo a tizón. La siguiente hilada, realiza una pareja de ladrillo a tizón con un ladrillo a soga. Este aparejo encuentra un ritmo diagonal en su traba lo que confiere una gran resistencia mecánica.

Un arte primitivo

«En todas las épocas y en todos los pueblos, los productos del arte cerámico han gozado de la máxima consideración, adquiriendo significado simbólico religioso mucho antes de que surgiera la arquitectura monumental, influida notablemente por aquellos, primero directamente por medio de las obras de cerámica aplicada a la construcción, como adecuada ornamentación de los monumentos, y luego, indirectamente porque la arquitectura asumió los fundamentos de la belleza y el estilo, en formas que, en épocas pre arquitectónicas, se cultivaron en las obras de cerámica»[25].

El siguiente apartado centra su interés en los conceptos que encierran la segunda de las artes descritas por Semper, y que pasamos a describir a continuación: el arte de la fábrica de ladrillo. El ladrillo portador de la energía de la materia arcillosa es el transmisor de los conceptos materiales a través de la acción previa del fuego, convirtiéndose en actor principal, tanto del elemento de configuración portante primario – el muro –, como del objeto específico final que se encarga de la definición del perímetro construido – la estrategia –. Se puede decir que las materias, arcillosa, mineral y fluida son, con total seguridad, las que tienen un proceso mas complejo de conformación entre las materias primas primitivas de las cuales nos ocupamos. Esto se debe a que las otras materias de origen antropológico, la pétrea y la leñosa, no requieren de un trabajo previo para ser convertidas en un material de construcción, ya que en su estado primigenio se encuentran en un formato trabajable.

A su vez, las materias minerales (metales) en su proceso de transformación, se disponen como elementos lineales para ser colocados como partes de un sistema constructivo. A diferencia de ésta, la materia arcillosa, al igual que la fluida, utiliza el calor y un molde para transformarse en una unidad constructiva de singulares características: el ladrillo. Esto se debe a su origen arcilloso, tal y como se ha expuesto. Inicialmente, se trabaja

---

[25] Gottfried Semper, Antonio Armesto Aira ed., Manuel García Roig tr., Escritos fundamentales de Gottfried Semper. El fuego y su protección, (Madrid: Edición fundación arquia, 2014), 311

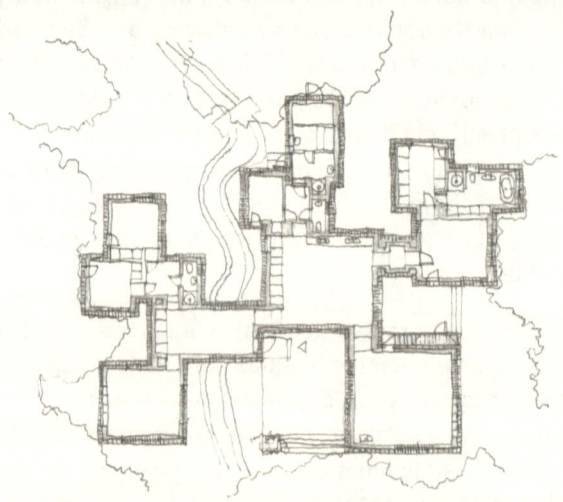

Concepto: Continuidad perimetral, Casa del Arroyo, Suecia, Tham & Videgard, 2013

como una masa para, posteriormente, terminar en una pieza homogénea y compacta, que encuentra en su dureza y los rastros de trabajo del artesano la narración de una historia en un formato concreto. La pieza y sus dimensiones son de vital importancia para la expresión final del muro, una vez concebido a través de su orden, la escala y la percepción que se hace del conjunto construido. Jesús Mª Aparicio Guisado reflexiona sobre esta cuestión explicando la unión entre materia, escala y significado: «un ladrillo no es más que un trozo de barro cocido. Ese ladrillo, en las Termas de Caracalla o en el Panteón, es materia de la idea arquitectónica. El ladrillo utilizado en estos edificios, nos habla de su escala de su orden constructivo y de su orden estructural»[26]. Esta capacidad escalar, y la continuidad que ofrece su propia naturaleza constructiva, serán descritas a continuación a través de dos mecanismos operativos de la materia arcillosa: la continuidad perimetral y la discontinuidad escalar.

Continuidad perimetral y discontinuidad escalar

Los conceptos mediante los cuales este material construye el recinto primitivo (*Enclosure*)[27] atendiendo a su origen antropológico, se describen mediante una doble condición significante: ésta arquitectura muestra su peso claramente y, por tanto, es de origen estereotómico; a su vez, se construye y conforma mediante la suma de «individuos» y la junta que indica su voluntad tectónica.

Así como, la obra de fábrica es un sistema de elementos que transmiten las cargas verticales mediante la gravedad, funcionando principalmente a comprensión; la junta que une a los diferentes elementos del sistema es la que describe el carácter del muro como tejido tectónico. Es pertinente reseñar, antes de continuar con la explicación, la precisa definición que hace Gottfried Semper en su clasificación de las artes técnicas, mediante la inclusión de este material como la segunda de las materias primas: «2) materiales blandos, maleables, moldeables (plásticos), capa-

---

[26] Jesus Mª Aparicio Guisado, El muro, (Buenos Aires: Librería Técnica CP67 S.A., 2000), 194
[27] *Enclosure:* recinto

ces de endurecerse, que fácilmente pueden adquirir una configuración y formas muy diversas y permanecer invariables después de haber llegado a un estado de endurecimiento»[28].

Esta materia, en su complejidad formal, ofrece un salto cualitativo entre objeto específico (vasijas, platos, botijos, etc...) y arquitectura. Tal y como describe Semper, primero fueron las pequeñas piezas de arte cerámico y, posteriormente, vino esta arquitectura para el hombre sedentario. Esta sustancia, blanda, maleable y moldeable, se presenta como una arquitectura corpórea y carnal, que por medio del calor y del acto técnico del moldeo en sus diferentes versiones consigue crear espacio. Mientras el artesano utiliza el molde o el torno para la creación de las piezas, el arquitecto construye espacio y define el límite gracias al moldeo del lápiz o su mano.

Esta acción manual se ha ocupado y se ocupa de acariciar y dibujar los contornos de la pieza arquitectónica, para mediante la construcción de una pieza continua aparejada hacer un vacío interior de singulares características. La construcción de este vacío debe su compleja relación a la aparente continuidad – discontinuidad estructural. *La casa del arroyo*, de Tham & Videgard, describe este proceso. Al realizar un primer análisis constructivo-formal de la planta de esta vivienda aparece una línea que construye el perímetro mediante una serie de precisos giros, enhebrando las diferentes estancias que lo componen. Esta continuidad se torna discontinua al realizar una mirada al conjunto. Una serie de elementos compartimentados, mediante adiciones unitarias, crean espacialmente un recorrido a través de umbrales, que explican una relación única entre los espacios que propone esta materia arcillosa. Los recintos que define el conjunto de la vivienda tienen diferentes alturas, demostrando una discontinuidad escalar en la casa. Esta se percibe en planta como un perímetro continuo que une esta serie de elementos o ,por el contrario, al analizar la volumetría, se distingue un conjunto de volúmenes arcilloso. Esta doble percepción le debe su singular carácter al ladrillo, el cual define, por medio de sus reglas, todo el rigor de la construcción. Se puede decir que el ladrillo es la ley.

---

[28] Gottfried Semper, Antonio Armesto Aira ed., Manuel García Roig tr., Escritos fundamentales de Gottfried Semper. El fuego y su protección, (Madrid: Edición fundación arquia, 2014), 295

El ladrillo es la ley

El arte de la cerámica pertenece a los trabajos específicos del hombre sedentario con la tierra y, por tanto, una vez adquirida por éste la suficiente destreza y madurez en su manipulación define los ladrillos como material de construcción. Construir con ellos requiere de un enlace corpóreo, éste enlace llamado aparejo define una multiplicidad de posibilidades, pero de nosotros depende el uso correcto de sus piezas. El aparejo encuentra en la unidad de éstas una condición arquitectónica superior. Se puede afirmar que un buen aparejo no deberá cortar ninguna pieza, utilizando toda la capacidad plástica del ladrillo y el enlace del mismo para expresar el rigor de este complejo arte. Ya nuestros maestros de la modernidad atendieron a este arte del aparejo, tal y como advertía, en 1919, el arquitecto danés P.V. Jensen Klint: «cultivad el ladrillo, el rojo o el amarillento. Utilizad todas sus posibilidades. Usad pocos ladrillos aplantillados o ninguno. No copiéis detalles, ni griegos ni góticos. Creadlos vosotros a partir del material»[29].

La Casa Gualba de H arquitectes entiende la importancia de la unidad mínima – el ladrillo – para la construcción del aparejo. Esta vivienda utiliza un formato de pieza proveniente de la industria, tanto en su hoja interior, la portante, como en la hoja exterior, el revestimiento. En su aparejo, tanto interior como exterior, no se cortan piezas, siendo este hermoso material, el ladrillo, el que domina toda la vivienda. El ladrillo es la ley, cómo tal, esta ley obliga a que en las esquinas de esta vivienda de planta triangular los ladrillos muestren toda su capacidad expresiva. Al interior el aparejo pintado en blanco entreteje sus hiladas a fin de componer la complejidad del ángulo que ofrece esta parcela. Al exterior, la hoja-vestido, relata la total honestidad de la vivienda, puesto que muestra el aparejo exhibiendo el cruce en las esquinas y exponiéndolo a la compleja realidad geométrica a la cual se enfrenta.

---

[29] P.V. Jensen Klint en, Steen Eiler Rasmussen, Om at opleve arkitektur. Copenague: G.E.C. Gads Folag, 1957; ed. utilizada: Steel Eiler Rasmussen, La experiencia de la arquitectura. Sobre la percepción de nuestro entorno, (Barcelona: Edición Reverté, S.A., 2004), 138

Concepto: *El ladrillo es la ley, Casa Gualba, España, H Arquitectes, 2011*

En este apartado, se ha repasado la importancia del ladrillo y sus reglas a la hora de definir el límite construido y la volumetría del mismo, por medio del rigor que esta pequeña pieza tiene. A continuación, se expondrán los conceptos que elevan a esta obra a la categoría de arte, realizando un recorrido por el trabajo del artista danés Per Kirkeby, elevando el acto constructivo a un objeto arquitectónico específico.

Esculturas de ladrillo, un arte

«Y mis inclinaciones hacia los ladrillos: el ladrillo y sus reglas, y cualquier otra cosa que forme parte de este antiguo oficio era pura estructura que acomodaba lo que se llamaba ideas conceptuales. Ya la inversa, el ladrillo estaba lleno de asociaciones y referencias. Referencias a la gran arquitectura históricamente profunda, con ruinas y otros paisajes, niebla a la deriva, luz de la luna. Para mí está lleno de asociaciones con experiencias infantiles a la sombra de enormes trozos de ladrillo gótico»[30].

En 1965, Per Kirkeby realiza una pequeña escultura a través del simple acto de ubicar un ladrillo encima de otro, para construir una obra cúbica sencilla. Esto significo un acercamiento definitivo a la realidad construida, realizando un salto cualitativo entre pintura y textura hacia lo que posteriormente serían objetos específicos de ladrillo. La primera aproximación entre el artista y las obras del minimalismo encuentra, en la construcción y el orden de este objeto específico, una multiplicidad de situaciones que ofrecen una novedosa lectura arquitectónica. Este radical posicionamiento tiene su origen en la producción de una traba anónima, a través de encontrar esta primera pieza de ladrillo que fue parte de la memoria y cultura específica de su contexto inmediato. Estas experiencias entre Kirkeby, el ladrillo y sus reglas objetua-

---

[30] Per Kirkeby en, Asger Schnack ed., Writtings on Art. Per Kirkeby (Washington, D.C.: Spring Publications, Inc., Putnam, 2012), 90. T. del original: «And my inclinations towards bricks: brick and its rules, and whatever else is a part of the ancient craft, was pure structure that accommodated what was called conceptual ideas. And conversely brick was full of associations and references. References to the great historically deep architecure, with ruins and other scenery, drifting fog, moonlight. And for me full of associations to childhood experiences in the shadow of enormous chunks of Gothic brick».

lizan su trabajo. El uso de un elemento anónimo que cumple unas determinadas pautas de enlace, para ser ubicado con otro, es muy importante para la comprensión que Kirkeby hace del noble arte de la ladrillería. El papel que este elemento - el ladrillo - ejerció en él aportó una visión mucho más compleja, encontrando en la construcción un gran aliado proyectual. Por tanto, su actitud frente al mismo cambia, realizando del ladrillo un objeto de culto y elevándolo a una obra de arte completa.

Esta manifestación personal conecta en la distancia a Kirkeby con el minimalismo y las piezas de Land Art, realizadas por Donald Judd, Carl Andre, Richard Serra, Sol LeWitt o Robert Smithson entre otros. Alejado del objeto artístico primitivo, la cerámica antigua, la obra del artista nórdico se remite a las construcciones arcaicas e incluso vernáculas en su aproximación a la fuente de obtención material, diferenciándose del minimalismo y manteniendo una actitud arraigada. Se entiende que el objeto aparejado es por sí mismo una obra completa. Kirkeby trabaja preguntándole a su memoria sobre las obras primitivas, y la cultura tradicional nórdica en el uso del ladrillo como materia constructiva. «Oh, comenzó en la década de los 60. El minimalismo estaba entrando y fueron todos esos ladrillo, entonces pensé: ok, ese no es mi territorio únicamente. Me gustaría hacer algo con más historia. Pero aún pensaba que la idea del minimalismo era muy emocionante. Así que dije: ok, coge los ladrillos. Estos tienen el mismo tamaños y deben ser organizados de acuerdo a ciertas reglas. Esa en sí misma era una idea minimalista básica. Con esto pensé que podría agregarle mis historias y eso fue todo. Luego, se desarrollo más y más, no solo en esculturas de ladrillo, sino que también en piezas de arquitectura con ventanas, puertas y todo lo demás»[31].

---

[31] Lawrence Weiner, Per Kirkeby. Interview by Hans Ulrich-Obrich, (Colonia: Verlag der Buchhandlung Walther Köning, 2015), 60. T. del original: «Oh, it began in the 1960´s. The Minimalist thing was coming in, and it was all theses bricks and i thought OK, that´s not my turf; I´d like to do something with more of a story. But I still thought that the idea of Minimalism was very exciting. So i said OK, take bricks: thery´re equal size, and they have to be put together according certain rules. That in itself was a basic minimalistic idea. And i thouhgt that then I could add my stories to it and that´s it. And sice then it´s developed more and more, not only into brick sculptures, but also pieces of architecture with Windows and doors and all that».

Esta aproximación pragmática y romántica convierte al artista en constructor. La realización de una serie de ejercicios radicales en ladrillo, los cuales hacen del módulo y sus reglas de unión el primero de sus valores, es muy interesante, debido a que construyen una relación con su contexto. Estas obras comienzan como una aproximación puramente objetual para, a través de la escultura, reaccionar al espacio que ocupa. Se busca una clara relación entre materia, memoria y cultura. El ladrillo, como individuo, explica su construcción por medio de la concreción del objeto *as it is*. El ejercicio de este constructor explora más allá, estas obras, en su interrelación con un contexto determinado, buscan solucionar problemas de índole mayor en su posicionamiento urbano

Al igual que las arquitecturas asirias primitivas en ladrillo descritas por Gottfried Semper en los elementos básicos de la arquitectura, o la influencia de las obras mayas visitadas por el propio Kirkeby, la obra del constructor se muestra ejemplar en el uso de una serie de operaciones de definición muraria. El trabajo llevado a cabo con el lapicero, el carbón y la maqueta de arcilla realizan unas aproximaciones entre el modelo y la realidad construida. Se hace del proceso el arte de la construcción. Este mecanismo proyectual apareja la actitud del artista con la del arquitecto. Se realizan una serie de búsquedas a través de la conformación de modelos en la construcción de un perímetro, que actúa como umbral o hilo. Dibujando y construyendo con sus propias manos las piezas que serán ejecutadas, éstas sucesivas aproximaciones hacia la arquitectura desarrollan en el maestro nórdico una inquietud constructiva singular, terminando en la ejecución de una serie de obras de arquitectura.

Kirkeby porta consigo mismo la actitud del artesano, y moldea con su memoria los contornos de las obas a construir. Aparece en su vocabulario constructivo una serie de reglas de ejecución, que narran, a modo de mecanismo proyectual, el trabajo específico con el objeto. Estas operaciones se ven descritas por dos términos de naturaleza conceptual complementaria: *the transformer* [32] y *the shift* [33].

---

[32] *the transformer:* el transformador
[33] *the shift:* el cambio

Conceptos: Trasformación y Cambio, Middelheim, Belgica, Per Kirkeby, 1993

Iglesia de San Pedro Kyrka, Suecia, Sigurd Lewerentz, 1966

Ambos conceptos actúan como acciones de proyecto, refiriéndose desde su conceptualización a los movimientos necesarios, tanto energéticos como formales, para conseguir construir un perímetro murario; así como, para la construcción de estratos geológicos superficiales, que producen cambios entre las diferentes capas que conforman el aparejo o la obra completa. Ambos movimientos son recogidos por Jens Lidhe a la hora de describir los mecanismos de trabajo con ladrillo: «Per Kirkeby ha desarrollado una figura que él llama el transformador, ésta contiene un movimiento o un intercambio de energía porque mueve una pared de un lado a otro. Esta figura está relacionada con otra llamada el cambio. Esto es lo que sucede cuando dos capas geológicas cambian entre sí. El cambio de Krkeby se realiza en la forma del patrón que emerge por sí mismo cuando los ladrillos se colocan en 1 y ½ de ladrillo a lo largo de la hilada que construye una pared y ½ ladrillo de ancho y 1 y ½ ladrillo de profundo»[34].

Kirkeby no solo construye una serie de objetos específicos, los relaciona con la memoria y cultura de cada emplazamiento. En algunos casos, esto se realiza a través de la elección material, en otros, mediante la implantación específica de la obra. El constructor y ahora arquitecto genera un aparejo propio que le sirve como unidad de medida y mecanismo de proyecto, realzando, más aún, las cualidades conceptuales de esta materia arcillosa en las manos del experto artesano. Al igual que indica Adam Caruso sobre la iglesia de San Pedro en Klippan de Sigurd Lewerentz, la construcción de cada obra no se sostiene únicamente por su argumentación conceptual material, ésta se ve sublimada por la experiencia arquitectónica que ofrece la obra en toda su complejidad material. «La reducción de la paleta de materiales posee el mismo efecto que un espacio silencioso: aumenta la conciencia de la presencia física de la iglesia, una presencia en la que podemos proyectar significados»[35].

---

[34] Lars Morell, Jens Lidhe, Per Kirkeby. The Art of Building (Louisiana: Aristo and Louisiana Museum of Modern Art, 1996), 26-27. T. del original: «Per Kirkeby has developed a figure he calls the transformer, which contains a movement or an exchange of energy because it moves a wall from one side to another. This figure is related to another figure, called the shift. It is what happens when two geological layers shift in relation to each other. Kirkeby shift is made in the shape of the patter that emerges by itself, when bricks are laid in $1^{1/2}$ brick wall along a crack that is ½ brick wide and $1^{1/2}$ brick deep».

[35] Adam Caruso, The feeling of things, escritos de arquitectura, (Barcelona: Ediciones Poligrafía, 2008), 79

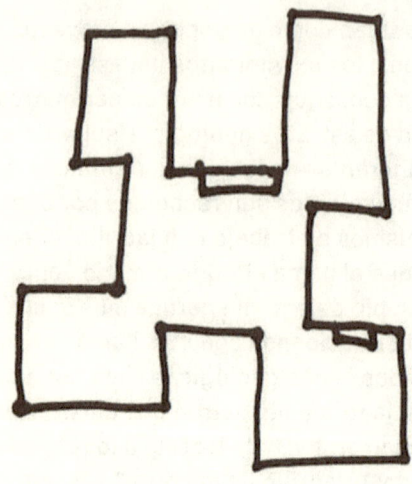
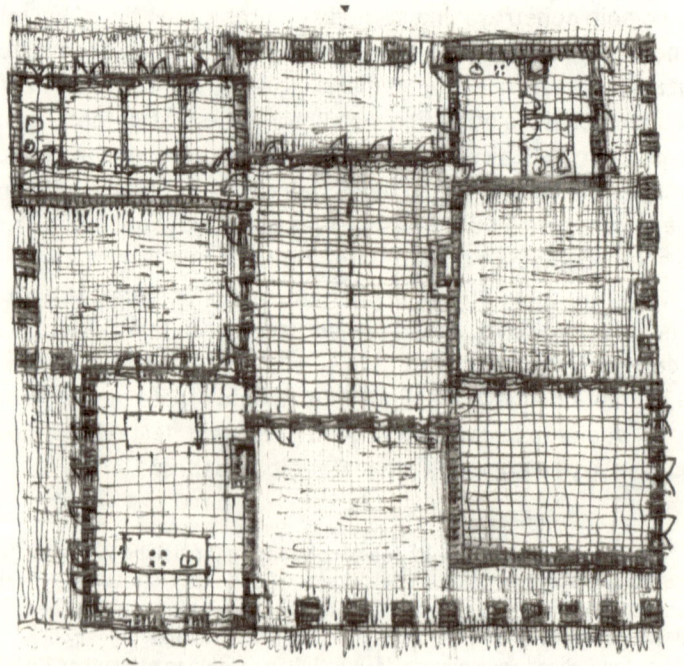
Casa en Læsø, Dinamarca, Per Kirkeby, 1995

Por último, Kikerby proyecta una casa de vacaciones en Læsø que es puramente de arcilla, y está construida con las leyes que ésta arcilla cocida le ofrece, a través del ladrillo como objeto de culto. Este hogar salvaguarda las nociones que reúnen al hombre ante el fuego, y hace uso extenso de las condiciones conceptuales que rodean a esta materia: el ladrillo y sus mecanismos de proyecto. La casa asume con total naturalidad la fuerte condición espacial que la materia le ofrece, y entiende sus fuertes lazos con el fin de habitar sus entrañas.

MATERIA LEÑOSA

La madre de las materias

Se puede afirmar, sin temor a la equivocación, que la primera de las materias que se utilizó con una consciencia constructiva total, a fin de crear un espacio protegido mediante una cubrición, es la materia leñosa. De origen nómada o temporal, las construcciones de madera, las cabañas primitivas de madera, describen las tareas arquitectónicas de las cuales se ocupa el arte de la tectónica.

La singular razón que nos lleva a esta afirmación es que tal y como se ha expuesto en las posteriores materias (pétrea y arcillosa), éstas tienen un origen estereotómico y, por tanto, pesado y grávido. La arquitectura de madera explica la construcción tectónica, la construcción ligera e ingrávida. Esta sentencia no ahonda en la multiplicidad de significados conceptuales que cada material adquiere a través de sus técnicas de unión pero, por el contrario, sí se quiere confirmar que la tectónica, como arte y concepto, toma su significación más fundamental de los trabajos realizados con esta singular materia: la leñosa.

Las primeras cualidades que conocemos de la madera son: homogeneidad, porosidad, elasticidad, flexibilidad y conductividad. Esto se debe al ser vivo del cual viene, el árbol. De todas las condiciones internas de la madera, la más importante es la humedad propia que contiene. Del porcentaje de humedad se obtienen diferentes maderas, las cuales se clasifican en: verde, semiseca y seca. Una vez comprendidas estas cualidades, se puede profundizar en la significación de la misma y, para ello, utilizaremos la etimología de la propia palabra.

El origen etimológico en las diferentes lenguas, tanto de la propia madera, como del artesano que la trabaja o de la construcción arquitectónica de la cual este singular material se ocupa, se refiere continuamente a una terminología relacionada con la arquitectura, el arquitecto o el car-

Cabaña primitiva de Laugier

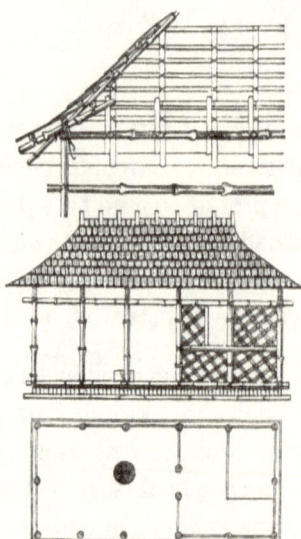
Cabaña primitiva de Semper

Fundamentos: La madre de las materias Habitación del Rey, poblado Kuba-Bushoong, Congo

pintero. En primer lugar madera proviene del latín *mater* y la terminación *ia*. El significado de la primera es «madre», y de la terminación *ia* es cualidad. La unión de ambas partes, raíz y terminación, configuraba la palabra *materia*, objeto principal de esta investigación. A su vez, *mater* designaba el termino exacto que define a la materia prima usada en los trabajos de carpintería, la madera[1].

Como ya se ha apuntado en un inicio, el término que se ocupa de la construcción en madera es la tectónica[2]. Como posteriormente veremos, esta es el arte constructivo que se encarga de unir cosas y tiene su raíz en el griego *tekton*, que significa carpintero o constructor. Este, a su vez, compone parte de la raíz concreta que define el término *arquitecto*, (*architekton*). La tectónica es, por tanto, el arte primitivo de la unión mediante el ensamblado de elementos, del cual se ocupa la madera como describiremos a través de su mecanismo de acción táctico. Este noble arte requiere de una serie de factores que influyen a la hora de poder realizar una construcción anudada en madera, los cuales describiremos a continuación: el carpintero y la unión.

---

[1] «Comencemos por recordar que materia proviene del término *mater* que en latín designaba a la madre, pero también a la madera limpia de corteza y ramas usada en carpintería. Su generalización en la construcción y en la fabricación de utensilios dio lugar a la extensión del término *materia* a todo lo que era susceptible de emplearse en la manufactura de objetos»; citado en: Fernando Espuelas, Madre Materia, (Madrid: Ricardo S. Lampreave, 2009), 15

[2] «El término tectónica, de origen griego, deriva de la palabra *tektón*, carpintero o constructor. Su verbo correspondiente es *tektainomai*. Este último se relaciona con el *taksan* sánscrito, que se refiere a la habilidad técnica de la carpintería y al empleo del hacha»; citado en: Kenneth Frampton, Studies in Tectonic Culture: The Poetics of of Construction in Nineteenth and Twentieth Century Architecture. Cambridge: The MIT Press, 1995; ed. utilizada: Kenneth Frampton, Estudios sobre cultura tectónica. Poéticas de la construcción en la arquitectura de los siglos XIX y XX, (Madrid: Ediciones Akal, 1999), 14

Fundamentos: Maestro tectónico, Daiku, Maestro carpintero japonés, Japón

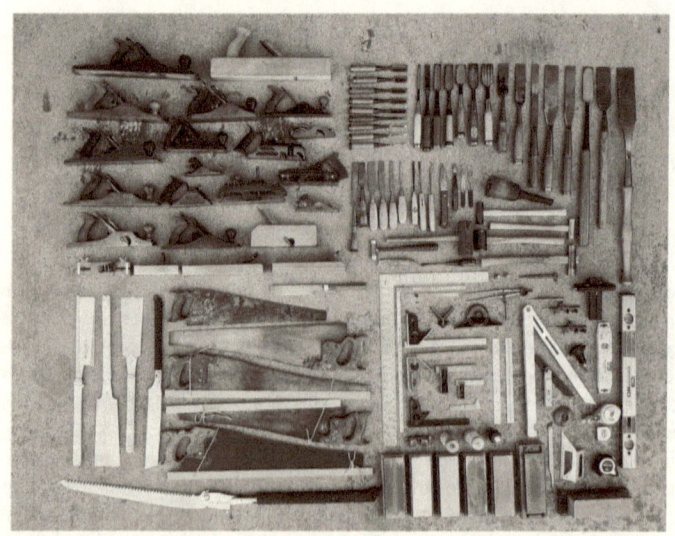

Las herramientas del Daiku

El carpintero, un maestro tectónico

El primero y más determinante de los factores es la aparición de un maestro carpintero. Primeramente, para conocer la importancia del mismo en la ejecución de este tipo de obra, se ahondará en la significación del térmico *tekton*. Se puede afirmar que la tectónica es el arte que se ocupa de la carpintería, y que a su vez la carpintería requiere del conocimiento superior de un carpintero que actúa como constructor y pensador. Se observa, de este modo, la influencia que tuvo la construcción mediante madera desde sus inicios más primitivos en el arte de la tectónica, y cómo cuando proyectemos una obra en madera pensaremos en los mecanismos del artesano que domina a esta materia a través de la sierra y la *gubia*.[3]

Es cierto que asociamos la arquitectura grávida y pesada de piedra con el mediterráneo y el mundo arcaico, o la tierra y el barro con la arquitectura primitiva mesopotámica. El arte de la construcción ligera nos remite a las construcciones primitivas asiáticas, tanto en China como en Japón, siendo este segundo país el que conserva una mayor memoria constructiva heredada de las diferentes generaciones en el oficio expuesto, la carpintería.

En Japón, se elevó materia prima, herramienta y trabajo humano a una categoría de culto, transformando a la madera, la transmisión de conocimientos y la cultura constructiva específica de este territorio en un referente en torno a esta materia. Los carpinteros, aquellos que domeñan la materia leñosa, son los grandes maestros en Japón. Antes de proseguir es necesario realizar un apunte etimológico sobre la traducción de la palabra japonesa que significa carpintero, *Daiku*, y rebuscar en sus orígenes. «*Daiku*, la palabra japonesa que se traduce como carpintero, está compuesta por los caracteres *dai*, (jefe) y *ku*, (artesano), su traducción más cercano es «Arquitecto», cuyas raíces griegas son *archos* (jefe) y

---

[3] Gubia o formón: Instrumento de trabajo específico de la carpintería para conseguir dar forma precisa a piezas de madera.

tekton (carpintero). No solo etimológicamente, sino también en términos de responsabilidad y función, el verdadero sinónimo occidental del carpintero japonés es, el arquitecto»[4].

Una vez se ha entendido la relación íntima desarrollada en Japón entre madera, carpintero y tectónica (materia, memoria y cultura), se describirán los procesos de transformación que sufre esta singular materia en continuo crecimiento y desarrollo. De todas las materias analizadas, se puede afirmar que la vitalidad de la madera es la cualidad que mejor define todas sus capacidades arquitectónicas. La madera, como ser vivo que está en continuo crecimiento y transformación, es heterogénea, continua y elástica. La madera es un material perfecto a la hora de ser trabajado. Fue, por tanto, el avance en la producción de objetos y tejidos derivados de la comprensión de la tectónica como arte textil[5], el cual propicio cobijo al ser humano frente al fuego. De este modo, la arquitectura derivada de la madera y la cubrición de espacios, de la cuales primitivamente ésta se ocupaba, definirá la función inicial de las cubiertas en madera como cobijo ante las inclemencias del tiempo. Madera, nudo y cubierta son un símbolo de desarrollo de la construcción mediante las técnicas de la carpintería, y la unión entre ellos, como a continuación se verá, representa la conquista del espacio.

---

[4] «Daiku, the Japanese word always translated as carpenter, is composed of the characters [*dai*, chef] and [*Ku*, Artisan], and its closest english equivalent is «Architect», whose Greek roots are *archos* [chief] and *Tekton* [carpenter]. Not only etimologically but also in terms of responsibility and function, the Japanese carpenter´s true Western counterpart is the architect»; citado en: Kiyoki Seike, Kigumi. (Kyoto: Tankosha Publishing, Co., 1977), ed. utilizada: Kiyosi Seike, The art of Japanese Joinery, (Colorado: Weatherhill, Shambala Publications, Inc, 2017), 10

[5] Arte textil: una de las artes técnicas descritas por Gottfried Semper en «el estilo». Este arte, se dedica más en concreto a la urdimbre y la madera, como posteriormente se verá en este mismo capítulo.

Unir, la conquista del espacio

El segundo de los factores que hacen de la construcción en madera algo singular es el uso de la solución anudada como representación de la cultura tectónica para la conquista del espacio. Esto ha tenido diversos ecos constructivos en las diferentes materias a analizar, entendiendo que la unión en todas ellas es algo fundamental. Sin embargo, es en la cultura del trabajo de la unión en madera y, más en concreto, en Japón donde, a través de su tradición, las construcciones de cubierta de paja y las tradicionales cuerdas de caña de arroz anudadas (*shime-nawa*) exponen el significado cultural superior de la noción de atado[6].

La arquitectura que proviene del uso de madera tradicional y, que se construye mediante elementos lineales directamente extraídos de la materia prima árbol es la obra ensamblada. El primer y principal factor que define este tipo constructivo, y esta forma de colonizar el espacio, es la limitación dimensional existente entre la dimensión óptima del recurso que obtenemos como materia prima y su peso. La construcción con estos elementos esta pensada para ser manipulada por un hombre o grupo limitado de hombres y, por tanto, son muy importantes los límites dimensionales de la misma. Esta limitación derivó en la consiguiente necesidad de unión entre los elementos, para así conquistar el espacio. Debido a este nueva necesidad espacial, cubrir más espacio, se requirió de un nueva solución técnica, el nudo en la arquitectura. Esta exigencia de unión entre elementos, de igual naturaleza y condiciones, requirió de la

---

[6] «Tal y como han mostrado Nistchke y otros, estos mecanismos pro-tectónicos Shinto ejercieron una influencia decisiva en sus diversas formaciones en la evolución de la arquitectura doméstica y sagrada del Japón: desde los sepulcros Shimmei primitivos, fechados en el siglo I, hasta las versiones *shoin* y *chaseki* de la construcción de madera Heiana del siglo XVII»; citado en: Kenneth Frampton, Studies in Tectonic Culture: The Poetics of of Construction in Nineteenth and Twentieth Century Architecture. Cambridge: The MIT Press, 1995; ed. utilizada: Kenneth Frampton, Estudios sobre cultura tectónica. Poéticas de la construcción en la arquitectura de los siglos XIX y XX, (Madrid: Ediciones Akal, 1999), 25

Fundamentos: La conquista del espacio, Uniones ensambladas japonesas en madera

talla de sus partes para el posterior encaje entre ellos y conseguir la anhelada cubrición de un espacio. De la suma de estos elementos nace el tipo constructivo del pórtico. Como posteriormente se verá, éste derivo en otros materiales, pero por primera vez, se mostró en la arquitectura el arte de la unión entre un elemento vertical llamado pilar y otro horizontal o inclinado, para formar una cubierta, llamado viga[7].

Gracias a la aparición del sistema pilar-viga surge la conquista del espacio y, por tanto, el mecanismo de construcción espacial a través de la repetición de este tipo constructivo.

A continuación, antes de describir las condiciones técnicas y tácticas que se ocupan de las operaciones de transformación material y proyectual en esta materia, se describirán los procesos que la transforman de materia prima a material dispuesto a ser un producto.

Del árbol al rollizo

La madera proviene de una materia viva, como tal su origen leñoso le empuja al crecimiento. Este material tiene una estructura interior compleja debido a que, como ser vivo que es, éste organismo tiene determinados condicionantes. La estructura que nos encontramos previamente depende de las fases de crecimiento del árbol, que en un clima continental comprende entre abril/mayo y agosto/septiembre. A su vez, se debe

---

[7] «De modo incuestionable, el arte de unir elementos en forma de barras rígidas en un sistema estable es el más importante para todos para una teoría del estilo aplicada a las formas monumentales, siquiera sea porque, desde tiempo inmemorial, el frontón del tejado a dos aguas, con su armazón, constituyó para todos los pueblos el símbolo tradicional de lo santificado: la casa consagrada a los dioses. ... La influencia de la carpintería [*Zimmerei*] en la arquitectura permaneció activa perdurablemente del modo más directo y material, contribuyendo a determinar las diferentes fases de la historia del estilo de este arte»; citado en: Gottfried Semper, Antonio Armesto Aira ed., Manuel García Roig tr., Escritos fundamentales de Gottfried Semper. El fuego y su protección, (Madrid: Edición fundación arquia, 2014), 310

indicar que existen principalmente dos familias de árboles: los frondosos y los coníferos, extrayendo de ellos los diferentes productos.

El proceso de transformación de este ser vivo, con un crecimiento anular y ramificado, se describe mediante dos operaciones que posteriormente explicaremos. De la materia prima árbol, la cual termina por convertirse en piezas o rollizos de madera, es necesario describir las técnicas específicas y los procesos que se ocupan de prepararlo, para recibir la acción del hombre y su domeñado. Por tanto, a continuación, se describirán los cinco pasos que se realizan para la preparación de este noble material.

El primero de ellos es *la tala:* ésta se ejecuta por medio de una explotación dependiendo del tipo de árbol y su proceso de crecimiento. Los meses de invierno son, preferentemente, en los que se produce la tala de ellos. Este proceso se realiza por medio de un corte por el pie o la base del árbol. El segundo de los procesos es *la poda:* esta consiste en la eliminación y separación de las ramas que componen el árbol, para realizar un transporte sencillo del tronco. El tercer paso a realizar es *el tronzado:* Aquí, los troncos extraídos como materia prima, se talan en otras piezas más pequeñas, si es requerido, para posteriormente poder ser transportados. El cuarto de los trabajos a realizar es *el transporte* de el tronco de madera aún con corteza. El tronco, ya sin ramas, se transporta a los diferentes aserraderos donde posteriormente serán trabajados. Para el transporte se utilizan diferentes mecanismos, desde el desplazamiento por cauces fluviales, hasta el uso de transportes especiales. Finalmente, ya en el aserradero se realiza la última operación: el *descortezado.* Esta se realiza mediante maquinaria en el aserradero para, posteriormente, pasar al aserrado del rollizo de madera limpio. Si no se disponen de recursos suficientes, se realiza junto a la fuente de obtención material previo a ser transportada. Una vez terminado el último de los procesos, se obtiene el rollizo como materia prima. Esta materia, aún con ciertas irregularidades, estará dispuesta para ser trabajada correctamente. Gracias a esto, se conseguirán una serie de elementos lineales que se dividen en los diferentes tipos de productos y escuadrías.

Como ya se ha indicado, la materia leñosa aparece en su estadio más primitivo como producto o materia prima, pudiendo usarse como material de construcción desde un inicio. Esta condición ofrece una singular visión de la misma, puesto que su primitivismo constructivo inicial, así como su fácil adaptabilidad constructiva, hicieron de esta materia uno de los principales recursos durante el nomadismo. No obstante, al igual que en el resto de materias, son los procesos que transforman y conforman a ésta, los que se recogen a fin de concretar cómo la materia se cambia a material, espacio y límite. Estos procesos se observan y describen en la siguiente tabla, para comprender los mecanismos de trabajo y conceptualización de esta materia.

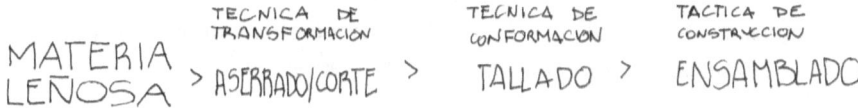

MATERIA LEÑOSA > ASERRADO/CORTE (TECNICA DE TRANSFORMACION) > TALLADO (TECNICA DE CONFORMACION) > ENSAMBLADO (TACTICA DE CONSTRUCCION)

Procesos de la Materia Leñosa

Del rollizo al espacio ensamblado

Como se puede observar en el cuadro anterior, para que la materia leñosa se convierta en una obra ensamblada de arquitectura, se realizan una serie de cambios que conforman, transforman y construyen el espacio y borde que de ella brota. No obstante, se mantiene la esencia y presencia material propia del árbol del cual proviene, haciendo una clara referencia a la misma, como podemos observar en los procesos que se describen a continuación. En primer lugar, se produce *el aserrado* y *el corte* del rollizo proveniente de la explotación forestal. Esta acción se realiza mediante la sierra de corte, obteniendo unos elementos lineales de dimensiones y resistencia mecánica iguales, o muy similares, que formarán diferentes escuadrías y productos semi-terminados. A continuación, el maestro carpintero se ocupara de la manipulación de las piezas, mediante una serie de *marcas y tallas* dependiendo del tipo construcción a realizar. A estas dos acciones anteriores, a la configuración de la arquitectura mediante la unión de estas escuadrías, se les nombrarán como técnicas de transformación y conformación de la materia leñosa.

El siguiente proceso se ocupa de la construcción del elemento configurador mínimo. Este puede ser un muro o pórtico mediante el ensamble de las piezas. De este proceso se ocuparán las tácticas de la materia leñosa, y como veremos influyen en la construcción, configuración y percepción del espacio arquitectónico resultante, tal y como Mies Van der Rohe anunció: «¿dónde se muestra la estructura de una casa o edificio con tanta claridad como en las estructuras de madera de los antiguos, dónde percibimos la unidad de material, construcción y forma tan claramente? Aquí la sabiduría de generaciones enteras está oculta. ¡Qué calor exudan y que hermosos son! Ellos suenan como canciones antiguas»[8].

No obstante, para la correcta comprensión de los mecanismos de transformación que conceptúan correctamente técnica y espacio a través de las operaciones de aserrado/corte y posterior tallado, se debe, primeramente, terminar de describir el proceso que se lleva a cargo ya en el «aserradero»[9]. En primer lugar, se realiza *la lavadura y almacenamiento en estanques*. Antes del secado, la madera es lavada mediante una inmersión prolongada en agua o por presión en autoclave, con objeto de extraer jugos diversos como los taninos. Gracias a este proceso se realiza una adecuada protección de la misma. A continuación, se realizará *el secado*. Este puede ser de dos tipos, natural o artificial, dándose dos procesos que buscan la protección del material gracias a la eliminación del agua y la salvia y, por tanto, la protección frente a insectos y hongos. El secado natural se realiza

---

[8] Mies Van der Rohe en, Ludwig Steiger, Basics timber constructions, (Basel: Birkhäuser Verkag AG, 2007), 8. T. del original: «Mies van der Rohe said: Where does the strcuture of a house or building show with such clarity as in the timber structures of the ancients, where do we see the unity of material, construction and form so clearly? Here the wisdom of whole generations lies concealed. What warmth they exude, and how beautiful they are! They sound like old songs»
[9] Lugar donde se asierra la madera u otra cosa.

almacenando los rollizos de madera con espacio entre ellos, a fin de dejar circular correctamente el aire y permitir el correcto secado. El secado artificial se hace mediante grandes cámaras secadores, en las que se inyectan corrientes de aire caliente y seco. Este segundo proceso es más efectivo y se puede controlar de manera mucho más precisa. Una vez tenemos preparada la materia prima, se describirán los procesos de transformación y conformación material, a través de tres operaciones que manipulan materia y espacio. Estas son: el aserrado/corte y la talla.

Primero comenzaremos por el aserrado[10]. Al indagar en su significado, este se describe como la acción de *aserrar,* siendo, a su vez, *aserrar* el término que hace referencia a *serrar,* conteniendo específicamente el verbo cortar como acción. Por tanto, se entiende que *serrar* debe ser el primer termino a definir de manera específica dentro de las técnicas de proyecto. En segundo lugar, de las definiciones recogidas por la DRAE, se hace referencia explícita al proceso de corte[11] en la madera, aquella que, directamente, define la acción de *serrar* como *cortar* o dividir la madera en partes. Esta operación de serrado, mediante la división en partes, tiene su eco directo en los diferentes tipos de cortes, los cuales recogen el proceso de trazado y corte proveniente de la cultura japonesa como acción creativa[12]. La relación entre artesano y elemento

---

[10] *Aserrar:* Del lat. tardío *serrāre.* Conjug.c. *acertar.*1. tr. Cortar o dividir algo, especialmente de madera, con la sierra.» Por tanto, se realizará la explicación concreta de la palabra cortar y lo que de ella deviene.
[11] *Cortar:* Del lat. *curtāre.*
1. tr. Dividir algo o separar sus partes con algún instrumento cortante.
5. tr. Separar o dividir algo en dos porciones. Las sierras cortan una provincia de otra; los ríos, un territorio.
8. tr. Acortar distancia.
19. tr. Geom. Dicho de una línea, de una superficie o de un sólido: Atravesar otro elemento geométrico. U. t. c. prnl.
[12] «El proceso para indicar las operaciones de corte de los troncos [en japonés, disponer para ello la madera se llama *kidori*] con trazos, se comienza siempre efectuando un trazo en el corazón [*shinzumi*], en su extremo superior [*sue-koguchi*]. Para ello el maestro emplea plomada y escuadra. El trazo central se traslada, con ayuda de un cordel [*mizuito*], al pie del tronco [*moto-koguchi*], con un diámetro aproximadamente 10 cm mayor que el del extremo superior»; citado en: Andrea Deplazes, Architektur konstruieren. Vom Rohnmaterial zum

constructivo es especialmente interesante a la hora de comprender el proceso de aprendizaje entre maestro y aprendiz. En primer lugar para realizar la talla de la pieza y, posteriormente, en la conceptualización de estas dos acciones propias del acto creativo arquitectónico por medio de la traza.

El resto de definiciones recogidas concentran su significado en operaciones de orden geométrico, las cuales se refieren a líneas de separación en algunos casos o, de resolución geométrica para intersecciones en otros. La segunda es especialmente importante, puesto que hace un primer acercamiento a la cuestión del ensamblado. En esta, se describe la operación de corte de elementos de condiciones y geometría claramente definida, para obtener un «espacio» de unión resultante entre ellos.

De la madera se usan todas sus partes y una vez realizado el pertinente aserrado, se procederá a la optimización de toda su sección para la obtención de los diferentes productos. Por tanto, se explicarán, brevemente, los diferentes tipos de corte que se producen en el rollizo de madera, para conocer los productos derivados de esta primera manipulación. Aunque no es objeto de esta exploración, puesto que se quieren conceptuar las construcciones y estructuras de madera que provienen de los sistemas de ensamblado y apilamiento espacial, no se puede obviar que de la madera se utilizan todas sus partes. Por tanto, a continuación, se citan la gran gama de productos que se ocupan de este material, teniendo en cuenta la industria actual de la cual han nacido un gran número de derivados que los podemos clasificar en: madera en capas (láminas, contrachapados y tableros entramados), tableros conglomerados (de virutas, prensados OSB y prensados con listones) y, finalmente, tableros de fibras (bituminoso flexible de fibras y tablero de densidad media o DM). Citados estos productos, se nombrarán los cortes que se realizan al rollizo de madera para obtener las diferentes escuadrías que, posteriormente, se almacenan y tallan.

Bauwerk. Basilea: Birkhäuser Verlag, 2008; ed. utilizada: Andrea Deplazes ed., Construir la arquitectura del material en bruto al edificio. Un manual, (Barcelona: Gustavo Gili, 2010), 105

Estos cortes son: tangenciales, radiales o a corazón. De estos, se obtienen las piezas que describen los usos más comunes en las construcciones arquitectónicas: piezas de madera a escuadra[13], listones[14] y tablas[15]. Conocidas las técnicas y los productos derivados de la operación de transformación de la materia prima en un elemento constructivo, a continuación, se describirá la técnica que conforma elemento constructivo y, posteriormente, espacio: el tallado[16].

Una vez obtenidas las piezas anteriormente descritas y sus derivados, se procede al trabajo que permite realizar los posteriores ensambles entre ellas. Este trabajo está estrechamente ligado al proceso de desgaste artesanal, así como a un modelo de obtención espacial que relaciona artesano, artista y arquitecto bajo el paradigma material que ofrece la madera: la lenta relación entre el espacio y el tiempo. La operación creativa de la talla es un trabajo relacionado con la materia leñosa y es, en ella, donde se recogen sus orígenes más primitivos en las diferentes culturas. Para la obtención de la forma de encaje producida por la talla, se trabajará desde el desgaste y corte de dichas piezas utilizando la gubia y el formón[17]. Estas herramientas son objetos de culto en las culturas más relacionadas con el acople de piezas en madera, como la japonesa. Se

---

[13] *Piezas de madera a escuadra:* Su uso más común es para la formación de elementos portantes, pilares, vigas, correas. Utilizan la zona más óptima del rollizo y por tanto la capacidad estructural portante de la madera tanto a compresión en el sentido transversal a sus fibras, como a tracción en el sentido longitudinal a estas.
[14] *Listones:* Se utilizan principalmente para formar estructuras secundarias o subestructuras, siendo muy común su aparición en el sistema constructivo entramado.
[15] *Tablas:* Son piezas de revestimiento o acabado, que se les procuran tratamientos especiales dada su exposición tanto a la intemperie como al impacto por parte de pisadas o rodaduras.
[16] *Tallado:* Del lat. vulg. *taleāre* 'cortar', 'rajar', y este der. del lat. *talea* 'brote, renuevo', 'tálea'.
1. tr. Dar forma o trabajar un material.
2. tr. Elaborar muy cuidadosamente una obra, material o no.
10. tr. desus. Cortar o tajar.
16. prnl. Méx. Trabajar mucho.
[17] Herramienta para corte o talla de madera que se compone de una hoja de hierro con una boca abiselada y un mango de madera en el extremo opuesto para su sujeción.

retoma, de esta forma, la relación entre oficio y materia, explicando como herramienta y obra tienen una íntima conexión a través del artesano que se ocupa de la manipulación de la misma. En algunas culturas, y en especial en la japonesa, encontramos que se nombra a los útiles de trabajo del carpintero como *Dogu*, siendo estos piezas exclusivas pertenecientes a cada maestro carpintero[18].

Una vez se han comprendido los conceptos básicos que relacionan materia, herramienta y artesano, se procederá a describir las distintas acepciones que aparecen en la DRAE. La primera y segunda de las acepciones relacionan forma y materia como resultado final del trabajo cuidadoso del artesano sobre el material. Al indagar en la décima acepción, se relacionan las operaciones de corte y tajo como aquellas que describen los procesos de desgaste sobre las propias piezas. La última de las acepciones alude al trabajo material y, más incisivamente, a la repetición de una tarea específica, explicando la noción de aprendizaje mediante repetición para una perfecta ejecución. De este modo, se puede afirmar que la talla es un acto de corte o tajo sobre una pieza determinada, dotándole de una forma muy precisa mediante repetidas operaciones de desgaste.

En último lugar, antes de describir la operación táctica que conforma el primer elemento constructivo completo, se quiere hacer referencia a la conceptualización formal de tallar el espacio como mecanismo de pro-

---

[18] «Las herramientas del carpintero también pertenecer a la carpintería *Do*, o el camino de la carpintería; y los carpinteros también considerando sus utensilios *dogu*, o los instrumentos de su camino. Aunque muchos artesanos usan implantes únicos para sus manualidades, estos instrumentos son siempre llamados herramientas, nunca *dogu*. Para un carpintero japonés, su *dogu* tiene un significado muy diferente al de las simples herramientas que otros artesanos podrían usar». T. del original: «Carpenter's tools also belong to Carpentry *Do*, or Way of Carpentry; and carpenters too, considering their *dogu* implements, or instruments of their Way. Although many artisans use implants unique to their crafts, these implements are always called tools, never *dogu*. To a Japanese carpenter, his *dogu* have a meaning far from that of the mere tools that other craftsmen might use»; citado en: Kiyosi Seike, The art of Japanese Joinery (Colorado: Weatherhill, Shambala Publications, Inc, 2017), 18.

yecto por medio de un ejemplo. En *Architektur Denken* se describe una conversación informal entre Peter Zumthor y un colega arquitecto, donde se relata la posibilidad de trabajar un gran bloque de madera macizo[19]. Este espacio resultante citado por Zumthor puede ser similar al proyectado por John Pawson en Unterliezheim. Se construye una *capilla de madera* a partir del sumatorio de rollizos de madera. Esta construcción opera mediante el tallado tanto de su espacio interno, el cual ha sido cortado y vaciado por medio de la talla para ser habitado, como por los huecos que componen este primitivo prisma.

La acción constructiva que crea un primer sistema espacial en madera es el ensamblado[20]. Esta operación, tanto en sus acepciones recogidas en la DRAE, como en la etimología que se ocupa de ella, *ensemble*, conceptualiza la idea de unir individuos o individualidades, en este caso construidas, para la realización de un elemento constructivo que conforme perímetro y cubierta tal y como observa Gottfried Semper en *Der Stil*. «El hombre atino

---

[19] «Después de haber trabajado durante años en construcciones de piedra y hormigón, acero y vidrio, ¿como querrías construir hoy una cosas de madera?", me pregunta mi joven colega. Me viene en seguida en mente la imagen de donde puedo sacar mi respuesta: un bloque macizo de madera, grande como una casa, un volumen compacto a base de la masa biológica de la madera y estratificado horizontalmente, se ahueca practicando en él ranuras con la altura de las habitaciones y cavidades bien precisas, transformándolo en un edificio... " y el hecho de que el volumen de la casa así varíe su extensión al hincharse o contraerse la madera, el hecho de que al principio se mueva y pierda una altura considerable habría de ser entendido como una cualidad suya, tematizada en el proyecto", le digo yo. " En mi lengua materna, el español, se da un parentesco entre los términos madera, madre y materia", contesta mi joven colega. Y así iniciamos una conversación sobre las propiedades sensoriales y el significado cultural de las materias primas madera y piedra y como podríamos conseguir que se expresen en nuestros edificios»; citado en: Peter Zumthor, Thinking Architecture. Basilea: Birkhäuser Verlag GmbH, 2010; ed. utilizada: Peter Zumthor, Pensar la arquitectura, (Barcelona: Editorial Gustavo Gili, 2014), 56

[20] *Ensamblar:* Del fr. ant. *ensembler.*
1. tr. Unir, juntar, ajustar, especialmente piezas de madera.
El verbo ensamblar (unir, juntar y ajustar piezas) aparece en el castellano en el siglo XVI del francés *ensembler*, verbo hoy en desuso, derivado de *ensemble. Ensemble* es un sustantivo cuyo significado es conjunto, pero que en su origen era un adverbio que significaba « uno con otro, conjuntamente » y proviene del latín *insimul* (a la vez, al mismo tiempo), que también dio lugar al adverbio italiano *insieme* (juntamente).

Técnica de transformación y conformación: Corte y Talla, Capilla de madera, Alemania, John Pawson, 2018

a crear un sistema entrelazando una serie de unidades materiales elásticas, flexibles y resistentes, con los siguientes propósitos: en primer lugar, para ensartar o alinear (*zu reihen*) y para atar o enlazar (*zu binden*). En segundo lugar, para cubrir (*zu decaen*), proteger (*zu schützen*) y recintar un espacio (*abzushliessen*)»[21]. Así mismo, se puede observar en esta materia y otras, que la acción táctica que se ocupa de definir el elemento constructivo establece, también, una noción perceptiva entre espacio y tiempo arquitectónico. Podemos decir que el espacio ensamblado, nos hace percibir el tiempo de una forma, igualmente, ensamblada. El ejercicio realizado por Shin Takasuga para una residencia de verano mediante restos de durmientes de madera ferroviarios detiene el espacio. La vivienda utiliza todo su volumen para estructurar el espacio interior por fragmentos, los cuales le permite el ensamblado lógico en base a la dimensión de las maderas encontradas. La casa no se puede percibir en un solo fragmento, sus espacios están ensamblados.

Ensamblar madera, como se ha expuesto por medio del pensamiento conceptual semperiano, es un mecanismo de acción proyectual de segundo orden, que ayuda a comprender la forma en que las estrategias definen y confirman la existencia de este espacio arquitectónico subyacente. Por tanto, es importante señalar que ensamblar es una operación casi mágica, puesto que esconde una unión continua entre elementos discontinuos o individuales a través de la talla. Esta operación se hace obvia al observar la obra de Carl Andre *Assemblage*. En esta obra las piezas parecen estar unidas mediante la acción del ensamblado, ocupando y pautando el espacio. Sin embargo esta operación de unión es inexistente, dotando de una atmosfera atractiva a los bloques en contacto.

Conceptuada la acción de ensamblar, se explicarán de manera resumida los diferentes ensambles. Se debe indicar que existen muchísimos tipos de ensamblados diversos debido a su remoto origen. Sin ir más lejos, en Japón hay hasta cuatrocientos tipos de uniones, por ello es imposible

---

[21] Gottfried Semper, Antonio Armesto Aira ed., Manuel García Roig tr., *Escritos fundamentales de Gottfried Semper. El fuego y su protección*, (Madrid: Edición fundación arquia, 2014), 298

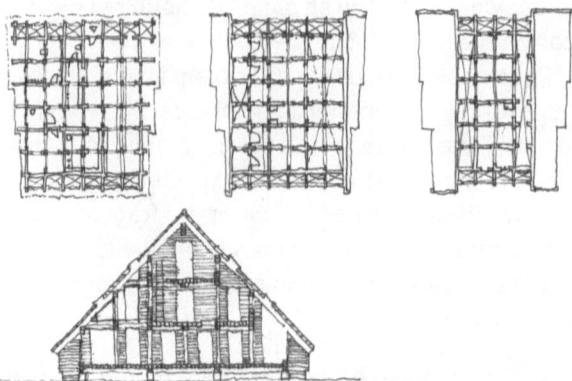

Táctica de construcción: Ensamblar, Railway sleepers house, Japón, Shin Takasuga, 1970

Táctica de construcción: Ensamblar, Uncarved blocks, EEUU, Carl Andre, 1981

nombrar todas. Sin embargo, se pueden clasificar las uniones según la solución que se ofrece a tres problemas de diferente índole arquitectónica: el ensamble[22], el empalme[23] y la acopladura[24].

Se puede afirmar que el ensamblado es la táctica que se ocupa de manifestar la tectónica, siendo, así mismo, la tectónica, como veremos en la cita explicativa de Semper, el arte que construye la cubierta como elemento de protección y símbolo. «El arte de unir elementos en forma de barras rígidas, en un sistema estable, es el más importante de todos para una teoría del estilo aplicada a las formas monumentales, siquiera sea porque, desde tiempo inmemorial, el frontón del tejado a dos aguas, con su armazón, constituyó para todos los pueblos el símbolo tradicional de lo santificado: la casa consagrada a los dioses. En este armazón ensamblado (*Gezimmer*) estaba implícito el tema más universal e importante de la arquitectura, que, convertido en tipo al quedar establecido como forma artística en el templo, resultó decisivo para otras obras arquitectónicas. La influencia de la carpintería [*Zimmerei*] en la arquitectura permaneció activa perdurablemente del modo más directo y material contribuyendo a determinar las diferentes fases de la historia del estilo de este arte»[25]. El tejado como arquetipo del refugio y

---

[22] *Ensamble (caja y en espiga):* Es una unión que se utiliza para resolver cruces o ángulos entre piezas. Este tipo de uniones se realizan para resistir a esfuerzos a compresión o a tracción. Resuelven la colonización del espacio arquitectónico en sistemas reticulares abiertos.
[23] *Empalme (cola de milano):* Es la unión más sencilla entre dos piezas de madera testa con testa. Este tipo de uniones absorben esfuerzos a compresión y, a través del uso de conectores adicionales, también posibles cargas a tracción. Resuelven sistemas arquitectónicos mediante recintos continuos y sistemas de carga por apilamiento que se ocupan de la creación de retículas cerradas.
[24] *Acopladuras (elementos adicionales):* Esta unión se realiza mediante la adición de elementos para aumentar la sección y, por tanto, introduce un elemento mecánico nuevo en la construcción del espacio, por tanto este tipo de sistemas resisten esfuerzos tanto a compresión como a tracción de manera continua. Resuelven sistemas arquitectónicos de grandes luces y se ocupan de cubrir grandes vanos en sistemas reticulares de índole abierta o cerrada.
[25] Gottfried Semper, Antonio Armesto Aira ed., Manuel García Roig tr., *Escritos fundamentales de Gottfried Semper. El fuego y su protección,* (Madrid: Edición fundación arquia, 2014), 319

protección adquiere su máxima expresión en la arquitectura tradicional oriental, teniendo entre sus máximos condicionantes la noción de espacio y tiempo propia de esta cultura. El siguiente apartado describirá la relación conceptual de la madera como arte tectónico, a través de sus diferentes mecanismos proyectuales y espaciales. A su vez, se utilizará el elemento de protección más primitivo y ancestral de la arquitectura, la cubierta como cobijo.

A la sombra de una urdimbre compleja

«La necesidad de proteger, de cubrir y de cerrar un espacio fue uno de los acicates más tempranos para el trabajo creativo del hombre. ... La utilización de elementos naturales destinados a cubrir es más antigua que la lengua misma; el concepto incluido en el hecho de cubrir o envolver, en el proteger y cerrar, está indisolublemente unido a esas coberturas y revestimientos naturales y artificiales. Incluso han llegado a ser los signos perceptibles de estos conceptos y, en consecuencia, constituyen quizá el elemento simbólico más importante de la arquitectura»[26]. La madera y, como consecuencia de ésta, el nudo, en su variante ensamblada, se encargan de definir tanto los elementos primarios que configuran un orden – el recinto tramado o ensamblado – como la principal y más antigua de las condiciones para protegerse y definir dicho perímetro –la cubierta–.

Como materia capaz de portar conceptos, se puede decir que la materia leñosa, junto con la pétrea, nos remite a un origen constructivo mucho más elemental que las demás. La condición apilada o la anudada que éstas dos materias tienen hacen de ellas, en sus inicios, unas construcciones arquitectónicas mucho mas intuitivas en su concepción como medio de protección para el hombre. Siendo en este caso madera y cubierta una pareja indisoluble para la comprensión de las operaciones finales de esta materia, la estrategias para conseguir la protección mediante la cubierta[27]. La madera le debe su aparición como elemento constructivo al nudo y, por tanto, es éste el que define las operaciones espaciales a las cuales la madera da forma y dimensión. Estas operaciones encuentran en el carpintero al principal de los actores que las definen, dependiendo de la precisión de éste, en la creación y definición de las uniones, la cubierta y la trama que las ejecutan.

---

[26] Ibid, 298-299

[27] «Los nómadas como instaladores de tiendas y los pueblos sedentarios que construyeron terrazas de tierra o piedra y pirámides, representan dos mundos diferentes y alejados entre sí, pero ambos se reconocen en la misma imagen. El tejado está vinculado al mito de la construcción , al más antiguo de los gestos humanos: el de cubrirse y protegerse»; citado en: Francesco Collotti en, Andrea Deplazes ed., Construir la arquitectura del material en bruto al edificio. Un manua,l (Barcelona: Gustavo Gili, 2010), 241

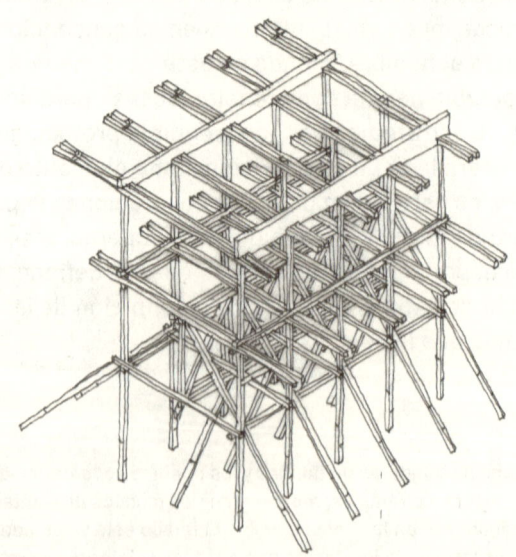

Concepto: Trama espacial, Casa en el lago Colico, Chile, Smiljan Radic, 2017

Trama espacial y densidad material

Antes de describir las operaciones espaciales de la madera, la trama espacial y la densidad material, se utilizará la descripción realizada por Gottfried Semper de las diferentes artes técnicas para comprender sus cualidades específicas: «materiales en forma de barra, elásticos, de consistencia relativamente resistente, sobre todo a las fuerzas que actúan en sentido normal a su longitud»[28]. Estas cualidades descifran a la madera como un material que trabaja de manera formidable en la dirección de sus fibras, y que tiene, por el contrario, menor rendimiento en la dirección contraria a éstas, puesto que se producen aplastamientos que debilitan el alma de la pieza y reducen su capacidad portante. Conocidas las cualidades resistentes de esta singular materia, se describen las acciones materiales que se ocupan de conformar sombra y trama provenientes de la madera. Éstas acciones ven en la condición portante que el nudo les ofrece, dos tipos de respuestas grávidas con las que operar en esta materia. Estas operaciones se ocupan de dos formas representativas y de apariencia opuesta, para mostrar la gravidez o la ingravidez: la trama y la densidad.

En ambos casos, tanto la trama como la densidad, utilizan el nudo para ofrecer una percepción diferente de la naturaleza material implícita en la madera. Así como la densidad es una condición material física que aparece en la materia prima árbol y, objetivamente, define su corazón y alma matérica, la trama, se encuentra en la condición genética de esta materia que quiere crecer continuamente y que, a través del cruce de sus ramas, ofrece un nuevo cobijo en torno al que protegernos. Por tanto, lo que aparentemente se entiende como una clara distinción de naturaleza grávida, se comprende como las reglas operacionales arquitectónicas que veremos a través de dos ejemplos formalmente opuestos: *la casa Colico* de Smiljan Radic y, *la stiva da morts en* Vril de Gion Caminada.

---

[28] Gottfried Semper, Antonio Armesto Aira ed., Manuel García Roig tr., Escritos fundamentales de Gottfried Semper. El fuego y su protección, (Madrid: Edición fundación arquia, 2014), 295

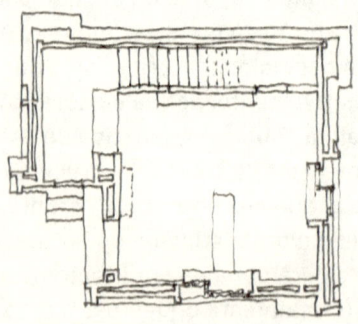 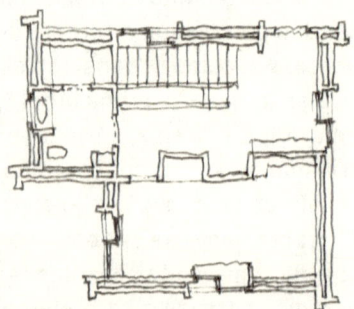

Concepto: Densidad material, Stiva da morts, Suiza, Gion Caminada, 1996

La trama[29], como mecanismo operativo que define esta naturaleza en continuo crecimiento, encuentra en el cruce de sus elementos, y en el posicionamiento de los mismos formando tejidos sistemáticos complejos, una operatividad en torno al nudo. Esta operación, que podríamos llamar entramada y tejida, se puede visualizar en *la casa Colico* ubicada en Chile, obra de Smiljan Radic. Una serie de elementos bajo una plano de cubierta continuo se adaptan a la pronunciada topografía mediante el cruce tridimensional de los mismos. Esta configuración que depende directamente del nudo reproduce el sistema de crecimiento del árbol creando un espacio de naturaleza incompleta e infinita, esto es, una simple sombra.

Compartiendo la misma naturaleza ensamblada que *la casa Colico*, la *stiva da morts* ubicada en la localidad Suiza de Vril, propuesta por Gion Caminada, hace del nudo el paradigma de la densidad y la compacidad, ofreciendo una imagen mucho mas acabada y completa que la anterior. El ensamble entre elementos se produce en la longitud de la barra, y aún compartiendo una significación incompleta constructiva – puesto que se muestran los testeros de los maderos –, la operatividad en torno a la cual la pieza ejecuta una clara definición perimetral deja a la vista la potencia constructiva de estos elementos como muestra de esta densidad material.

Ambas operaciones encuentran un eco en el mecanismo proyectual del arquitecto. Así como el carpintero, a través del corte y talla de las piezas, consigue enhebrar estos espacios. El arquitecto necesita de la construcción espacial del modelo, para comprender la complejidad de las uniones a las que se esta enfrentando. Por tanto, se puede afirmar, como ya cito el arquitecto Suizo Paul Artaria que, «los edificios de madera tienen que ser construidos, los edificios de piedra pueden ser dibujados»[30].

---

[29] La táctica de entramar (de origen tectónico) se estudia en el capítulo referente a la Materia Mineral de esta investigación. Es importante señalar que la trama, en el acero y el aluminio, es una herencia de la construcción con madera. Véase pág. 271-274
[30] Paul Artaria en, Ludwig Steiger, Basics timber constructions, (Basel: Birkhäuser Verkag AG, 2007), 29

La unión hace la fuerza

Anteriormente se ha expuesto que la carpintería comienza con los trabajos específicos del hombre para buscar un cobijo primitivo, una sombra. Para la obtención de ésta, se realizaron, literalmente, nudos, hasta que el salto del nomadismo al sedentarismo dio al hombre las herramientas necesarias para generar los enlaces o, lo que llamamos, las uniones. Estas, de muy diversa índole, como hemos visto anteriormente, se ocupan de configurar la capacidad resistente de la estructura. El nudo como elemento primario de las uniones encuentra en la complejidad de los cortes y tallas realizadas por el carpintero, y en su habilidad para esconder el mecanismo de unión, una condición de proyecto arquitectónico más amplia. Por tanto, tal y como el acto de no cortar ladrillos dignifica el significado del aparejo como obra de fábrica, igualmente, no utilizar elementos de unión adicionales, – tornillería, cartelería, etc...–, eleva la dignidad operativa del arquitecto, el artesano y la obra, tal y como afirma Kiyosi Seike en *Kigumi*. «Entre los muchos secretos muy guardados de los carpinteros estaban las uniones que se usarían donde los tirantes se cruzan entre sí y donde los tirantes y vigas, así como las técnicas *kiwari* de distribución de vigas mantienen una apariencia natural de la unión»[31].

De esta compleja resolución de los nudos se crea un arte y, por tanto, una obra maestra en sí misma. Mientras la belleza entre las uniones ofrece una diversidad operacional a la hora de ocupar, colonizar, organizar y definir espacios, es ésta singular característica la que expresa formalmente la condición artesanal y, por tanto, artística de la obra de madera. Como vimos anteriormente en los *Assemblage* de Carl Andre, la propia simulación de esta compleja vinculación da por sentado que la unión hace la fuerza, a través de la negación de la misma. Esta idea de mecanismo complejo anudado y anclado ofrece una diversidad de opera-

---

[31] Kiyoki Seike, Kigumi. (Kyoto: Tankosha Publishing, Co., 1977), ed. utilizada: Kiyosi Seike, The art of Japanese Joinery, (Colorado: Weatherhill, Shambala Publications, Inc, 2017), 97. T. del orginal: «High among the many closely guarded secrets of traditional carpenters were the joints to be used where braces cross each other and where braces and rafters cross, as well as such matters as the kiwari techniques of distributing rafters while maintaining a natural appearance»

ciones de ocupación, encontrando en la creación de una pauta espacial un recurso proyectual definitivo. Este está representado, claramente, en la obra de Andre, donde la escultura «construye» el lugar y eleva, por tanto, el significado de la misma[32].

Por tanto, es el pensamiento material de Andre y la actitud del mismo hacia la materia, el que conduce a una reflexión más profunda sobre el material, la unión y el objeto. Se eleva al artista al grado de constructor a la par que ejecutor espacial, introduciendo a la unión un nuevo valor. Se transforma a ésta en memoria y cultura específica, a través de la materia a la cual esta anuda. El nudo, como mecanismo constructivo aislado, ha obtenido un valor superior en los objetos específicos planteados por Andre y, por tanto, la unión obtiene un significado transcendental para la comprensión del mismo en las obras ensambladas de madera. Este significado superior de la obra a través del nudo nudo, se recrea en la imagen del artista desplazando y ensamblando piezas. Se describe, así, una noción de artesanía en el mecanismo constructivo de las mismas.

Se puede afirmar a través de la obra de Andre, que nudo y desplazamiento resuelven, sin ningún tipo de dudas, dos de las principales ideas conceptuales de este complejo material. Estas operaciones se representan perfectamente en *La casa en Tokyo*, obra de Kenzo Tange. La casa ejemplifica de manera muy poderosa la unión como mecanismo de proyecto. Dada la condición anudada de ésta arquitectura, la obra plantea una estructura reticular continua en torno a un tapiz geométrico claro. Clavando, puntualmente, en el territorio estos elementos construidos, mediante la unión expresa de los mismos. La complejidad del sistema se resume en esta vivienda en un solo tipo de unión, unificando la cantidad de problemas complejos que de éste devienen. Se unen, de esta forma, los condicionantes más complejos de la misma: espacio y tiempo. Como

[32] «Los materiales en manos de Andre son historia convertida en objeto. La materia en su caso es tan histórica como lo puede ser la naturaleza o el paisaje: una región que ha sido colonizada, explotada como escenario para una batalla, un culto o cualquier otra actividad humana. La escultura de Andre según esta perspectiva, es historia intuida a través de la materia, el tiempo y el espacio»; citado en: Michelle Piranio, Jeremy Sigler, Philippe Vergne, Manuel Cirauqui, Carl Andre: escultura como lugar, (Madrid: Museo Nacional Centro de Arte Reina Sofia, 2015), 235

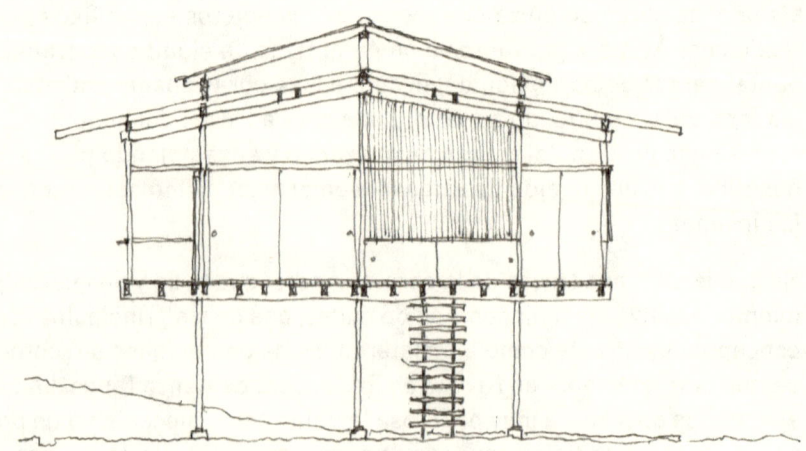
Concepto: La unión hace la fuerza, Casa en Tokio, Japón, Kenzo Tange, 1953

tal, ésta unión se ejecuta mediante el desplazamiento entre los elementos en el nudo, a través de un sistema de dobles vigas y pilar compuesto. Por tanto, se expone la corporeidad, la complejidad y la sorpresa inherente a las uniones en madera.

Pautando el espacio, un tiempo material

«Decir que algo es presente o sucede en el presente significa que ese algo es contemporáneo de su presencia a mí». La materia, eso que llamamos materia y que construye la arquitectura, es ante todo presencia. Lo que nos interesa de ella es su presente o mejor dicho, los sucesivos presentes en ella suceden»[33].

Como ya se ha planteado al observar las condiciones conceptuales que nos ofrece la arquitectura de madera, se entiende a través de la presencia del nudo y el símbolo de la cubierta, la capacidad de la misma para detener el tiempo que contiene. Ya sea entre un tejido material, que crea una sucesión de secuencias mediante el desplazamiento de las mismas, o, por el contrario, la suspensión del mismo a través de capturar una atmósfera material muy densa en torno a estos elementos. Sean cuales sean ambas condiciones, el tiempo, el espacio y la materia encuentran a un gran aliado en la arquitectura que deviene de este denso y homogéneo material. Esta condición material-temporal se comprende a través de oriente y todas las tradiciones que allí devienen de la construcción en madera. Por tanto, el tiempo a través de la materia aparece como modelo de transmisión cultural. Esto se ejemplifica a través de la villa imperial Katsura y todas sus extensiones. Aquí aparece el tiempo como material de construcción, durante su más de 50 años de ejecución y posterior extensión.

Esta serie de tiempos referentes a la arquitectura de madera y, sin ningún lugar a duda, a Oriente, influyeron, en 1970, a Carl Andre durante su viaje a Japón. La temporalidad y la suspensión del tiempo fueron clave

---

[33] Fernando Espuelas, Madre Materia, (Madrid: Ricardo S. Lampreave, 2009), 97

Concepto: Tiempo pautado, Well, EEUU, Carl Andre, 1970

en la comprensión que hizo Andre entre materia y espacio a través del tiempo. Su obra trabaja la materia, prácticamente, en bruto con muy pocas operaciones, las justas para poder organizar y temporalizar un lugar. El trabajo que realiza Andre sobre el terreno, sobre un contexto específico, acerca al artista al conocimiento exacto del tiempo en cada materia. Estas piezas comprendidas como objetos específicos – trabajan en el contexto material que se manifiestan – ofrecen una lectura concreta de sus condiciones físicas, mostrando tanto masa, como densidad y peso. Esta fisicidad tan obvia en la madera es trasladada a través de la ocupación del espacio tal y como percibe Jeremy Sigler, «Andre proyecta la materia, que es tiempo transformado en objeto, en el espacio, y expresan la duración en términos de sucesión bajo la forma de una yuxtaposición contínua de módulos cuyas partes se tocan sin superponerse ni penetrarse en ningún momento. Es un arte de la sucesión pura en virtud del cual el espacio se convierte en tiempo y el tiempo no puede existir sin el espacio, que solo se puede experimentar en el tiempo»[34].

La obra de Andre atiende a la noción de objeto específico, utilizando la memoria y cultura material que este objeto traslada. Al artista le interesan las propiedades específicas de cada material, sobre todo de la madera. De ésta, le atraen sus dimensiones y límites, asumiendo las condiciones físicas que le ofrece. Gracias a la expresión material (madera canadiense, abeto americano, etc) pauta el espacio, ofreciendo, al igual que en las arquitecturas de madera específicas, una visión de conjunto por partes. Estas, las cuales están dispuestas entre sí, crean a través de la repetición y el desplazamiento de las mismas un recorrido, una secuencia y una complejidad superior en el dialogo entre habitante, espectador y obra.

Estos objetos se convierten en construcciones, cuando se disponen sobre un tapiz continuo ofreciendo una noción temporal de lugar. El artista, y maestro constructor, planea el espacio con la condición material que esta madera le ofrece y, al igual que Kazuo Shinohara, detiene el tiempo bajo

---

[34] Michelle Piranio, Jeremy Sigler, Philippe Vergne, Manuel Cirauqui, Carl Andre: escultura como lugar, (Madrid: Museo Nacional Centro de Arte Reina Sofia, 2015), 237

la sombra de una prolongada cubierta y los nudos que la sostienen. Las construcciones horizontales en madera de Andre exploran el símbolo del nudo en su máxima expresión pautando el tiempo[35]. Esto mismo lo podremos percibir en la casa Karuizawa, obra del maestro nipón Kazuo Shinohara. Estas pautas espaciales, al igual que todas las acciones y operaciones propias de proyecto hasta ahora expuestas, se reproducen y explican a través de este maravilloso refugio en materia leñosa.

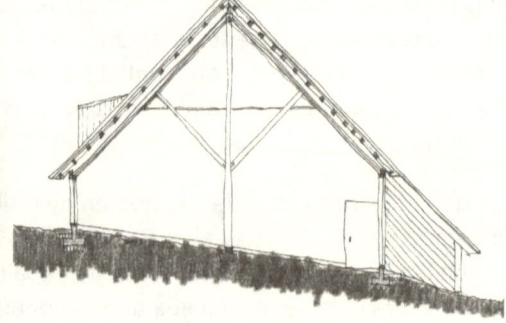

Casa en Karuizawa, Japón,
Kazuo Shinohara, 1974

[35] «El arte japonés ha tenido bastante influencia en mí. Poesía japonesa, música, fotografía, arquitectura y carpintería japonesa y, por supuesto, los jardines de arena de Kyoto, todo ese sentimiento de alguna manera lo sentí mucho más cerca que el «bronceado» arte occidental, cualquier tipo de arte occidental. En Kyoto encontré este tipo de calma feroz, una especie de atención feroz, un equilibrio feroz». T. del original: «Japanese art has had quite influence on me. Japanese poetry and Japanese music and photographs and Japanese architecture and carpentry and of course the sand gardens of Kyoto and that whole feeling – somehow I felt much closer to this tan Western art, any kind of Western art. I found in Kyoto this kind of calm, fierce calm, a kind of fierce attention, a fierce equilibrium»; citado en: James Meyer, ed., Cuts: texts 1959/2004, Carl Andre, (Cambridge: Massachusetts Institute of Technology Press, 2005), 116

MATERIA MINERAL

Desde la fragua de Vulcano

«Por primera vez en la historia de la arquitectura apareció un material de construcción artificial: el hierro, que sufrió un desarrollo cuyo ritmo se aceleró en el transcurso del siglo. Este desarrollo recibió el impulso decisivo cuando se comprobó que la locomotora – con la que se habían estado haciendo experimentos desde principios de la década de 1820 – solo podía funcionar con hierro. El raíl se convirtió en el primer componente de la construcción en hierro, el precursor de la viga»[1].

La cuarta materia que estudia esta exploración versa sobre la transformación de una roca, mas exactamente de un mineral a un líquido por medio de la acción del calor. Este líquido será vertido mediante un proceso de colado a un molde, generando un producto final. De esta forma aparece en la arquitectura, el material como invento. Un producto industrial, que da paso a la revolución arquitectónica desde una herencia tomada de los avances técnicos alcanzados a principios del siglo XIX con la revolución industrial. Esta revolución representa un novedoso lenguaje formal, que proviene de una tecnología específica que se hace eco de un nuevo mundo más rápido y liviano, la arquitectura del metal. Así, esta arquitectura requiere de una singular técnica para su consecución material, y se ocupará en gran medida de dar respuesta a un nuevo tipo de solicitación espacial que no podía ser resuelta, fácilmente, con los materiales anteriormente descritos. El espacio continuo y disuelto.

La arquitectura del metal comienza en el hierro forjado para, posteriormente, producir acero laminado para la construcción. Igualmente, se obtuvieron otro tipo de metales que se usan en la producción industrial,

---

[1] Kenneth Frampton, Modern Architecture: A Critical History. London: Thames and Hudson, 1980; ed. utilizada: Kenneth Frampton, Historia crítica de la arquitectura moderna, (Barcelona: Gustavo Gili, 2014), 29

La fragua de Vulcano, Diego Velázquez, 1630

y que son objeto de investigación en la práctica arquitectónica actual. Metales como el aluminio o variantes del acero como el corten aparecen en la producción arquitectónica. Conocida brevemente su historia ligada a la revolución industrial y su producción en masa, se debe reseñar el oficio de la herrería como uno de los más antiguos. Desde la antigua Grecia existe el trabajo con la materia mineral siendo el mito de la fragua de Vulcano en Roma y los oficios artesanales del medievo, los que dotan de una vital importancia al trabajo con esta materia cambiante. Al conocimiento y domeñado de la misma para su proceso de transformación. El trabajo con el yunque y el martillo donde se dobla, se retuerce y se transforma fuera del molde a la dúctil masa en finas láminas e instrumentos aparece como una artesanía del dominio del fuego a través de la fuerza bruta del hombre. Un trabajo que Richard Serra, como buen artesano, describe a través de la fragua de Vulcano. «Sísifo empujando sin cesar el peso de su roca hacia la cima de la montaña no me cautiva tanto como el infatigable Vulcano que trabaja en la profundidad de su cráter humeante, martilleando la materia bruta»[2].

Esta materia inventada tiene dos de las condiciones físicas muy interesantes a la hora de su comprensión y producción: la ductilidad y la maleabilidad. Se puede afirmar que ambos valores otorgan una capacidad de adaptación formal excepcional, tanto al molde estereotómico en el cual se vierte el líquido para pautar su forma, como al golpeo del martillo y la actual maquinaría que transforma su estado final.

Conocidas algunas de las cualidades de esta novedosa materia, se puede afirmar que nos encontramos ante un material sustituto. El metal cubre muchas de las condiciones previas que otros materiales tenían y se ocupa, en sus inicios, de reemplazar a la madera como material tectónico para cubrir grandes luces o para realizar una malla continua más econó-

---

[2] Richard Serra en, Maria Angeles Layuno Rosas, Richard Serra, (Hondarribia: Editorial Nerea, S.A, 2001), 21

mica e inmediata. La arquitectura del metal es efímera, ligera y desmontable. La arquitectura del metal se ocupa de una nueva tectónica moderna, siendo ésta más rápida. Esta nueva tectónica utiliza el entramado y el ensamblaje heredado de la construcción en madera como su mecanismo favorito para conquistar el espacio[3].

Si la ductilidad y la maleabilidad son dos condiciones físicas básicas en este material, la homogeneidad y la resistencia, tanto a tracción como a compresión, son otras de las principales características de esta materia. Es, por tanto, su capacidad para ser manipulada y adaptada, su condición flexible, su gran resistencia y su homogeneidad, lo que hacen de los metales y de esta materia un medio de conquista para un nuevo espacio en desaparición. Una vez se han comprendido algunas de las condiciones básicas indispensables de este nuevo material-producto, se pasará a describir su etimología, se ahondará en la raíz etimológica común que comparten *mineral* y *metal*. Finalmente, se descifrará el originen etimológico de la persona que se encarga de su «sufrida» transformación y conformación: el herrero.

Para comprender esta materia, se debe reflexionar sobre tres términos diferentes que explican la procedencia y la complejidad de la misma. En primer lugar, se encontrará el termino *mineral*: éste deviene de minero y mina. Igualmente, *mineral* y *metal* encuentran un origen etimológico común en *mina*. A su vez *mina*, como es por todos conocido, es el lugar de donde se extraen los minerales que posteriormente se transforman en metales. La extracción del mineral se produce mediante un proceso anteriormente descrito propio de la estereotomía: la sustracción. Se mues-

---

[3] «Lo que considero necesario si el arte quiere sacar provecho del hierro. El hierro en forma de estructuras laminares, creo que mantendrá muchas de sus características peculiares, de tal suerte que justifique, por ejemplo, si se trata de una cubierta sostenida por vigas de láminas metálicas, un estilo en efecto distinto del que proporcionará una cubierta construida de madera»; citado en: Gottfried Semper, Wissenschaft, Industrie und Kunst. (Maguncia y Berlín, 1966), 15 - 16.

tra, por tanto, la primera de las curiosidades de una materia muy compleja. Una materia que comienza perteneciendo al mundo estereotómico, de las extracciones y excavaciones. Una materia, que en su proceso de manipulación y transformación requiere de un molde, de nuevo estereotómico, para dotarle de forma. En esta lucha entre material y elemento, el oficio que transforma a la primera es la herrería. Esta antigua profesión requiere del maestro que la manipula, el *herrero*.

Por tanto comencemos por descubrir todos estos términos anteriormente expuestos: en primer lugar, la palabra *mineral* proviene del francés *mine* que significa mina. De igual forma, se conoce que el origen de la misma proviene de la lengua celta y del griego. De su raíz celta, *mein*, significa oro y del griego, *mna*, que representa a una unidad de peso. En segundo lugar, el metal es el material que, primeramente, ha sido extraído de la mina. Este proviene del latín *metallum*, que a su vez, proviene del griego *metallon*. Este último término hace referencia a la mina, y por ende, a las actividades que se producían en la misma: la excavación y la búsqueda del mineral ya nombrado. Por último, *herrero* proviene de *ferrarius*, que significa el que trabaja con hierro. De esta palabra deviene *ferrum*, que es literalmente herrero. Esta definición recoge su raíz del ya expuesto *ferrarius* y la terminación *um*, que significa oficio, el que trabaja con.

A continuación, se explicará conceptualmente el arte de la construcción en metal. Este requiere de la comprensión de una nueva serie de factores modernos, que anteriormente no habían sido explorados. De entre ellos hay que destacar el optimismo con el cual ésta original construcción soluciona los singulares problemas espaciales con una voluntad arquitectónica novedosa. Estamos ante una arquitectura lógica en su montaje, sencilla en sus tácticas y óptima en el uso material. Nos encontramos ante el nuevo arte de la construcción.

Fundamentos: Lógico, sencillo y óptimo, Crystal Palace, Inglaterra, Joseph Paxton, 1851

Lógico, sencillo y óptimo

«La revolución industrial resultó decisiva para la materialidad de la arquitectura. El *Crystal Palace*, obra de Paxton, supone la consagración de una nueva manera de construir a base de elementos estandarizados de altas prestaciones: el acero y el vidrio»[4].

El primer factor que describe la arquitectura del metal es la voluntad de la misma para expresar una época y un nuevo espacio. Esta arquitectura, se apoya en la técnica representada en unos valores nuevos relacionados con la sociedad de ese momento. Una arquitectura lógica, proveniente del producto que la constituye. Una arquitectura sencilla, que responde a las técnicas y tácticas de montaje propias de este material. Una arquitectura óptima, acorde al proceso de aprovechamiento del mismo. En definitiva, y como ya advirtió Le Corbusier en *Vers un Architecture*[5], una arquitectura proveniente de métodos constructivos de la ingeniería. «Los ingenieros hacen arquitectura, pues utilizan el cálculo emanado de la naturaleza y sus obras nos hacen sentir la armonía»[6]

Por tanto, el arte de la construcción, *Baukunst*, se manifiesta en esta arquitectura desde una precisión heredada directamente de los procesos industriales, a través de un mecanismo de abstracción resuelto en sistemas constructivos que devienen de la ingeniería[7]. Este proceso proyectual termina en un nuevo espacio, que se describe en dos tipologías de edificio hasta el momento no exploradas: el rascacielos y la cubierta infinita e ingrávida. Estas nuevas tipologías responden a un momento de cambio y a una nueva actitud moderna, que en palabras de Mies van der

---

[4] Fernando Espuelas, Madre Materia, (Madrid: Ricardo S. Lampreave, 2009), 126
[5] Le Corbusier, Vers un architecture. Paris: L´espirit noveau, 1923, ed. utilizada: Le Corbusier, Hacia una arquitectura. (Barcelona: Ediciones Apóstrofe, 1977)
[6] Ibid, 7
[7] «obedece a un proceso del proyecto con un ideal orientado a una reducción máxima del material, según la lógica del ingeniero».Alois Diethelm en, Andrea Deplazes, Architektur konstruieren. Vom Rohnmaterial zum Bauwerk. Basilea: Birkhäuser Verlag, 2008; ed. utilizada: Andrea Deplazes, Construir la arquitectura del material en bruto al edificio. Un manual, (Barcelona: Gustavo Gili, 2010), 114

Fundamentos: Disolución, Guaranty Office Building, EEUU, Adler & Sullivan, 1896

Fundamentos: Continuidad, Biblioteca de Santa Genoveva, Francia, Henri Labrouste, 1851

Rohe es «la voluntad de una época expresada espacialmente»[8]. Quizás esta voluntad intrépida es la que dio pie gracias a la tecnología[9] a un nuevo espacio ligero.

Hacia un nuevo espacio

El segundo de los factores destacables en las construcciones metálicas, como ya se ha avanzado anteriormente, es la apertura del horizonte arquitectónico en vertical para dominar y conquistar el cielo, así como la voluntad por extender los límites construidos hasta el momento, por medio de cubiertas tremendamente extensas y ligeras. Por primera vez el espacio es conquistado con mucho menos material. El perímetro se torna ligero, y las técnicas constructivas ayudan a reescribir los límites arquitectónicos hasta ahora conocidos[10]. Este nuevo espíritu ayuda, sin ningún tipo de dudas, a una exploración tipológica basada en un avance tecnológico hasta ahora desconocido: la consecución de edificios de grandes dimensiones, que optimizan al máximo el material eliminando elementos portantes intermedios. Gracias a esto, aparecieron las distribuciones en horizontal y se cubrieron grandes vanos con unos elementos de dimensiones finísimas. Se sentaron las condiciones de partida para realizar un nuevo tipo de edificio, el rascacielos. Esta

---

[8] Mies Van der Rohe en, Kenneth Frampton, Modern Architecture: A Critical History. London: Thames and Hudson, 1980; ed. utilizada: Kenneth Frampton, Historia crítica de la arquitectura moderna, (Barcelona: Gustavo Gili, 2014), 235.
[9] «La tecnología es mucho más que un método, es un mundo en sí misma. Como método es superior en casi todos los aspectos. Pero sólo donde se la deja sola, como en las gigantescas construcciones de la ingeniería, es donde la tecnología revela su autentica naturaleza. [...] Siempre que la tecnología alcanza su auténtica culminación, se convierte en arquitectura. Es cierto que la arquitectura depende de los hechos, pero su verdadero campo de actividad se encuentra en el ámbito de la significación»; citado en: Mies Van der Rohe en, Kenneth Frampton, Modern Architecture: A Critical History. London: Thames and Hudson, 1980; ed. utilizada: Kenneth Frampton, Historia crítica de la arquitectura moderna, (Barcelona: Gustavo Gili, 2014), 235
[10] «Es evidente que la voluntad de aligeramiento de la arquitectura ha hecho evolucionar radicalmente las técnicas constructivas al tiempo que ha propiciado la especialización de los materiales básicos. Pero la realización dialéctica, y a su vez, si se ha podido avanzar tanto hacia una arquitectura desligada de la gravidez es porque la innovación tecnológica lo ha permitido. Ya conocemos la fatal atracción que existe entre Tecné y Zeitgeist, la técnica y el espíritu de la época»; citado en: Fernando Espuelas, Madre Materia, (Madrid: Ricardo S. Lampreave, 2009), 125

nueva condición arquitectónica se asocia a un pragmatismo propio del material trabajado, y de la herencia de los edificios industriales del momento. Apareció el acero como material sustitutivo construyendo con menos masa más espacio. Apareció una arquitectura del límite difuso[11].

Se puede por tanto afirmar que el peso específico de esta materia mineral; su relativa facilidad de montaje, su condición óptima entre espacio cubierto y dimensión portante, la gran variedad de soluciones constructivas y su facilidad para tomar prestadas algunas condiciones tácticas de otras materias, como es el ensamblaje, le dota a este material de una serie de condiciones que nos permiten explorar un nuevo campo espacial en la arquitectura: el vacío infinito. Así mismo, el profesor Alois Diethelm indica en *Architektur Konstruieren* que, «El acero todavía asume una posición destacada, casi singular en los edificios con grandes luces. Las cubiertas de naves con amplias luces (aeropuertos o salas de exposiciones), se realizan casi exclusivamente con este material. En ellas, la fina articulación de las piezas que componen la estructura portante se convierte en un motivo de caracterización espacial, creando un lenguaje formal solo reservado a la construcción con acero»[12]. De todas estas condiciones nace un nuevo mecanismo constructivo, el cual hereda de la construcción en madera sus singulares características. Esta novedosa construcción implementa otro tipo de soluciones hasta ahora no empleadas, como serían las estructuras espaciales tridimensionales. Industria y nuevas técnicas al servicio de un nuevo espacio arquitectónico moderno.

---

[11] Bert Bielfeld en: Katrin Hanses, Basics Constructions Steel Constructions, (Basilea: Birkhäuser Verlag GmbH, 2015), 7. «Hay áreas clásicas donde el acero se usa ampliamente, como los edificios tipo cobertizo y las estructuras en cubiertas, pero también ofrece una enorme gama de posibilidades para una amplia variedad de diseños. Posibilita espacios abiertos en los que las paredes están casi disuletas; el acero se puede usar para construir una amplia gama de estructuras espaciales delgadas, creando constelaciones espaciales inusuales». T. del original: «There are a classic areas where Steel is widely used such as shed-type buildings and roof structures, but it also offers an enormous range of possibilities for a wide variety of designs. It makes possible open spaces in which the walls are almost disolved away; steel can be used to build a wide range of slender spatial structures, creating unusual spatial constellations»
[12] Alois Diethelm en, Andrea Deplazes, Architektur konstruieren. Vom Rohnmaterial zum Bauwerk. Basilea: Birkhäuser Verlag, 2008; ed. utilizada: Andrea Deplazes, Construir la arquitectura del material en bruto al edificio. Un manual, (Barcelona: Gustavo Gili, 2010), 114

En el siguiente apartado, se conceptuarán y describirán los procesos y las etapas que transforman a esta materia. Estas últimas a través de su propia «ley de los cambios» funden al mineral para transformarlo en un líquido adaptable de consistencia elástica y plástica.

Fundiendo un mineral

El primero de los valores que se debe apreciar en esta materia mineral es la heroicidad de la misma para ser trabajada. El mito de la fragua de Vulcano, los altos hornos medievales, el oficio del herrero a golpe de martillo y yunque, así como el paso del campo a la industria[13] mediante la extracción, transformación y dominado de este material ofreció nuevos caminos hasta entonces impensables en la arquitectura. Estas mutaciones, de materia roca a material metal, supusieron una transformación en el paradigma arquitectónico. Por tanto, se describirán las variaciones a través de las etapas de transformación que esta materia sufre hasta ser un producto acabado. En la primera fase, se describirá el proceso que la convierte en un líquido o, mejor dicho, en una masa fluida a alta temperatura dispuesta a ser vertida en un molde o a ser extruida. Este proceso termina en una serie de nuevos productos industriales al servicio de la arquitectura, utilizando la técnica de la industrialización[14] en la construcción como un camino hasta hoy en día imparable.

[13] «Inmersos en la Tercera Revolución Industrial, necesitamos no olvidar la Segunda y la Primera. En el tránsito entre los siglos XVIII y XIX, Europa fue teatro de una colosal mutación técnica y social, la mayor experimentada por la humanidad desde el Neolítico, que condujo desde una economía agrícola y rural a otra industrial y urbana, impulsada por el carbón, la máquina de vapor y el ferrocarril, y a esta transformación hemos contenido en llamar Primera Revolución Industrial»; citado en: Luis Fernandez-Galiano, Arquitectura Viva 182 Patrimonio Industrial, (Madrid: Arquitectura Viva SL, 2016), 3

[14] «Este mito industrial resulta hoy tan vapuleado como tantos otros aspectos de la modernidad, y en gran parte lo interpretamos como una consecuencia de la confianza absoluta que el siglo XX tuvo en la técnica. Sin embargo y a pesar del abandono de aquella visión idealista, la industrialización de la construcción ha seguido su camino imparable, demostrando que no estaban tan equivocados quienes pensaron que la arquitectura moderna implicaba ante todo una nueva forma de construir»; citado en: Ramón Araujo en, Luis Fernandez-Galiano, Arquitectura Viva 183 Material Abstraction, (Madrid: Arquitectura Viva SL, 2016), 63

Por ello, a continuación se describirá el proceso de obtención del mismo, un proceso que transforma esta materia en producto al servicio de la arquitectura. *En la primera etapa* (consecución mineral de arrabio o chatarras férricas) de la elección de una de estas dos materias primas depende el proceso por completo. Para la obtención de acero mediante mineral de arrabio, se utiliza el alto horno para efectuar la fusión de minerales de hierro o acero y fundir los mismos. Se estima que alrededor del 69% de la producción mundial de acero, se realiza mediante alto horno para conseguir un producto final mas puro. En el caso de las chatarras férricas, éstas se obtienen, básicamente, de tres grandes grupos: chatarra reciclada, chatarra de transformación y chatarra de recuperación. Se debe destacar que esta chatarra es reciclada y, por tanto, es una materia prima a la cual se le dota de una segunda vida, siendo muy importante su baja huella ecológica.

La segunda etapa (sinterización) es la correspondiente a la fabricación del acero en alto horno. Este proceso se realiza de la siguiente manera: en primer lugar, el mineral con la granulometría adecuada se introduce directamente en el horno. Los finos del mineral de hierro junto con los fundentes (caliza) se aglomeran, para darles un tamaño apto para su consumo en el horno. Este proceso de conversión se denomina sinterización y el producto conseguido, sínter.

En la *tercera etapa (fusión)* se introduce carbón destilado en el horno, también denominado cok. El cok siderúrgico es un material duro, poroso y con un contenido en carbono superior al 90 %. Esa mezcla de mineral de hierro, sínter y cok se calienta en el horno mediante una inyección de aire caliente. El cok actúa como combustible y elemento reductor del oxígeno que lleva el hierro. Los fundentes añadidos se encargan de formar la escoria, éste subproducto atrapa las impurezas del mineral de hierro. En esta etapa, se consigue mediante la acción posterior del carburo cálcico, el arrabio que, posteriormente, mediante el proceso de transformación por eliminación se convierte en acero.

La Cuarta etapa (Convertidor del arrabio) se ocupa del producto obtenido en el horno alto, el arrabio. Este material tiene una riqueza en hierro cercana al 95 % y alrededor del 3,5 % de carbono. Para minimizar la cantidad de azufre sobrante, un elemento que es muy negativo para el acero, se le añade posteriormente carburo cálcico. Es necesario transformar el arrabio en acero, para ello se emplean los convertidores de las acerías. En estas instalaciones se encargan de eliminar ese exceso de carbono del arrabio líquido a través de un soplado de oxígeno.

La Quinta *etapa (Metalurgia secundaria)* y última etapa es la correspondiente a la metalurgia secundaria de la acería. Su función es ajustar la composición mediante la incorporación de ferroaleaciones y de gases.

Tras estas etapas productivas, se obtiene un líquido, una masa muy fluida de consistencia, elasticidad y plasticidad controlada. Esta masa plástica será, posteriormente, en el proceso de las técnicas, el colado, el moldeado o el laminado en frío, un producto de construcción. Una de las peculiaridades de este líquido o fluido es que tiene una duración relativa y reactiva en el horno. Por tanto, se requerirá de las técnicas productivas y espaciales del mismo para conformarse como producto acabado. De igual manera, en su estado fluido trabajable, éste tiene dos etapas: una previa en el molde y otra posterior no usual, de ajustes y dominado que, a continuación, veremos en las técnicas y las tácticas de la materia mineral.

Conocida esta singular mutación material, se debe realizar una descripción de los procesos de transformación y conformación antes de introducirnos en las técnicas productivo-espaciales. Al igual que se ha descrito el proceso tecnológico mediante la fusión o el fundido, posteriormente, se realizará una descripción de las últimas fases. Estas son: la fase de colado y la fase de laminado. Mediante ellas se llega a un semi-producto, el cual no está terminado hasta el momento de realizar la colada continua y posterior moldeado. Este proceso previo a ser moldeado solidifica al acero, transformándolo en un líquido algo más espeso con un alto grado de ductilidad, realizando de esta manera el moldeo en caliente o en frío. La última de las fases esta ligada al tren de laminación y a la extrusión de grandes piezas, ya que los semi-productos terminados pueden ser llamados *slabs* (planos de desbaste contínuos), *blooms* (desbastes de sección cuadrada) o *palanquillas* (desbastes de sección tubular llena para la realización mediante extrusión de redondos corrugados de acero). Al igual que en el resto de materias son los procesos que transforman y conforman las mismas, los que pasan a ser clave en el entendimiento del procedimiento proyectual que la propia materia y su tecnología asociada porta consigo en su **ADN proyectual**[15].

```
                TECNICA  DE           TECNICA   DE         TACTICA  DE
                TRANSFORMACIÓN        CONFORMACIÓN         CONSTRUCCIÓN
MATERIA      > FUNDIR/FUSIONAR  >    PLEGAR          >    ENTRAMAR
MINERAL
```
Procesos de la Materia Mineral

Del líquido al producto

La materia mineral para terminar siendo una obra arquitectónica ensamblada propia a su naturaleza material sufre una serie de cambios en el proceso productivo de la misma. Estos, se describen en las transformaciones que realiza gracias a la tecnología que se aplica en su modelo singular de obtención del producto. Primeramente, se conforma y transforma en un nuevo mineral. A través de su transformación a producto y el orden mediante la elección del entramado, se consigue construir o definir un límite que en esta ocasión se vislumbra como sistemático. De este límite devienen las estrategias propias de proyecto, para conseguir obtenerlo es necesario nombrar, brevemente, los últimos pasos, obteniendo el producto terminado.

En primer lugar, el herrero se ocupará de procurar el elemento configurador mínimo. En este caso será, el pórtico estructural o el sistema de plan-

---

[15] «La tecnología es mucho más que un método. En sí misma es un mundo. Como método es superior en casi todos los sentidos. Pero la tecnología sólo revela su verdadera naturaleza cuando se la deja sola, como en las estructuras gigantes de la ingeniería. Es evidente que no sólo es un medio útil, sino que también tiene significado y es una forma poderosa –tan poderosa que no resulta fácil dominarla...–. Cuando la tecnología logra su realización real, se transciende convirtiéndose en arquitectura»; citado en: Mies Van der Rohe en, Kenneth Frampton, Studies in Tectonic Culture: The Poetics of of Construction in Nineteenth and Twentieth Century Architecture. Cambridge: The MIT Press, 1995; ed. utilizada: Kenneth Frampton, Estudios sobre cultura tectónica. Poéticas de la construcción en la arquitectura de los siglos XIX y XX, (Madrid: Ediciones Akal, 1999), 182

chas configuradoras. Este proceso, se llevará a cabo mediante una trabazón en cualquiera de los casos. De esta acción, se ocupan las tácticas de construcción que influyen, claramente, en la percepción y disolución del espacio que crea. Producto, elemento configurador mínimo y la noción de espacio liviano de esta materia quedarán definidos bajo el estigma de esta serie de elementos constructivos acabados en un limite infinito. En un no limite[16]. A continuación, se expondrán los procesos transformadores materiales para conseguir obtener procesos conformadores espaciales, mediante tres acciones específicas de esta materia: fundir/fusionar y laminar.

Se debe de indicar que los procesos de conformación unen espacio y técnica siendo el fundido/fusionado algo propiamente del acero en el espacio que él mismo propone. Igualmente la técnica del laminado/plegado es propia de la condición espacial que esta arquitectura ofrece y, la necesidad de configurarse a partir de una inercia específica. De las definiciones recogidas por la DRAE en el término «fundir»[17] son reseñables aquellas que unen conceptualmente proceso de conformación, transformación y espacio. La primera de ellas hace referencia a derretir y licuar metales, minerales u otros cuerpos sólidos. De esta acepción, se puede substraer que se ocupa de conceptuar el metal y el mineral bajo un mismo paradigma, el de la fusión con la cual comparte raíz latina fundir. Por último, el término, se ocupa de hablar de cuerpos sólidos. Aquí, se entienden las acciones que se realizan sobre este para ser fundido, en

---

[16] «La disolución de valores y pérdida de referencias que tantos atribuyen al impacto de la economía moderna sobre las sociedades tradicionales alcanza en ocasiones tonos jeremíacos, que animan a situar en contexto la famosa frase de Marx, reproduciendo el párrafo donde se inscribe: Todo lo sólido se desvanece en el aire; todo lo sagrado es profano, y los hombre, al fin, se ven forzados a considerar serenamente sus condiciones de existencia y sus relaciones recíprocas. Esta reflexión, que advierte a la vez la capacidad liberadora y la potencia disolvente de la modernidad, puede quizá absolver a la ultima generación de arquitectura de su ligereza física y conceptual»; citado en: Luis Fernandez-Galiano, Arquitectura Viva 181 Light Culture, (Madrid: Arquitectura Viva SL, 2016), 3
[17] Fundir: Del lat. *Fundĕre.*
1. tr. Derretir y licuar los metales, los minerales u otros cuerpos sólidos. U. t. c. intr. y c. prnl.
2. tr. Dar forma en moldes al metal fundido. *Fundir cañones, estatuas.*
4. tr. Reducir a una sola dos o más cosas diferentes. U. t. c. prnl.
11. prnl. Dicho de diversos intereses, ideas o partidos: unirse.

Tecnica de transformación: Fundir, La materia del tiempo, España, Richard Serra, 1994-2005

primer lugar, físicamente y, en segundo, espacialmente. Esta experiencia es recogida por Richard Serra cuando explica sus obras en la década de los ochenta, argumentando su trabajo sobre planchas de acero curvadas; «La articulación de experiencias espaciales que rompan los límites del conjunto de modelos ortogonales»[18]. Estos ensayos fundieron el espacio a través de los cuerpos sólidos, generando las propias chapas curvadas y dominándolas en continuidad.

La segunda de las definiciones describe las técnicas productivas posteriores al fundido. Esta se ocupa de la estereotomía en la obra de acero, del molde y su continuidad física cómo elemento definidor del producto y, sin lugar a duda, de la complejidad del mismo para la elaboración de las piezas. Esta segunda definición describe el proceso de optimización entre forma y material, a través del uso de un molde para el fundido del líquido en producto semi-terminado, y de la relación entre la masa y líquido vertido. De nuevo, Richard Serra se encarga de traducir estos conceptos a palabras cuando habla sobre masa; «Me interesa la claridad de la construcción, la gravedad, la tendencia a volcar, la adición y la sustracción de peso, la rotación del peso. Me interesa la masa»[19].

La tercera y la cuarta de las definiciones hacen referencia a la cuestión espacial de la obra en acero, y a la producción del mismo. El acero es una aleación de hierro y carbono, como tal es una mezcla de dos sustancias a fin de conseguir una. Por tanto, el espacio que deviene del acero tiene la peculiaridad de que en su relación óptima entre elemento estructural y material constituyente, se busca una optimización que ajuste al máximo la proporción dimensional de sus elementos constructivos. Esta optimización, unida al tipo constructivo repetitivo o continuo, que ya hemos presentado, explica la capacidad de este material para fundir el espacio o ,mejor dicho, para fusionar espacio, estructura y habitante. Esta fusión, se describe al indagar en la raíz etimológica de la propia palabra fundir,

---

[18] Richard Serra en: Maria Angeles Layuno Rosas, Richard Serra, (Hondarribia: Editorial Nerea, S.A, 2001), 54
[19] Richard Serra, Richard Serra. Escritos y entrevistas 1972-2008, (Pamplona: Cátedra Jorge Oteiza, Universidad Pública de Navarra, 2010), 283

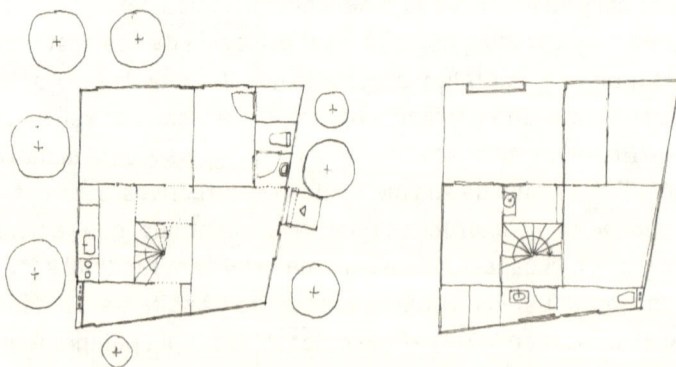

Técnica de conformación: Plegar, Casa en un huerto de ciruelos, Japón, Kazuo Sejima, 2003

fundĕre. Esta proviene del latín, en cuyo supino deriva en fusum del cual procede la palabra fusión. Por tanto, dicha variante etimológica, se explica desde su raíz indoeuropea, donde está presente el adjetivo futilis (que se derrama, se deshace o se desvanece).

Este derramarse, deshacerse, pero sobre todo, ese desvanecerse es una condición fundamental a la ligereza y la desmaterialización con la cual se produce esta arquitectura. Por último, se debe destacar que esta técnica de fundido transforma la materia mineral en un material con diferentes matices, los cuales se deshacen en sus reflejos y su ajustado espesor[20].

En busca de ser un producto acabado y tras ser vertida en el molde que la conforma, los procesos que dan forma a esta materia son: el laminado y el plegado. Las acciones de laminar y plegar[21] son procesos productivos para extraer un perfil conformado final o para finas láminas de acero, casi de papel. Esta acción busca transformar éstas láminas en un elemento portante, el cual sea capaz de conformar por sí mismo un espacio. Una vez se ha comprendido, que a través del plegado conseguimos un producto acabado en forma de perfil laminado (sección I, sección H, U, o las variantes de la tubular cerrada), chapas y paneles autoportantes, se pueden describir las diferentes acepciones.

La primera de las que recoge la DRAE hace referencia a doblar, a tratar un espacio desde el plegado del mismo. El acto de hacer pliegues puede entenderse a través de los primeros trabajos que realiza Richard Serra. Mediante el plegado y el curvado de planchas lineales, se consiguen conformar una serie de espacios de naturaleza diversa, fluida, continua y muy densa.

---

[20] «Todo ello conduce hacia una fragilidad que se despliega en distintas facetas: fugacidad, inestabilidad, discreción y desmaterialización. La ligereza [lightness]debe ser entendida como cualidad polisémica, como instrumento de efectos ambiguos», citado en: Iñaki Abalos, Juan Herreros en, Fernando Espuelas, Madre Materia, (Madrid: Ricardo S. Lampreave, 2009), 130
[21] Plegar: Del latín *plicāre*
1. tr. Hacer pliegues en una cosa. U. t. c. prnl.
3. tr. En el arte de la seda, revolver la urdimbre en el plegador para poner la en el telar.
4. prnl. Doblarse, ceder, someterse.

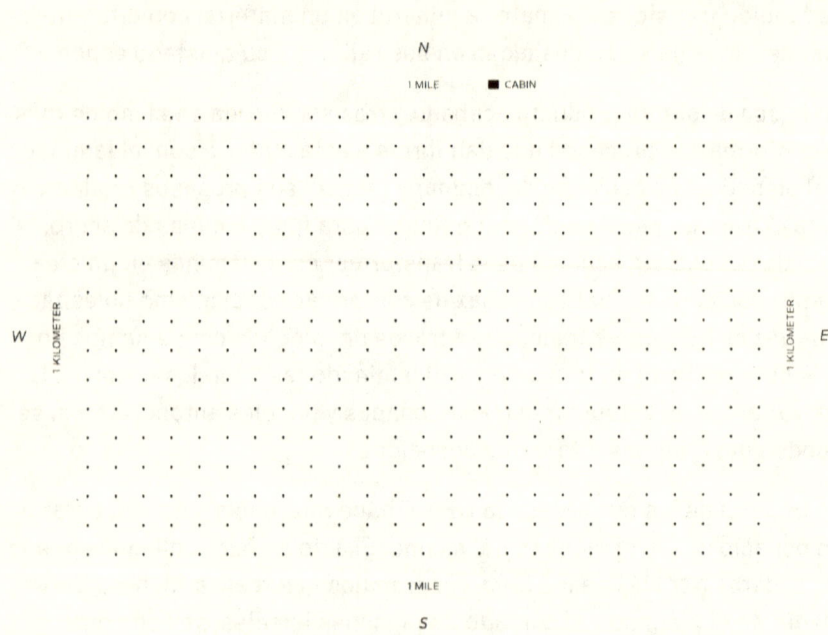

Táctica de construcción: Entramar, The lightning Fields, EEUU, Walter de Maria, 1977

La segunda de las acepciones aquí recogidas, la tercera de la DRAE, hace referencia al arte de la urdimbre tal y como cita el propio Semper, al tejido y al nudo[22]. Esta segunda acepción, de referencia muy primitiva, compone un concepto de naturaleza textil. Por último, ésta hace referencia explícita a su origen etimológico *plicâre,* el cual significa doblar y trenzar. De esta manera, se une etimología y acción arquitectónica bajo un mismo significado.

La última de las acepciones describe el acto del trabajo sobre la pieza propia, el sometimiento que se realiza en la misma para conseguir conformar el producto y la forma.

Esa cesión formal ofrece a la lamina de denso acero conseguir, por sí misma, mantenerse en pie y, por tanto, hace referencia a la configuración y conformación de espacios. Esta acción de plegado, se intuye en *la casa en un huerto de ciruelos* proyectada por Kazuyo Sejima. La pieza, se comporta como si de una maqueta de fino cartón se tratara. Esta, se ayuda de la inercia propia de la chapa de acero plegada para crear recintos. A su vez, la propia chapa, se ocupa de conformar todas las caras del espacio y el muro pierde todo su espesor, sin dejar de dotar de una densidad espacial al mismo. Esta pérdida de espesor, que no de densidad espacial[23], es descrita por la arquitecta al explicar la estrategia utilizada en la vivienda: «si usábamos una estructura normal, el espesor de los muros crearía una sensación de pesantez excesiva. Necesitaba otro grosor di-

---

[22] «Para una mayor claridad expositiva, permítaseme aportar un ejemplo acerca de la decisiva influencia ejercida por una forma originaria en el desarrollo de las artes. La estera, y el tapiz que deriva de ella, primero meramente entretejidos, más tarde bordados, constituyen los primeros elementos de compartimentación del espacio y, en cuanto tales, se erigen en el motivo básico de decoración de la pared y de muchas de las demás ramas afines a la industria o a la arquitectura»; citado en, Gottfried Semper en, Atonio Armesto, Escritos fundamentales de Gottfried Semper, (Madrid: Edición fundación arquia, 2014), 197

[23] «Y efectivamente, parece que el espesor es algo incompatible con la modernidad, aunque su pérdida no lleva aparejada necesariamente la pérdida proporcional de materia. Sejima nos muestra la alterantiva de la densidad. La aportación de densidad física en este episodio de la arquitectura proyecta una multiplicidad de posibilidades en la manera de percibir y sentir el espacio»; citado en: Fernando Espuelas, Madre Materia, (Madrid: Ricardo S. Lampreave, 2009),136

ferente al de un muro convencional: así que decidí usar chapas de acero que pudieran funcionar estructuralmente. Al perder el muro su espesor, las vistas de las otras habitaciones a través de las aberturas dan la sensación de cuadros colgados en la pared»[24]. Materia, material y proyecto, se reúnen bajo el paragüas de su técnica para conformar una serie de espacios.

Al igual que en la madera, heredando de la táctica espacial de esta su mecanismo de acción proyectual, la materia mineral y, por ende, el acero construye su dominio desde la idea de la trama espacial. Una trama, que inequívocamente se reconoce en el documento de sección como una parte fundamental del espesor o, mejor dicho, del no espesor de la cubierta. Una trama, que igualmente se ofrece como un mapa de puntos en la fragilidad que esta presenta. Tanto en su representación, así como en la materialización del proyecto que se extiende en una planta horizontal infinita de finísimos y casi imperceptibles apoyos.

La táctica, por tanto, se ocupa de elevar la precisión en los nudos con los cuales se resuelve este entramado perfecto, ya sea en la preciada planta o en la novedosa sección. No en vano, la arquitectura que deviene de la precisión del acero se describe y define en milímetros. Aparece, por tanto, una nueva unidad dimensional a la arquitectura y se abandona al centímetro y la pulgada, en aras de conseguir un espacio preciso que deviene de la trama que este material propone, el espacio del milímetro. Un nuevo espacio entramado, tal y como veremos a continuación.

Entramado[25] deviene de la palabra entramar, que a su vez se subdivide en una doble raíz: por un lado «en-», la cual proviene del latín *in*, el cual indicaba dentro de o sobre. Por otro, trama, proviene igualmente del latín *trama*, el cual designaba el tejido que se conseguía por medio de cruzar

---

[24] Kazuo Sejima en, Ibid, 134
[25] Entramados: De *entramar*
1. m. Conjunto de láminas de metal o tiras de material flexible que se cruzan entre sí.
2. m. Entrecruzamiento de láminas de metal o tiras de otro material.
3. m. Conjunto de ideas, sentimientos, opiniones, etc., que se entrecruzan en un texto.

hilos a fin de conseguir la urdimbre. De igual forma, la raíz deviene del término latino *trahere*. Este nos da palabras como traer, tracción, trazar, abstraer, sustraer, etc. Por tanto, táctica, concepto y raíz etimológica, se encuentran para descubrirnos una serie de mecanismos espaciales proyectuales que aparecen en la propia naturaleza de esta materia: ser abstracto y ,por tanto, desvanecerse; trazar un mapa y, por consiguiente, construir un sistema. Finalmente, tensarse para describir el correcto funcionamiento estructural del mismo.

Toda esta serie de descripciones se ven reflejadas en las definiciones que se exponen en la DRAE, tal y como se explicará a continuación: la primera y segunda de ellas tratan, directamente, sobre la acción de crear un trama de tiras o laminas de metal, una estructura entramada que funciona, como bien se describe, a través de un entrecruzamiento. La tercera de las definiciones versa sobre un conjunto de ideas y, por tanto, narra un funcionamiento proyectual. La realización de un conjunto de ideas a fin de formar un mapa complejo.

El acto de plegar acero, se muestra poderoso a través de la obra de Richard Serra. El curvado y el plegado de sus láminas hace visible la acción de la gravedad. Esta, se percibe a través de la estabilidad de las densas y grávidas planchas de acero, que debido a el plegado varían su centro de gravedad[26]. En cambio, cuando se analiza la trama descubrirnos un nuevo esquema, el ya citado mapa de puntos. Este mapa, se experimenta al analizar el *landart* propuesto por Walter de Maria en *Lighting Field*[27].

Este sistema de sutiles barras tubulares de acero propone un campo limitado de una forma no corpórea. Una matriz, una trama de puntos que

---

[26] «Dos constantes de su obra reclaman esta percepción más háptica que óptica: la fisicidad, la rotunda materialidad de sus piezas, que se vinculan a una experiencia del espacio plástico a través del cuerpo, del contacto directo con la obra, sintiendo *in situ* la generación de un campo de fuerzas»; citado en: Maria Angeles Layuno Rosas, Richard Serra, (Hondarribia: Editorial Nerea, S.A, 2001), 25
[27] Lighting Field: Obra de Land Art desarrollada por Walter de Maria, la cual esta de manera continuada en Catron, Nuevo Mexico, desde 1977

compone un paisaje y que construyen un lugar infinito. Una red hasta ahora desconocida, que al igual que Mies propone en sus obras de Chicago, se hace visible por medio de una serie de puntos que sostienen una cubierta , real o virtual, sobre un espacio con el límite difuso.

Por último y previo a describir el resto de conceptos que se ocupan de esta materia, se debe ahondar en los tipos de tramas que incluyen esta táctica proyectual. Se debe de advertir que se encuentran diversos métodos constructivos, los cuales se citarán a continuación. Estos están basados en tres tipos de mecanismos o tramas: elementos lineales unidireccionales[28], elementos bidireccionales[29] o tramas espaciales en tres dimensiones[30].

---

[28] *La trama mediante elementos lineales* son pórticos unidireccionales continuos, los cuales se basan en cuatro principios básicos de estabilidad estructural para conseguir el elemento constructivo específico propio de esta construcción: 1-Rigidez en las uniones de esquina para conseguir estabilidad en los nudos superiores. 2- Dados los movimientos que debe absorber la estructura, la incorporación de nudos, rotulas o fijaciones al suelo. 3- La necesidad de crear empotramientos para tener la perfecta estabilidad de los elementos a posteriori. 4- Garantizar la unión móvil entre los elementos que apoyan sobre los pórticos, ya sean correas o paneles de cubierta. Dentro de este grupo podemos encontrar los diferentes perfiles o vigas, IPN, UPN, HB, etc..., así como vigas compuestas alveolares o cerchas espaciales.

[29] *Trama mediante elementos bidireccionales:* Es el caso de estudio que enmarca un pórtico que se resuelve de idéntica manera en ambas direcciones y se cruza formando una parrilla estructural. Este caso guarda las mismas condiciones que el anterior en cuanto a su estabilidad, y además tiene una condición de equilibrio superior ya que consta de una gran cantidad de nudos rígidos. Este grupo se ocupa de la combinación en ambas direcciones de la construcción mediante elementos lineales.

[30] *Tramas espaciales en tres dimensiones:* El último de los tipos básicos de construcción en estructuras de acero sería la estructura tridimensional o estructura espacial. Este tipo, al igual que sus predecesores más sencillos, esta basado en un sistema de uniones que entremezcla elementos continuos rígidos con uniones anudadas [al igual que la madera], a fin de conseguir construir una malla o tejido espacial de apoyos puntuales que desplaza sus fuerzas por medio de este complejo tejido. Este tipo constructivo basa su funcionamiento en la transmisión de fuerzas a través de las uniones articuladas. Las diagonales o barras de unión espacial se ocupan de solucionar las fuerzas de tracción y compresión de las mismas. Este último grupo lo componen las cerchas y, sobre todo, las celosías espaciales. Ambas construyen grandes luces ligeras gracias a la reducción de la sección de las barras que la componen.

Extenso y Repetitivo

«Entre los materiales de que se sirve el hombre para sus fines, el metal es el que reúne todas las cualidades señaladas. Es plástico, se puede ablandar y es susceptible de endurecerse; es flexible, resistente, opuesto en grado sumo a la rotura, muy elástico y de firmeza relativamente significativa (aunque esta sea la característica más débil a causa de su mayor elasticidad y flexibilidad). De ahí que se use mucho en sistemas constructivos de barras. En fin, es firme, homogéneo y denso, de gran resistencia a compresión o aplastamiento; como consecuencia de estas propiedades; es más indicado que otros materiales para ser trabajado según la forma deseada mediante el adelgazamiento de partes de su masa, y susceptible de unirse a otros sistemas rígidos»[31].

Este último apartado tratará sobre los conceptos que porta la materia mineral consigo, para desarrollar una serie de operaciones arquitectónicas propias, primero materiales y, en segundo lugar, conceptuales. Es importante destacar, como ya realiza el propio Semper en *Der Stil,* que la materia mineral y, por ende, aquello que subyace tras ella, los metales, han absorbido muchas de las condiciones técnicas del resto de materiales. No obstante, al igual que observa Semper, se puede afirmar que el metal no es un material suficientemente firme. Esto se verá, posteriormente, a través del hormigón (materia fluida), el cual ha ocupado el lugar del metal como material de construcción total, como quinto elemento. Como ya se ha expuesto, anteriormente, la materia pétrea (piedra) y la materia arcillosa (ladrillo), se ocupan básicamente del tipo constructivo estereotómico. De igual manera, la materia leñosa (madera) y el metal son los casos más específicos del tipo constructivo tectónico. No obstante, se debe indicar la condición estereotómica que ocupa esta materia en su proceso de conformación, que al igual que el ladrillo o el hormigón requiere de un molde

---

[31] Gottfried Semper, Antonio Armesto Aira ed., Manuel García Roig tr., *Escritos fundamentales de Gottfried Semper. El fuego y su protección,* (Madrid: Edición fundación arquia, 2014), 297

para su producción. Este proceso productivo o, en palabras de Semper, procedimiento intermedio, se ocupa de mostrar, a través de la forja y la maleabilidad, su predisposición al cambio y la adaptación. «La maleabilidad del metal lleva, por ejemplo, al importante proceso de su forja: un procedimiento intermedio en el tratamiento del metal como masa flexible y resistente y como cuerpo denso de carácter estereotómico»[32].

El acero o, mejor dicho, las construcciones en acero responden a un tipo constructivo claro. Estas son una síntesis de dos paradigmas constructivos: la gran cubierta infinita apoyada bajo una fina red de óptimos pilares, que se ocupa de hacer flotar a la misma; y el edificio retícula, tanto horizontal como vertical, que apila niveles de manera continuada para optimizar la sección del mismo, consiguiendo alcanzar un nivel óptimo entre materia construida y dimensión de los elementos constructivos-constitutivos de esta. Ambos casos de estudio, se ven representados en esta materia, a través de otro de los grandes conceptos ya descritos anteriormente, que acompañan a la misma: la ligereza. El optimismo constructivo y, por tanto, la reducción de los elementos constructivos al mínimo numero posible[33].

La reducción expresivo-formal que esta materia ofrece se verá representada en las estrategias proyectuales que, posteriormente, se describirán, partiendo de dos conceptos completamente diferentes al resto: la multiplicación de elementos constructivos iguales para la conquista y definición de un perímetro, y la desaparición de los mismos por medio de una relativa ligereza y desmaterialización propia de este material impersonal. A continuación, se describirán y ejemplificarán los conceptos relacionados con la ausencia y presencia material que esta arquitectura porta consigo.

---

[32] Idem
[33] «La obtención de la ligereza es un objeto que no sólo responde a que la abstracción plástica requería una libertad compositiva poco compatible con la gravidez, sino que también la optimización técnica converge en el mismo planteamiento de aligerar la materialidad en la arquitectura»; citado en: Fernando Espuelas, Madre Materia, (Madrid: Ricardo S. Lampreave, 2009), 127

Densidad física y espacial

«Estamos constreñidos y condenados por el peso de la gravedad»[34].

La pérdida de espesor, que no de corporeidad en la conformación óptima de esta materia, es la que nos lleva a realizar una nueva observación sobre la densidad física y espacial que este material porta consigo. Así como en el resto de materias aquí expuestas (pétrea, arcillosa, leñosa y fluida), el espesor es una condición indisoluble a su capacidad portante y a su resistencia. Es en la materia mineral, donde esta densidad aparentemente física (espesor) se disuelve, y aparecen otra serie de factores que descifran una nueva fisicidad. La pérdida de espesor real, junto con la búsqueda de una esbeltez como expresión material y arquitectónica crean dos tipos de espacios: uno en continuidad y otro por el contrario en clara discontinuidad.

El camino de la continuidad se descubrirá, en profundidad, a través de la obra de Walter de Maria en *lighting field*, como posteriormente explicaremos. Igualmente, la continuidad se expresa en la obra de Kazuyo Sejima, que utiliza el plegado en búsqueda de una relativa discontinuidad espacial, al igual que Richard Serra. Esta perdida de peso, se torna en una ganancia de equilibrio, inestabilidad aparente, y una gran capacidad perceptiva, tal y como describe Richard Serra al conceptuar peso, equilibrio y forma de estos: «el peso es para mí un valor... yo tengo más que decir sobre el equilibrio de pesos, la reducción de pesos, sobre el avance y retroceso de pesos, la concentración de pesos, el apoyo de pesos, la colocación de pesos, los efectos psicológicos de pesos, la desorientación del peso, el desequilibrio de pesos, la rotación, el movimiento de pesos, la dirección, la forma de pesos»[35].

Esta inestabilidad aparente se ve favorecida por el uso de precisas estructuras. Una arquitectura en la que todo se deja en manos de la estructura y su expresión espacial. La construcción con una serie de productos acabados, los cuales tienen una propia simbología en la forma que fue-

---

[34] Richard Serra en, Maria Angeles Layuno Rosas, Richard Serra, (Hondarribia: Editorial Nerea, S.A, 2001), 43
[35] Ibid, 44

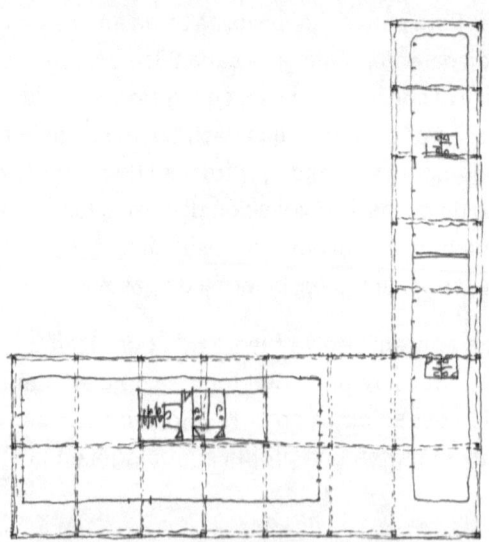

Conceptos: Extensión - Desaparición, Centro de servicios de Puertos lago Escobar, Arg., Martín Torrado, 2015

ron, finalmente, concebidos, gracias a las plegaduras que terminan por conformar su nombre: perfil en I, en U, en H y perfiles tubulares.

Por tanto, se puede afirmar que la arquitectura de esta materia está compuesta de una fina estructura y, como tal, porta consigo misma una idea detrás. Una serie de conceptos que describen los dos tipos constructivos básicos que ofrece esta arquitectura: los sistemas arquitectónicos que buscan la desaparición mediante una serie de apoyos puntuales ligerísimos, y los que ofrecen la multiplicación a través de un sistema de chapas plegadas, paneles o un bosque de pilares. La estructura como concepto o en palabras de Mies Van der Rohe: «por estructura tenemos una idea filosófica. La estructura es el todo, de arriba abajo, hasta el último detalle – con las mismas ideas - . Esto es a lo que denominamos estructura»[36].

Ambas estructuras se tornan realidad a través de dos casos de estudio. El ejercicio para el *centro de servicios de Puertos lago Escobar*, obra de Martín Torrado, hace una profunda revisión de las Case Study Houses norteamericanas. En este, se utiliza un modelo estandarizo de perfil para perfeccionar la máxima miesiana que une estructura e idea en formato alámbrico mínimo, haciendo presente una densidad física menor. Por el contrario, *el edificio de laboratorios de la universidad de Alcalá de Henares*, obra de Héctor Fernández Elorza, propone un estructura industrial plegada que alude a una densidad espacial mayor.

Los sistemas arquitectónicos estandarizados que hacen uso de la industria y su producto acabado, para proponer un sistema de montaje estandarizado mediante soldaduras y tornillerías, ofrecen un espacio de características óptimas. Un espacio infinito. Un espacio en extensión. Un espacio, casi, en desaparición. El aire como materia construida[37]. Estos espacios hacen

---

[36] Kenneth Frampton, Studies in Tectonic Culture: The Poetics of of Construction in Nineteenth and Twentieth Century Architecture. Cambridge: The MIT Press, 1995; ed. utilizada: Kenneth Frampton, Estudios sobre cultura tectónica. Poéticas de la construcción en la arquitectura de los siglos XIX y XX, (Madrid: Ediciones Akal, 1999), 180
[37] «El aire, hasta ahora contemplado como el contrapunto de la materia [construida], pasa a considerarse no sólo como un material más, sino como un material de vital importancia al que no solo se trata sino que se dieña. El aire ha pasado de ser un medio inerte a convertir-

Conceptos: Repetición - Presencia, Edif. de lab.de la U. de Alcalá de H., España, Héctor Fdz. Elorza, 2009

referencia a la estructura alámbrica que, posteriormente, veremos en la arquitectura del hormigón. Esta arquitectura reflexiona sobre la *Neue National Gallerie* de Mies Van der Rohe, *las viviendas en California* de Craig Ellwood, o, en este pequeño centro de servicios ubicado en Puertos lago Escobar, en Argentina. El ejercicio utiliza un mecanismo de construcción seriado infinito. Este podría seguir expandiéndose hasta ocupar todo el espacio, y mediante la sencilla unión de un pilar y una viga comenzar a construir el primer pórtico que aquí se presenta como protagonista total de la arquitectura. Una arquitectura que tiene en la cubierta infinita y el rascacielos vertical, un eco a este sistema que tiende a la desaparición. Una arquitectura que formula una voluntad de su época, ser extenso, más extenso, casi infinito.

Por el contrario, la arquitectura que hace referencia a una densidad espacial suprimiendo espesor material, se ve representada por aquellas construcciones que subyacen del pliegue de chapas de acero, buscando disolver el espesor total sin perder estabilidad ni gravedad en su camino. Estas estructuras, de vocación claramente material, en contra de la desmaterialización que ofrece el anterior ejemplo buscan una presencia física mayor en la creación de una serie de recintos murarios de mínimo espesor y máxima densidad. Las obras realizadas por Richard Serra son el máximo exponente de esta definición espacial a través de densos planos. «La traducción plástica derivada de estos intereses es una preocupación por el espacio, por la geometría, por la ingeniería, por el uso de la luz para definir un volumen, por los materiales y procedimientos industriales y, en ocasiones, por la analogía con algunos elementos de la arquitectura, como vigas, pilares, dinteles –*Gate, T-junction, Maillart Extended*-. En otros casos, es la simulación de recintos murarios –*Walzstrasse I*-, de pasillos o corredores en obras formadas por dobles curves – *Serpentine*-, o la inspiración en plantas de edificios –*Torqued Ellipses*»[38].

Estos mismos conceptos son los que encierran la obra de Héctor Fernández Elorza en Alcalá de Henares, Madrid. Unos pequeños laboratorios

---

se en un bien inerme. Y también un material activo con el que hacer la arquitectura»; citado en: Fernando Espuelas, Madre Materia, (Madrid: Ricardo S. Lampreave, 2009), 138
[38] Maria Angeles Layuno Rosas, Richard Serra, (Hondarribia: Editorial Nerea, S.A, 2001), 69

actúan como un pabellón hermético de acero. Una serie de recintos se pliegan, formando paramentos que ofrecen unas variantes concretas dentro de un sistema. El ejercicio aumenta la fisicidad del espacio, mediante la inclusión de una serie de patios internos que alternan con la fuerte presencia de las chapas de acero laminado. Estos patios son utilizados para captar la luz, y aumentar la pátina del tiempo en las finas capas de materia mineral. Estas acciones devienen de la propia conceptualización de la materia, aumentando notablemente la sensibilidad espacial y la experiencia a través de ella. Esta presencia física es la misma que describe Juhanni Pallasmaa en *The eyes of the Skin*, cuando el arquitecto finlandés explica los valores que transcienden dentro de la obra de arquitectura. «Una obra de arquitectura no se experimenta como una serie de imágenes visuales aisladas, sino en su presencia espiritual y material completamente encarnada. Una obra de arquitectura incorpora e infunde tanto estructuras físicas como mentales»[39].

Un símbolo universal

Por primera vez en las construcciones arquitectónicas, nos encontramos ante la arquitectura del montaje. La materia mineral y, por ende, la arquitectura del acero toman heredado de la madera el nudo como mecanismo ancestral de construcción. El nudo como expresión tectónica primitiva para la cubrición del ser humano, el primer gran cobijo, la primera gran sombra artificial. Se entiende, tras esto, la voluntad tectónica de la unión en acero contribuye a la creación de un sistema, el cual era resuelto a través del roblonado y atornillado de los diferentes elementos de singular sección. Posteriormente, y gracias a las uniones soldadas, se consiguió una rigidez, continuidad, limpieza y precisión absolutamente novedosas. Así como, las uniones en madera están ocultas a través de cajeados mediante la talla de partes, consiguiendo un perfecto acoplamiento y en-

---

[39] Juhani Pallasmaa, The eyes of the Skin. Architecture and the Senses. Chichester: Willey-Academy., 1996; ed. utilizada: Juhani Pallasmaa, Los ojos de la piel, la arquitectura y los sentidos, (Barcelona: Editorial Gustavo Gili, 2014), 54

samblaje; las uniones en acero, por medio de la soldadura o la tornillería, obvian este encuentro en la tornillería dejando en suspensión la unión de las mismas cuando está presente la soldadura. Por tanto, la *tekné* y la voluntad de la época moderna se reunieron bajo el montaje arquitectónico como símbolo. Arte y técnica se encontraron en una singular unión, la cual nos mostró un nuevo camino moderno. Una apertura hasta entonces desconocida, la conquista de un espacio infinito a través de la tecnología[40].

Una vez expuesto el concepto de montaje como símbolo, se debe describir la condición sistemática del mismo como solución arquitectónica conceptual. Se ha nombrado a la soldadura, como la suspensión de la unión entre elementos. Esto se debe, a la resolución por medio de la acción de calor mediante una barra, la cual conecta dos productos acabados. Esta suspensión dota de una singular presencia al perfil empleado y al sistema. Si, simplemente, se pone la atención sobre el perfil aparece la noción de esbeltez, ligereza y facilidad. El perfil, por tanto, optimiza sus formas en relación a sus fuerzas. Tal y como adelantaba Louis I. Kahn al explicar la relación entre el perfil en «I», y el análisis de las fuerzas que su forma concentraba: «La viga en I es una realización de la ingeniería cuya forma deriva del análisis de las fuerzas que intervienen en su utilización. Está diseñada de tal modo que la proporción mayor de su área de sección en cruz se concentra lo más lejos posible del centro de gravedad. La forma se adaptó a la facilidad del proceso de laminado y, tras su examen, se vio que hasta los filetes que ayudaban en el laminado también permitían trasladar las fuerzas de una sección a otra sin interrupción»[41].

---

[40] «La primera implica la noción de Techné etimológicamente distinta pero relacionada con la de tectónica, derivada del verbo griego tikto, producir. El término alude a la existencia simultánea del arte y de la técnica, pues los griegos no distinguían entre ambas. ... La techné revela el status ontológico de una cosa gracias a la apertura de su valor epistemológico. En este sentido podríamos afirmar que el conocimiento y, por tanto, la belleza dependen del surgimiento de la cosidad»; citado en: Kenneth Frampton, Studies in Tectonic Culture: The Poetics of of Construction in Nineteenth and Twentieth Century Architecture. Cambridge: The MIT Press, 1995; ed. utilizada: Kenneth Frampton, Estudios sobre cultura tectónica. Poéticas de la construcción en la arquitectura de los siglos XIX y XX, (Madrid: Ediciones Akal, 1999), 33
[41] Louis I. Kahn en, Idem

Conceptos: Nudo - Símbolo, Instituto modelo Sur en Avellaneda, Buenos Aires, Esteban Tannenbaum, 2010

Conceptos: Assamblage - Símbolo, Casa Garoza, España, Juan Herreros, 2010

Esta suspensión de la gravedad y puesta en valor del perfil, se muestra en la unión realizada en la obra para el *Instituto Modelo Sur* en Buenos Aires, obra de Esteban Tannenbaum. La obviedad en la operación de montaje deja en suspensión la unión entre las partes. En esta obra el pilar no encuentra remate, al igual que Mies Van der Rohe en la Farnsworth, y continua en busca del cielo. Tras él, y en sus laterales, las vigas parecen unirse sin conocer excesivamente la materialización de este nudo, entendiendo, eso sí, la noción de montaje en el mismo. Aquí, se dignifica el valor de los perfiles, y se eleva al nudo como símbolo.

A su vez, la idea de montaje se puede obviar, por completo, mostrando las tornillerías o las placas. En definitiva exhibiendo el sistema que todo lo construye, dotando a la noción de montaje de una simbología especial. Así, la máxima expresión del montaje, se muestra en la noción de la trama y sus diferentes variantes. La trama como concepto y como símbolo. De esta forma, la evidencia de las uniones no deja nada sin mostrar, y la grandeza se deja en manos de un concepto hasta ahora, prácticamente, inédito: la ligereza. La búsqueda incansable de ésta, junto con la esbeltez, llevaron a una noción de abstracción en la arquitectura de las manos de la tecnología y su épica. Esta épica y salto de calidad evidencian la noción de montaje como método, como resolución a una tecnología específica. Una tecnología que, en palabras de Mies Van der Rohe, mostraba todo su significado en manos del hombre, elevando su símbolo al campo de la arquitectura. «La tecnología es mucho más que un método. En sí misma es un mundo. Como método es superior en casi todos los sentidos. Pero la tecnología solo revela su verdadera naturaleza cuando se la deja sola, como en las estructuras gigantes de la ingeniería. Es evidente que sólo es un medio útil, sino que también tiene significado y es una forma poderosa –tan poderosa que no resulta fácil dominarla...–. Cuando la tecnología logra su realización real, se transciende convirtiéndose en arquitectura»[42].

Esta obvia aparición de la tecnología como instrumento de montaje está perfectamente representada en la *casa Garoza* proyectada por Juan Herreros en Ávila. Esta pequeña vivienda modular recoge los fun-

---

[42] Mies Van der Rohe en, Ibid, 182

Conceptos: Inestabilidad, St. John Rotary Arc, EEUU, Richard Serra, 1975-1980

damentos básicos de la noción de montaje. La tecnología y el sistema del cual se ocupan la vivienda hereda, prácticamente, los conceptos de prefabricación de la *casa estándar metropole* planteada por Jean Prouvé. Se proyecta un entramado estructural, a fin de reducir sección y buscar una perfecta esbeltez. El montaje de la vivienda se realiza en fábrica, y se transporta hasta el lugar de implantación debido a su tremenda ligereza. La casa utiliza a la industria como componente de proyecto. Se proyecta lo que se permite montar, y se utiliza la noción de montaje al servicio de la arquitectura. De nuevo, se eleva al montaje hasta la categoría de símbolo.

Entre el equilibrio y la inestabilidad

Quizás los principales conceptos que acompañan a la manifestación del peso y la gravedad en la arquitectura son el equilibrio y la inestabilidad. Ambos conceptos no son valores únicamente relacionados al metal o el acero, éstos acompañan a la gravedad y al espesor. No obstante, el lugar donde se manifiestan con una mayor perseverancia es; en la arquitectura que deviene de la materia mineral, los metales y, más en concreto, del acero.

A través de estos conceptos, a los cuales Richard Serra hace referencia explícita en su obra[43], se ofrecen una serie de pautas y valores que estigmatizan la noción de peso. Estos valores de equilibrio e inestabilidad pueden ser directamente abordados desde el espacio que ellos nos ofrecen, desde los sentidos valorando los principios que acompañan a la obra en si misma, a través de la comprensión de los valores que directamente podemos per-

---

[43] «El peso es para mí un valor, no porque sea más atractivo que la ligereza sino porque sencillamente sé más sobre el peso que sobre la ligereza, y por tanto tengo más que decir sobre él, más que decir sobre el modo de equilibrar un peso, de disimularlo, de añadirlo o sustraerlo, de concentrarlo, de suspenderlo, de apoyarlo, de colocarlo, de cerrarlo, de establecer sus efectos psicológicos, de desorientarlo, de desequilibrarlo, de hacerlo rotar, de hacer que se mueva, de darle dirección, de conferirle una forma. Tengo más que decir sobre los perpetuos y meticulosos ajustes de peso, más que decir del placer que obtengo de la exactitud de las leyes de la gravedad. Tengo más que decir sobre la forja, la acería y el horno industrial»; citado en: Richard Serra, Richard Serra. Escritos y entrevistas 1972-2008, (Pamplona: Cátedra Jorge Oteiza, Universidad Pública de Navarra, 2010), 182

Conceptos: Infinito, Mile Long Drawing, EEUU, Walter de Maria, 1968

Conceptos: Ritmo, Bed of Spikes, EEUU, Walter de Maria, 1968

cibir. Es indudable, que la inestabilidad y el equilibrio están relacionados al finísimo espesor de las planchas de acero que buscan soportarse a si mismas. Esta percepción visual nos hace enfrentarnos a la noción de equilibrio relativa. Igualmente, al conocer el peso del acero y la densidad del material, se percibe la inestabilidad en el mismo cuando se trabaja con tan poco espesor como en la obra *St. John Rotary Arc*, de Richard Serra.

Estos mismos valores de inestabilidad y equilibrio son recogidos en la *Neue National Gallery* de Berlín. La gran cubierta se apoya sobre ocho pilares desplazados de las esquinas, a fin de liberar las mismas y dotar al plano suspendido de una mayor presencia. El ejercicio resuelve todos los elementos en acero y, mediante un sistema de vigas bidireccional amplia la sensación de inestabilidad en los elementos que soportan la cubierta. Equilibrio e inestabilidad se encuentran en los finos cantos de soportes y planchas de acero de sendas obras.

Estos mismos valores se recogen en la extensa y precisa obra de Walter De Maria. Mecanismos de proyecto como la invisibilidad y la desaparición se tornan fundamentales para entender, que inestabilidad y equilibrio son parte indivisible de las finísimas secciones del acero.

El propio De Maria, al hablar sobre el minimalismo y el *Land Art* en una entrevista en 1972, confiesa su propio posicionamiento al afirmar: «Creo que para ser un verdadero minimalista, casi deberías de ser invisible»[44]. Este radical posicionamiento, en el cual la materia pierde presencia en aras de dotárselo al espacio, toma sentido en la propia obra del artista al construir un mapa rítmico de soportes de finísima sección. Estos soportes demarcan un espacio sin límite, un espacio infinito, tal y como afirma el propio De Maria. «La noción real de un espacio infinito es quizás uno de los pocos pensamientos que merece la pena pensar más de una vez»[45].

---

[44] Walter De Maria en, Janne Mcfadden, Walter De Maria. Meaningless Work (London: Reaktion Books Ltd, 2016), 16. T. del original: «I think to be a true minimalist you should almost nearly be invisible yourself»
[45] Walter De Maria en, Stephen Hoban, Alexis Lowry, Jessica Morgan, Walter de Maria the

Conceptos: Equilibrio e Inestabilidad, The Lightning Fields, EEUU,
Walter de María, 1977

Esta propia noción del infinito ligada a una relativa inestabilidad ha sido explorada por De Maria con anterioridad a *lighting field*, actuando en el propio desierto del Mojave Californiano, mediante el dibujo de una línea de una milla de longitud, *Mile long Drawing,* en 1968.

No es casual que De Maria realizase *Lightning Field* con unas finísimas barras de acero hincadas en el desierto americano. Con anterioridad, en *bed of spikes,* se ejecutó una obra con una tremenda noción rítmica de espacio y tiempo, ésta, que podría ser definida como *Hic et nunc*[46], hizo presente una mapa tejido con puntos de acero. Un mapa que dotó de ritmo al espacio de «cama» que definía. La esbeltez y la ligereza de los elementos consiguen un grado de abstracción, a través de los matices que el acero en su tersura le ofrecen. Una abstracción que evidencia el equilibrio de una obra que nace del propio orden, seriación y ligereza del mapa propuesto.

Ubicada en el desierto de Nuevo Mexico, *lightning field* es un *site specific Land Art* creado por Walter De Maria. La obra propone un mapa de puntos mediante la hinca de una serie de postes de acero de esbeltísima proporción, que colocados en una cuadrícula de una milla de largo por un kilómetro de ancho definen un perímetro de manera absolutamente abstracta. El aislamiento requerido por este *Land Art* genera la presencia del mismo. Por primera vez una obra de arte hace visible lo invisible, muestra equilibrio e inestabilidad a través de la creación de un mapa de puntos que se puede leer durante todas las estaciones del año. Este mapa se torna más presente cuando una tormenta eléctrica aparece. Es en este momento donde se muestran las cuatrocientas estacas de acero inoxidable pulido, de idéntica cota que no altura, soportando un vidrio imaginario, que hace funciones de un techo en perfecto equilibrio sobre las puntas de estas estacas tubulares[47].

---

lighting field (Nueva York: Dia Art Foundation, 2017), 11. T. del original: «The real notion of an infinite space is perhaps one of the few thoughts that is worth thinking about more tan once»
[46] Hic et nunc: Locución latina que hace referencia a la noción espacio-temporal de la realidad, aquí y ahora. Se entiende como la construcción de la realidad sin partir de conceptos abstractos.
[47] Ibid, 18. «Todos las estacas son paralelas, y los espacios entre ellas tienen una precisión de 1/25 de pulgada. La distancia, en diagonal, entre dos polos contiguos es de 311 pies. Si se colocan de extremo a extremos, las estacas cubren una longitud de más de una milla y

Lightning Field, requiere de un aislamiento y la capacidad de abstracción del material que lo soporta. Aquí se construye un perímetro, se materializa un límite a través de la precisa multiplicación de puntos de igual dimensión y capacidad portante. La obra desaparece y se desvanece por medio de los matices que el propio material propone. *Lightning Field*, al igual que la casa propuesta por Craig Ellwood, propone el uso de la industria a favor del paisaje, haciendo evidente el territorio a través de las condiciones estáticas que este material ofrece y que, posteriormente, las estrategias de la materia mineral evidencian.

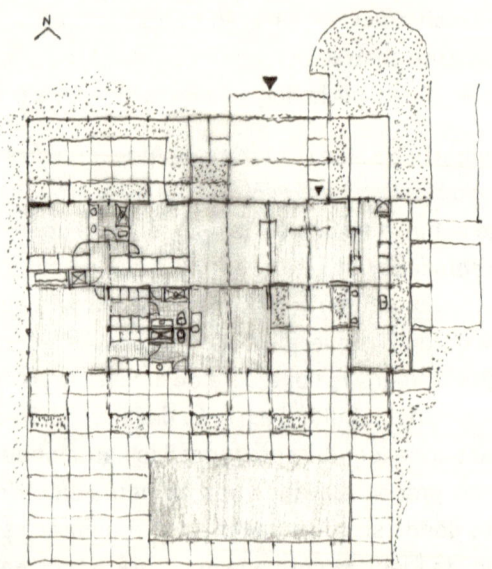

Casa en Beverly Hills, EEUU, Craig Ellwood, 1958

media [8.240 pies]. El plano de estacas soporta, uniformemente, una lámina de vidrio imaginaria. Durante la mitad del día entre el 70 y el 90 por cien de las estacas se vuelve prácticamente invisible debido al alto ángulo solar». T. del original: «All poles are parallel, and the spaces between them área accurate to withing 1/25 of an inch. Diagonal distance between any two contiguous poles is 311 feet. If laid end to end the poles would stretch over one and one-half miles [8.240 feet]. The plano of the tips would evenly support and imaginary sheet of glass. During the mid portion of the day 70 to 90 percent of the poles becomes virtually invisible due to the high angle of the sun».

MATERIA FLUIDA

Una masa informe

La última y más compleja materia de las que se ocupa esta exploración es una masa que le debe su condición existencial al sumatorio de diferentes sustancias con unas condiciones determinadas para conformar una mezcla material llamada *opus caementicium*, *béton*, *concrete* u hormigón. Esta masa fluida, mejor dicho, esta materia fluida también conocida como piedra líquida, se ocupa de invadir y rellenar los espacios entre las cuales es vertida. De esta forma, se adoptan y portan las trazas, marcas y memoria del soporte originario. Como tal, esta materia actúa como un perfecto soporte artístico y estilístico. Como un mapa de marcas al igual que los antiguos egipcios utilizaban las paredes para trasladar sus jeroglíficos en el tiempo, el hormigón utiliza su superficie para transportar las señales del «cofre» que lo conforma, del espacio negativo existente[1].

Se debe comenzar por cuestionar si esta materia o, ya más en concreto, si este material, se enmarca en un tipo constructivo determinado. ¿Es una construcción tectónica?, ¿es estereotómica?, ¿participa de ambas?. El hormigón es una mezcla homogénea de agua, cemento y áridos que tiene como principales cualidades: la masa, la solidez, la plasticidad, la compacidad, el volumen y la resistencia a compresión. De esta última cualidad, se puede afirmar que el hormigón es un tipo constructivo estereotómico, en continuidad. No obstante, la tecnología y el desarrollo que sucedió a finales del siglo XIX y principios del XX propició que esta masa informe llamada *béton*, mediante la adición de una serie de armados provenientes de las construcciones en acero se convirtiera en *béton arme*[2], pasando a ser parte del tipo constructivo tectónico.

---

[1] «En el muro materializado, se integran en la unidad funciones, formas y materias»; citado en: Jesus Mª Aparicio Guisado, El muro, (Buenos Aires: LibreríaTécnica CP67 S.A., 2000), 209
[2] «El hormigón como amalgama no tiene forma implícita alguna y puede, por tanto, adquirir cualquier forma intangible»; citado en: Andrea Deplazes, Architektur konstruieren. Vom Ro-

La fábrica Vicat en Valdonne, Francia, 1853

Por tanto, se puede asegurar que, por primera vez, nos encontramos ante una materia que puede tomar cualquier tipo de traza o marca. Una materia que nos descifra el espacio negativo que la contiene. Una materia que navega cómodamente entre lo tectónico y lo estereotómico. Una materia que, en definitiva y como describe el profesor Akos Moravanszky, tiene una tremenda capacidad de adaptación, transformación y metamorfosis.

El hormigón que se conoce hoy en día encuentra sus orígenes en el *opus caementicium* y *opus concretum* romanos. A partir de ahí, se estiló y depuró su técnica para llegar al material actual siendo este el segundo material mas usado en la tierra (por peso), tras el agua. Para entender su origen etimológico, mejor dicho, su herencia, se debe ahondar en dos países que desarrollaron técnica e imagen como estandarte en la construcción con este material, Reino Unido y Francia. Del lado británico, la palabra *concrete*, y del francés, *béton, béton arme y béton brut*, se ocuparán, a continuación, de indicarnos los caminos y orígenes que explican este complejo a la par que sensible material.

Al indagar en la raíz etimológica de la palabra francesa *béton*, se encuentra que proviene del francés antiguo *betum*, que traducido a nuestra lengua significa betún y tiene sus orígenes en el termino latín *bitumen*. Este último viene a describir la resina oscura que rezumaba del abedul y, que físicamente se manifestaba a través de una masa viscosa informe negra. Por el contrario, el termino inglés *concrete* deriva directamente del tipo constructivo romano *opus concretum* u *opus caementicium*. Para reconocer las partes de las cuales se ocupaba el *opus caementicium*, se debe explicar por separado ambos términos, *opus* y *caementicium*. *Opus*, se refiere a trabajo de construcción y se ocupa, en la arquitectura clásica romana, de definir aquellas diferentes variantes de muros, paramentos y elementos constructivos en la arquitectura. En definitiva, los diferentes tipos de «obras» a utilizar. Por su parte, *cae-*

---

hnmaterial zum Bauwerk. Basilea: Birkhäuser Verlag, 2008; ed. utilizada: Andrea Deplazes, Construir la arquitectura del material en bruto al edificio. Un manual, (Barcelona: Gustavo Gili, 2010), 60

menticium proviene de *caementum*: estos son los escombros provenientes de piedra demolida y piedra en bruto mezclada con mortero y guijarros, que se vertía en el interior de los diferentes *opus* (obras de fábrica) que construían los muros de las obras romanas. Por tanto, se entiende que desde un inicio los conocidos *opus caementicium* o el *béton* aparecen como masas informes que deben ocupar espacios o que sirven, por contrapartida, para rellenarlos o expandirlos. Ambos campos exploran esa facilidad para el cambio, la adaptación o la colonización de esta singular materia. El experto en brutalismo y célebre historiador británico, Barnabás Calder describe su pasado a través de su doble origen noble y humilde. «La palabra inglesa hormigón refleja la noble tradición romana del *opus concretum*, pero las palabras romanas y francesas para hormigón provienen de un origen más humilde, el *betum* del francés medieval que significa rublo, basura o suciedad»[3]. Previamente a describir los diferentes factores que se ocupan de configurar el «alma» del hormigón, se debe nombrar la condición artístico-cultural que supuso el mismo en su evolución como material de construcción.

El hormigón fue y es fuente de pioneros. Desde un inicio fue un paso adelante en la técnica constructiva y, como ya se ha adelantado, el mismo se vio distanciado de un tipo constructivo determinado (como posteriormente definiremos en sus factores) para formar parte de los grandes avances en la técnica que aparecieron en el cambio de siglo. Como indica Kenneth Frampton en *Modern Architecture: A critical history*[4], en 1800 Louis Vicat, a través de sus investigaciones mediante la creación de moldes de madera para el posterior vertido de hormigón, comenzó a sustituir la construcción tradicional estereotomica francesa en *pisé*[5]. Un poco después, hacia

---

[3] Barnabas Calder, The beauty of brutalism, Raw Concrete, (Londres: William Heinemann, 2016), 27. T. del texto original: «The English Word *concrete* reflects the noble Roman tradition of *opus concretum*, but the German and French words for concrete (*beton and béton*) are from a humbler root, the Middle French *betum* meaning rublle, rubbish or dirt»

[4] Kenneth Frampton, Modern Architecture: A Critical History. London: Thames and Hudson, 1980; ed. utilizada: Kenneth Frampton, Historia y Crítica de la arquitectura moderna. Barcelona: Editorial Gustavo Gili, 1998

[5] Pisé: tierra compactada para la construcción de viviendas y granjas en Francia.

mitad del siglo XIX, Joseph Monier produce diferentes tipos de moldes en una especie de hormigón armado para resolver pequeños elementos prefabricados tales como jardineras. Sin embargo, no es hasta finales de ese mismo siglo, cuando François Hennebique[6] lideró las estructuras de hormigón armado.

Definidas las cuestiones conceptuales-etimológicas, culturales e históricas que se ocupan del hormigón. A continuación, se descifrarán los factores que influyen a la hora de operar con esta masa. Estos factores serán descritos por la capacidad de transformación e indeterminación de dicha sustancia. La masa mesurable y concreta descrita en palabras del profesor Fernando Espuelas de la siguiente forma: «*Masa* es el primer nombre de la materia, el más elemental, de manera que podemos decir que la masa es la materia sin atributos. De hecho proviene del griego *mása*, que nombraba al pan de cebada. La masa entre los jonios determinaba la materia primordial en cuanto las *quantitas materiae*. En el lenguaje cotidiano, la masa es la concreción de la materia prima aristotélica, es maleable, troceable, moldeable.»[7]. Por tanto, las siguientes condiciones dependerán directamente de la capacidad adaptativa de la propia masa primitiva. De la metamorfosis que se ocupa de los principios propios de la misma.

---

[6] «Hennebique se familiarizó con el hormigón armado en 1880 en un esfuerzo por desarrollar sistemas más económicos de solado de hormigón y acero a prueba de fuego. ... Hennebique difundirá su sistema de hormigón armado enseñando su aplicación bajo licencia a contratistas. El *status* de esta nueva técnica fue tal que el hecho de estar certificado como "contratista Hennebique" era un título de prestigio. Sobre estas bases, el padre de Perret, el contratista Claude-Marie Perret fue persuadido por su hijo para emplear el sistema Hennebique en la estructuras de los apartamentos construidos en el 25 bis de la rue Franklin, París»; citado en: Kenneth Frampton, Studies in Tectonic Culture: The Poetics of of Construction in Nineteenth and Twentieth Century Architecture. Cambridge: The MIT Press, 1995; ed. utilizada: Kenneth Frampton, Estudios sobre cultura tectónica. Poéticas de la construcción en la arquitectura de los siglos XIX y XX, (Madrid: Ediciones Akal, 1999), 124
[7] Fernando Espuelas, Madre Materia, (Madrid: Ricardo S. Lampreave, 2009), 20

Fundamentos: Metamorfósis, Lucht en water, Paises Bajos, Maurits Cornelis Escher, 1938

Principios de transformación material

El factor más importante que define a este material es su capacidad de transformación. Se puede decir que el hormigón es un material que encuentra en la metamorfosis y el cambio de estado que se produce en su proceso de fraguado, una importante evolución constructiva. Nunca se había trabajado con un material que se vertiese entre elementos o, que se proyectase sobre ellos para funcionar como material de construcción. Esta capacidad de transformación se ve reflejada en el paradigma material del mismo. El hormigón es una materia fluida que está compuesto por una amalgama de elementos de características pétreas. Este, se comprende como piedra líquida en su estado final, tras el fraguado en el cual se muestra compacto y firme. Por tanto, se debe nombrar, por primera vez, la táctica que, posteriormente, veremos se ocupa de la cuestión conformante en esta materia y que, en palabras de Andrea Deplazes, es «la estrategia de la construcción del encofrado».

En definitiva, la capacidad de transformación y cambio, la metamorfosis que este material comporta está directamente ligada, en primer lugar, a su composición y, en segundo, a su dosificación. Esta dosificación se realiza basándose en la adecuada mezcla de sus componentes actuales: árido, cemento Portland y agua. Se busca fijar las propiedades específicas del mismo, el proceso de elaboración[8], la resistencia, la durabilidad y los costes. Esta metamorfosis se advierte, igualmente, en su superficie que como se describirá, posteriormente, se transforma adaptándose en función del encofrado y los diferentes tratamientos que se le proporcionan.

---

[8] «El hormigón visto es el estado final de diversos procesos de transformación y metamorfosis que han legado determinadas huellas [una suerte de de memoria de estados físicos anteriores]»; citado en: Andrea Deplazes, Construir la arquitectura del material en bruto al edificio. Un manual, (Barcelona: Gustavo Gili, 2010), 60

Fundamentos: Mito moderno, Silos de hormigón en Buffalo, EEUU, s. XX

Un espacio a la espera

El segundo factor importante del hormigón es su indeterminación. Este segundo requerimiento está ligado a su capacidad de transformación, a la condición cambiante del mismo y, como se verá posteriormente, a las técnicas productivas de este. Ya sean materiales o espaciales. Espacio, forma y estructura se encuentran, por primera vez, en un material a través del uso de un segundo actor que le ofrece su verdadera apariencia y lo encorseta, tal y como afirma Andrea Deplazes[9] sobre el encofrado. Nada más lejos de la realidad ese supuesto corsé confiere al hormigón siempre un lugar de cobijo, tanto al ser vertido, como al ser proyectado sobre él mismo (cómo realiza Christian Kerez en su obra para la Bienal de Venecia 2016). Este supuesto obstáculo fue siempre un medio maravilloso de experimentación, y propició una nueva evolución en la relación entre materia y espacio antes desconocida. Por primera vez una materia es el sumatorio de todas las demás materias. De este modo, el nuevo material aparece como medio de investigación infinito y, por tanto, se debe hacer hincapié en el mismo como motor arquitectónico durante el cambio de siglo, las vanguardias y el Movimiento Moderno.

Así como en el resto de las materias se encuentran determinados límites físicos que ofrecen una serie de limitaciones a la hora de ser trabajados, la construcción con hormigón, que conocemos hoy en día, aparece a la par que la revolución industrial. Por tanto, este encuentro entre la maquina y el material expande los límites del mismo. El espacio que recogemos del hormigón puede tomar prestadas las herencias de cada una de las materias aquí presentadas o incluso ser la suma de todas ellas. El hormigón construye recintos y pórticos, es estereotómico y tectónico, en definitiva, es materia-espacio a la espera de ser determinado. El hormigón, en palabras del brillante crítico Reyner Banham, es

---

[9] «¡el hormigón debería liberarse de su encofrado! De ese corsé tectónico, tecnológico e iconográfico»; citado en: Andrea Deplazes, Architektur konstruieren. Vom Rohnmaterial zum Bauwerk. Basilea: Birkhäuser Verlag, 2008; ed. utilizada: Andrea Deplazes, Construir la arquitectura del material en bruto al edificio. Un manual, (Barcelona: Gustavo Gili, 2010), 60

el material del mito moderno tal y como cita en *A Concrete Atlantis*[10]. «Es posible que la auténtica América de "la arquitectura colosal utilitaria de grandes formas", expresión que Wilhelm Worringer había utilizado refiriéndose a los elevadores, fuera un "ámbito de civilización desprovisto de mitos", pero Europa, por el contrario, parece haber sido la cuna de la moderna mitología»[11].

Como en el resto de materias, el hormigón presume de un proceso más o menos complejo de transformación de polvo a masa trabajable. Antes de describir las diferentes condiciones técnicas que influyen en la manipulación del mismo y que son fuente de acción proyectual, las etapas del hormigón destacan por tomar determinados procesos de las otras materias estudiadas en esta investigación, puesto que en cierto sentido e incluso rigor académico, se produce de la misma forma que en otras materias, como veremos a continuación.

Del polvo a la masa[4]

Al igual que el ladrillo, esta materia debe ser procesada mediante diversos molidos, y cocida para obtener un polvo que, posteriormente, se humecta y mezcla con los áridos para conseguir una masa. A su vez, se utilizan «piedras» o, mejor dicho, áridos procedentes del canteo de las mismas. Por tanto, se toman elementos del proceso de transformación y obtención de la piedra. Se puede decir que se dota de una segunda vida a los derivados de la piedra extraída. Entonces, las etapas de producción, tal y como cita Andrea Deplazes, de este polvo en masa para ser dominada por el hombre y dar forma al espacio arquitectónico o elemento arquitectónico constructivo, se dividen en dos campos. El primer campo se ocupa de la producción del cemento, y el segundo de la mezcla con los áridos, el agua y los aditivos que posteriormente la componen.

---

[10] Reyner Banham, A Concrete Atlantis. (Cambridge: The MIT Press, 1986); ed. utilizada: Reyner Banham, La Atlántida de Hormigón, Madrid: Editorial NEREA, S.A., 1989
[11] Ibid, 170

En la primera etapa, la correspondiente a la producción del cemento, las técnicas de *extracción y machacado del mineral* se encargan de este proceso. Para ello, se necesita más de 1,5 t. de mineral (piedra caliz, marga o arcilla), para obtener 1 t. de cemento Portland, pues durante el proceso de cocción se eliminan dióxido de carbono y agua de los mismos. Ya en la cantera, el mineral en bruto extraído se reduce hasta conseguir fragmentos del tamaño de un puño.

El segundo paso a realizar es la *mezcla y molido del mineral hasta su pulverización.* Aquí, como resultado de la mezcla de los diferentes componentes de los minerales en bruto, se obtiene la composición química adecuada. El mineral en bruto extraído, se reduce hasta conseguir fragmentos del tamaño de un puño.

El tercer proceso se encarga de la *cocción del polvo hasta la obtención de clínker.* Esta cocción a temperaturas de unos 1450 °C constituye una etapa central de la producción de cemento. Antes de que el polvo se introduzca en el horno rotatorio, pasa a través de la torre de intercambio de calor y se precalienta a casi 1000 °C, saliendo del horno como clínker incasdescente y ,a continuación, se enfría rápidamente con aire. Como combustibles se emplean carbón, fuel, gas natural y también, cada vez con mayor frecuencia, otros materiales combustibles alternativos, como la madera vieja o el barro seco libre de impurezas.

La última fase de esta primera etapa es *la cocción del clínker con yeso y materiales añadidos hasta al obtención del cemento.* Aquí, para que del clínker surja un producto capaz de reaccionar, se le añade una pequeña cantidad de yeso en un dispositivo de molido para que actúe como regulador de la solidificación. Según el tipo de cemento que se añada al Clinker en el molido, con materiales de origen mineral (piedra caliza, polvo de sílice, escorias granuladas de alto horno, pavesas-carbón mineral), se obtienen los denominados cementos Portland o de alto horno.

Tras esta primera etapa productiva, se obtiene el polvo llamado cemento Portland. Este polvo es el componente de producción artificial que se le añade a esta mezcla. Posteriormente, se unirán agua de amasado, áridos procedentes de cantería y aditivos (si fuera necesario) que producen diferentes variantes en el mismo. Por ejemplo, plastificantes, estabilizantes o retardadores de fraguado. En esta fase, el hormigón gana algunas cualidades y, finalmente, se convierte en una masa que muta hacia una piedra líquida[12]. Una vez hemos obtenido este valioso polvo mezclado con los áridos y los aditivos mediante agua de amasado, se encuentra ante nosotros una mezcla que, como ya es sabido, tiene determinadas condiciones pero que está en un estado informe. Esta singular circunstancia, que aparece por primera vez en la arquitectura, ofrece una nueva visión de esta materia y sus gradientes de uso y vertido.

De igual forma, su facilidad de ejecución en la construcción abre un gran abanico de posibilidades de uso. Este abanico se ve claramente expuesto en los procesos que transforman, conforman y construyen esta materia fluida en espacio. Estos procesos se recogen en la siguiente tabla resumen. En ella, se exponen y entrelazan los mecanismos de trabajo material que dan el salto cualitativo de la masa fluida al espacio.

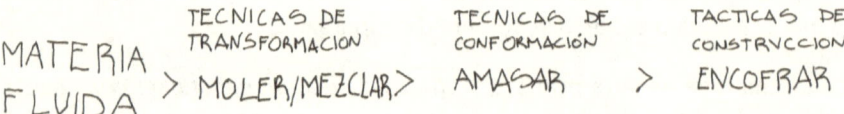

Procesos de la Materia Fluida

---

[12] «La clave es entender el hormigón como una *piedra líquida* . A partir de ahí explora sus capacidades, primero portantes, después expresivas y por último, táctiles»; citado en: Fernando Espuelas, Madre Materia, (Madrid: Ricardo S. Lampreave, 2009), 62

De la masa a la piedra

La materia fluida o las construcciones en la ya nombrada *piedra líquida*, se deberán de realizar superando una serie de conformaciones y cambios que se describen en las técnicas y las tácticas de la materia fluida. En primer lugar, se muelen los elementos constitutivos del polvo cementíceo para conseguir mediante un machado complejo el Portland. Tras este proceso y, mediante la adición de agua y áridos, esta mezcla de elementos autónomos se transforma en una *masa activa*. Una vez se ha conseguido dicha masa activa es necesario conformar el primer elemento arquitectónico o, mejor dicho, el sistema pasivo que lo construye, ya sean pilares, pórticos o muros. De esta serie de elementos o tipos constructivos, se ocupará la táctica de proyecto por medio del encofrado. Finalmente, mediante la estrategias de proyecto como se verán en la parte tercera[13], se construirá el límite que esta materia nos ofrece, y nos acercaremos mediante la substracción o expansión de la piedra líquida.

Esta compleja dualidad es señalada por el profesor emérito Akos Moravanszky, cuando expone la relación entre encofrado tectónico y volumen amasado. «No hay una similitud aparente entre las formas negativas y positivas. De acuerdo con los principios semeperianos del sistema de los cuatro elementos, el encofrado es una construcción tectónica y el volumen de hormigón una cerámica (arcillosa) que, como ha demostrado Rudolf Schwarz, muestra similitudes con la sedimentación de la tierra»[14].

A continuación, se expondrán las técnicas de conformación y transformación de la «Materia Fluida». Se realizará una descripción que conceptúa técnica y espacio en un determinado momento. Para ello, se

---

[13] Véase Parte Tercera, Estrategias de la Materia, pág. 432-440
[14] Akos Moravanszky, Metamorphism material change in architecture (Basilea: Birkhauser Verlag GmbH, 2018), 279. T. del texto original: «There is no apparent similarity between the negative and positive forms. According to Semper's system of the four elements, the formwork would be a tectonic construction and the concrete volume a ceramic one which, as Rudolf Schwarz has shown, exhibits similarities with the sedimentation of the earth»

explicarán los procesos transformadores materiales, para conseguir obtener procesos conformadores espaciales mediante tres acciones específicas de esta materia: el molido/mezclado y el amasado.

El origen de la palabra «moler»[15], y la más interesante de todas las acepciones que este término toma, proviene del latín *molĕre*. Como ya se ha podido observar, *moler deviene de mover, y mover indica desgaste, tiempo, trabajo; en definitiva, la acción del hombre.* Esta acción, en concreto, tiene dos acepciones interesantes dentro del diccionario de la DRAE. *La primera de ellas, se refiere de una manera explícita al acto de obtención del polvo. La reducción mediante la acción continuada de un cuerpo, nosotros le podemos llamar árido mineral, de esta primera sustancia. El segundo de los significados que nos interesan une trabajo y manipulación mediante la acción de desgaste, tanto de estos* «cuerpos» *en concreto, como de las personas que se encargan de realizar el trabajo de manipulación.* Trabajo y dominado material se unen bajo la técnica de moler esta materia en una primera etapa. Una vez obtenido el polvo proveniente del molido, se realizará una operación que amalgama y complejiza a esta masa, la mezcla.

El sentido de la palabra «mezclar»[16] está claro desde sus orígenes. Al igual que se encuentra que mezclar deriva de *mesclar*, esta última proviene directamente del latín clásico *miscere*. Esta noción de mezcla, se trata de una reunión de elementos que se juntan bajo una misma masa de cualquier modo. Estos se confunden sin constituir estructura alguna para generar una masa informe. Esta última descripción relaciona hormigón y acción bajo el paradigma de la mezcla. A su vez, al realizar el análisis concreto de las diferentes acepciones, se encuentra que, en tres de los casos, nuestra lengua siempre se ocupa de incorporar, unir, alterar e introducir una cosa en otra, la unión de elementos diferentes que resur-

---

[15] *Moler:* Del lat. *molĕre.* Conjug. c. *mover.*
1. tr. Quebrantar un cuerpo, reduciéndolo a menudísimas partes, o hasta hacerlo polvo.
3. tr. Cansar o fatigar mucho. *Estoy molido de tanto trabajar. El paseo me dejó molido.*
[16] *Mezclar:* De *mesclar.*
1. tr. Juntar, unir, incorporar algo con otra cosa, confundiéndolos. U. t. c. prnl.
2. tr. Alterar el orden de las cosas, desordenarlas.
6. prnl. Dicho de una cosa: Introducirse en otra, participar de ella.

gen de la mezcla de los mismos para completar un nuevo ente, una nueva masa. Bajo esta aseveración, se comprende que masa, material y espacio se mezclan y confunden bajo esta materia aglomerante, tal y como explica, brevemente, Katrin Hanses en los fundamentos del hormigón: «consiste en una serie de elementos diferentes, que pueden ser usados como factores para determinar y definir su desempeño»[17].

Conocidas las técnicas que conforman esta sumatorio de elementos en un polvo continuo y de complejas cualidades. A continuación, se realizará una exploración sobre la técnica que constituye masa y espacio, el amasado.

Previo a entrar a la definición concreta de la acción del amasado, se debe definir la misma desde la etimología de esta palabra compuesta. Amasar[18] proviene de «a» más masa. Así, el prefijo «*a*», del griego, indica la negación o carencia de masa. Por su parte, proviene del latín *massa*, que a su vez deriva del griego *madza*, refiriéndose a un pastel hecho de harina o, en general, a aquellas mezclas provenientes de la mezcla de agua y harina. Si se divaga hacia la masa de pan y, más en concreto, a la *masa madre* que se requiere para la realización del mismo, uniéndose un término que ya se ha vertido y explicado con anterioridad en esta investigación[19]. Por tanto, no es baladí asegurar que amasar es la acción que transforma una suma de componentes heterogéneos en una masa matérica homogénea.

Expuesta su raíz etimológica principal, se procederá a desengranar las definiciones reseñadas. La primera de ellas, toma la raíz principal de la propia palabra para descifrar de nuevo el concepto de crear una

---

[17] Katrin Hanses, Basics concrete constructions, (Basel: Birkhäuser Verkag AG, 2015), 73. T. del orginal: «It consist of a number of different elements, which can be used as factors in determining and defining its performance»
[18] *Amasar*:
1. tr. Formar o hacer masa, mezclando harina, yeso, tierra o cosa semejante con agua u otro líquido.
3. tr. Formar mediante la combinación de varios elementos.
4. tr. Unir, amalgamar. U. t. c. prnl.
5. tr. coloq. Disponer bien las cosas para el logro de lo que se intenta. U. m. en sent. peyor.
[19] Ver parte primera, Definición de materia. pág. 37-40

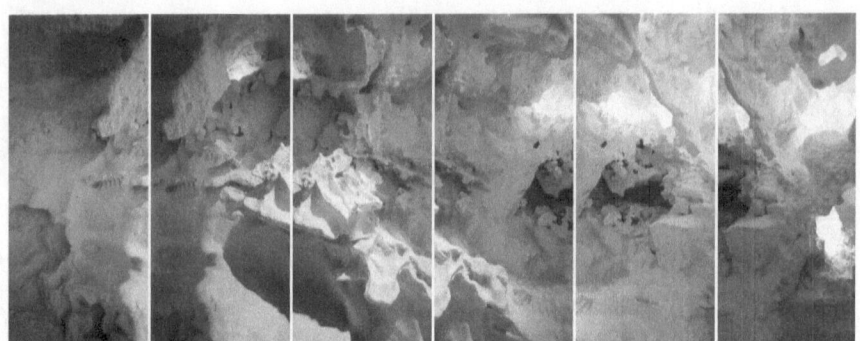

Técnicas de transformación: Mezclar, Incidental Space, Italia, Christian Kerez, 2016

*Técnicas de conformación: Amasar,
Incidental Space, Italia,
Christian Kerez, 2016*

masa, ya sea de pan, yeso, tierra (aparecen por primera vez materiales de construcción en la definición) o cualquier cosa semejante. Aquí se admite dada la naturaleza constructiva y agrupadora de esta definición, la acción de ejecución sobre la masa de hormigón. La segunda de las definiciones que describen el proceso, se ocupa de dictaminar la idea de composición homogénea a partir de elementos heterogéneos por medio de la combinación. Un proceso que encontramos continuamente en la formación del hormigón. A continuación, aparece el tercero de los conceptos que a su vez se entiende como respuesta constructiva propia del hormigón: unir o amalgamar. Hacer que todo trabaje solidariamente y en continuidad. Por último, se define amasar como realizar bien algo. Constituirlo bien y llevarlo a cabo correctamente.

Antes de describir las tácticas de proyecto ya avanzadas, se conceptualizará la acción de amasado. Para esto, se deberá entender la operación espacial que se realiza mediante la mezcla de elementos distintos, los cuales mediante la adición de un componente líquido (agua) generarán una sustancia que da pie a una multiplicidad de formas, gracias a la táctica de proyecto. Gracias al encofrado. Esta acción espacial, tal y como expresa Henri Focillon, une indisolublemente materia y espacio. «La forma está siempre en el deseo de acción es la acción. No puede abstraerse de la materia y del espacio y, antes de tomar posesión de ambos, ya vive en ellos»[20]. Un ejemplo de esta operación de amasado espacial, se encuentra en la propuesta presentada para el pabellón suizo de la bienal de Venecia 2016 por el arquitecto Christian Kerez, y su ejercicio *Incidental Space*. En este, se utiliza la técnica de hormigón proyectado (conocida como gunitado), para generar una masa densa suspendida de condiciones homogéneas. Esta masa aparece como una nube, una suerte de espacio cavernoso primitivo que nace de la propia aplicación de esta materia fluida en un estado líquido. Por tanto, Kerez crea una solución informe que responde a las condiciones características del material empleado en un estado completamente liberado[21].

---

[20] Henri Focillon, Vie des formes et Èloge de la main. Paris: Biblioteque de philosophie contemporaine, 1937; ed. utilizada: Henry Focillon, La vida de las formas y Elogio de la mano, (Madrid: Xarait libros SA, 1983), 46

[21] «¡el hormigón debería liberarse de su encofrado! (de ese corsé tectónico, tecnológico e iconográfico)»; citado en: Andrea Deplazes, Architektur konstruieren. Vom Rohnmaterial

Tácticas de construcción: Encofrar, A Cast on the Space under my Chair, EEUU, Bruce Nauman, 1968

Hasta ahora se han comprendido las técnicas de la materia fluida, que se encargan de conformar y transformar la materia y el espacio. A continuación, se describirá el proceso que se ocupa de construir y controlar la masa informe de hormigón proveniente del molido, mezclado y amasado de este, el encofrado. Así como en las técnicas de elaboración se ha presentado al hormigón como una masa liberada del corsé tectónico, en palabras de Andrea Deplazes, o incluso estereotómico que la domina, la táctica configuradora del espacio constituido por el hormigón es el molde que se ocupa de ella. Este molde, se verá que es capaz de presentar los dos tipos constructivos ya conocidos. Las construcciones masivas estereotómicas o de elementos lineales superpuestos tectónicos. Por primera vez, un material permite construir de manera infinita espacios continuos y discontinuos simultáneamente. Masa y esqueleto al servicio de la construcción arquitectónica. Esta compleja condición material permite al hormigón ser un material multiusos. Un mapa de marcas y la solución constructiva definitiva. Esto se debe a su fácil adaptación formal, al ya nombrado encofrado y a la acción táctica que activa al muro, encofrar[22].

La táctica que se ocupa de la acción proyectual de construir el espacio que deviene del hormigón se llama encofrar. Encofrar es una palabra compuesta por dos raíces: el prefijo «en-», que proviene del latín *in*, el cual indicaba «dentro de» o «sobre». Esta definición hace referencia a encerrar o encajonar y, por último, expresa la idea de colocar o construir, de ahí enladrillar. Por su parte, cofre deviene del término griego *kophinos*. Este se traduce en cesta y alude a las técnicas de entrelazado expuestas por Gottfried Semper en el estilo. Esta operación hace una clara referencia a la primera de las artes técnicas, el arte textil y el nudo, la cual ha sido anteriormente expuesta como paradigma de las construcciones tectónicas en madera.

---

zum Bauwerk. Basilea: Birkhäuser Verlag, 2008; ed. utilizada: Andrea Deplazes, Construir la arquitectura del material en bruto al edificio. Un manual, (Barcelona: Gustavo Gili, 2010), 60
[22] *Encofrar:* De *en-* y *cofre.*
1. tr. Formar un encofrado.
2. tr. Ingen. Colocar un revestimiento de madera para contener las tierras en las galerías de las minas.

Tácticas de construcción: Encofrado - Espacio Negativo, Mountain Hut, Alemania, AFF Architekten, 2009

Realizada una exposición que describe el origen etimológico de esta acción. A continuación, se procederá a explicar su transcendental valor. Encofrar es la acción que se ocupa de formar un encofrado[22]. Como tal, se debe primeramente definir la palabra encofrado. Un encofrado es una operación de proyecto ligada a diferentes mecanismos culturales que, a su vez, remarcan y datan la memoria colectiva. Un encofrado transporta marcas y señales. Un encofrado es un transmisor intercultural que realiza dos acciones simultáneas: evidencia las marcas previas y fabrica el espacio negativo donde verter esta materia fluida.

Este espacio negativo es un mecanismo poderoso de proyecto y ,como veremos posteriormente en la casa Van Wassenhove, permitió construir y congelar el tiempo, encerrar el aire. Bruce Nauman hace de este espacio negativo que produce el encofrado, una realidad tangible que se materializa en la obra, *A Cast on the Space Under my Chair*. Esta exploración conceptual, se realiza mediante un pequeño molde que ocupa los espacios bajo la propia silla de trabajo del artista. La singular operación realizada por Nauman detiene y congela el tiempo mediante las marcas de este nuevo objeto específico.

Al ahondar en sus raíces etimológicas, la primera de las curiosidades del encofrado es su traducción al inglés. Así como en nuestra lengua, se encuentra que es un molde que puede asumir diferentes materiales hasta que la masa se fragüe en piedra. Su traducción a la lengua sajona es *formwork*[23]. Esta curiosa palabra compuesta, literalmente, se traduce como trabajos de forma o trabajos formales. De esta forma, se inscribe la principal de las condiciones anteriormente expuestas en este material: es una masa primigenia fluida que, por medio del amasado y el

---

[22] Encofrado: De encofrar.
1. m. Molde formado con tableros o chapas de metal o de material análogo, en el que se vacía el hormigón hasta que fragua, y que se desmonta después.
2. m. tapial.
3. m. Ingen. Galería encofrada.
4. m. Ingen. Revestimiento de madera para contener las tierras en las galerías de las minas, que se sostiene por bastidores colocados de trecho en trecho.
[23] Katrin Hanses, Basics concrete constructions, (Basel: Birkhäuser Verkag AG, 2015), 28. «el encofrado u obturador es la forma negativa del edificio de hormigón». T. del original: «the formwork or shuttering is the negative form of the concrete building part»

encofrado, es capaz, gracias a la acción de sus componentes internos (áridos, cemento, agua y acero), de adquirir cualquier forma. A su vez, si se atiende al significado de la misma en nuestra lengua, este hace referencia al molde con tableros o chapas de metal, u otros materiales conglomerados que le dan forma. En segundo lugar, se recoge la palabra tapial, la cual hace referencia a las construcciones por capas apiladas de tierra compactada mediante el uso de un molde, cajón o tapial. Por tanto, la segunda de las acepciones se remite a la construcción por capas y al molde que define dicha construcción[24]. La tercera y cuarta de las definiciones, se ocupan de las entibaciones realizadas en las galerías mineras para contener el terreno y obtener un vacío de un espacio negativo por el cual circular. Esta última aproximación relata una tecnología constructiva y un mecanismo operativo espacial.

Conocida la operación de encofrar y el molde que se ocupa de la misma, el encofrado, se resumen las acciones espaciales que ofrece este mecanismo, fundamentalmente, en dos: en primer lugar es una operación constructiva que sirve para conformar y fraguar el hormigón. Esta operación llevará consigo las marcas del material que realiza el molde. En segunda lugar, se define un espacio negativo como hemos podido observar. Este, se ocupa y es parte fundamental de las propias entrañas del material existente redefiniendo el espacio.

Ambas operaciones arquitectónicas son los mecanismos proyectuales utilizados por *AFF architekten* en su refugio de montaña ubicado en la localidad de *Fichtelberg*, en el borde entre Alemania y la República Checa. Una cabaña de madera prefabricada pensada como lugar de vacaciones en invierno, se transforma, en 1971, en un lugar de almacenamiento y mantenimiento para una estación de esquí próxima a la misma. La cabaña, propiedad del *club Dynamo,* sirve como encofrado espacial y porta una memoria heredada de las anteriores acciones. Las antiguos tabiques huecos de madera y la antigua superficie de la vivienda son el nuevo

---

[24] «sus.fem. (a través del bajo latín *tapia* (DELE) m. tal vez originado en la voz prerromana *teppa, «cesped», o en el árabe *tabiya* (DRAE), que aludiría al encofrado usado para levantar muros de tierra»; citado en: Jaime de la Hoz Onrubia, Luis Maldonado Ramos, Fernando Vela Cossío, (San Sebastián: Diccionario de construcción tradicional. Tierra, Editorial Nerea, 2003), 189

encofrado donde verter el hormigón. A través de esta primera operación, se realiza la acción proyectual de verter y mapear superficialmente la antigua memoria de la cabaña. A su vez, una pequeña ampliación del 10% de superficie se ejecuta mediante un nuevo encofrado, creando un vacío interior en el contacto con las anteriores superficies. Se construye un espacio negativo. La materia, se confirma aquí como lugar habitado. Lo que antes era fuera, ahora es adentro. Lo que antes era masa, ahora es espacio.

Por último, y de forma previa a descubrir al hormigón como «el quinto elemento», se enumerarán los diferentes tipos de moldes que se utilizan en la industria de los encofrados: Encofrado de tablas[25], encofrado de paneles[26], encofrado de módulos[27] y encofrado de acero[28].

[25] *Encofrado de tablas*, se utilizan maderas de diferente procedencia dependiendo de la localización de la obra. Son de uso más habitual el abeto, el pino común ó el pino silvestre. Las dimensiones de los encofrados de tablas se deben a la disponibilidad material. La anchura de tabla oscila entre 7 y 15 cm., siendo la máxima 30 cm. La longitud depende del formato de la tabla, los más habituales son entre 200-300 cm, llegando a un máximo de 500 cm.

[26] *Encofrado de paneles:* Se realizan mediante tableros de madera contrachapados. Se trabajan muy rápidamente, tienen múltiples puestas, mayor durabilidad y se desprenden fácilmente del hormigón una vez fraguado y endurecido. Las dimensiones habituales son las propias del tablero que varían dependiendo de la industria de cada país. El tablero de 61 x 244 cm es un formato habitual de trabajo debido a la optimización material del mismo.

[27] *Encofrado de módulos o grandes superficies:* Son encofrados de paneles de madera, que de nuevo, se ejecutan en una sola trama para grandes superficies. Con ellos, se forman espacios reticulares como paredes o muros portantes. Se utilizan mecanismos auxiliares adaptables en el andamiaje para poder ejecutarlo con mayor precisión. Esta tecnología constructiva, se ocupa de ejecutar con mucha precisión y belleza los espacios. Se puede decir que tienen unas propiedades estéticas mayores.

[28] *Encofrado de acero:* Son moldes metálicos de chapa de acero que se utilizan sobre todo en la industria prefabricada para la realización de elementos premoldeados de hormigón. Su gran limitación es el coste de fabricación del propio molde, por lo que su uso óptimo está en la creación de sistemas repetitivos en serie. Se puede utilizar en la construcción in situ, pero su elevado coste y la dificultad de manipulación suponen un impedimento.

El quinto elemento

En la introducción a esta exploración, se explicaba la elección de las cuatro artes técnicas[29] semperianas más una quinta propuesta por el profesor Akos Moravanszky, como las de objeto de estudio para esta tesis. Este último arte, el cual se ocupa de «el quinto elemento», centra su interés en los conceptos que porta el hormigón en su ADN como materia fluida de construcción. En primer lugar es por todos nosotros conocido el papel aglomerante y conglomerante del hormigón como quinto elemento. La última de las artes constructivas de este trabajo, se ocupa de tomar, transportar y transformar, las mejores cualidades de las diferentes artes técnicas anteriormente expuestas. ¿No es, por tanto, el hormigón el quinto elemento?, ¿no es éste el quinto arte técnico?.

Expuestas ambas cuestiones, se explicarán las condiciones que hacen a este material ser un aglutinante conceptual. Así como la piedra responde al tipo estereotómico, al basamento, el ladrillo construye el perímetro mediante la unión de elementos individuales y, la madera, en conjunción posterior con el acero, se ocupa del tipo tectónico. El hormigón toma de todos ellos la mejor de las condiciones, para transformarse en el híbrido deseado. Para ser el material-síntesis[30]. El hormigón no responde a un tipo constructivo reconocible. El hormigón es cubierta, es pódium, es muro, es esqueleto y es cueva. Esta condición, compleja y contradictoria, hace que a la hora de abordar los conceptos ocultos en sus entrañas, se deban explicar las diferentes aproximaciones que se suceden en el

---

[29] Véase Introducción. pág. 21-23
[30] «Es como si en este momento se hubiera renunciado a la obtención de un material-síntesis [sería temerario hablar de material único] que aglutine todas o casi todas las prestaciones habituales con una eficacia similar en cada aspecto a la que tienen los monofuncionales. Se pensó durante un tiempo que el hormigón era ese material. Y realmente, con sus múltiples variantes a base de aditivos y componentes especiales, el hormigón puede acercarse a ese paradigma de material síntesis»; citado en: Fernando Espuelas, Madre Materia,(Madrid: Ricardo S. Lampreave, 2009), 58

mismo. Esta fisicidad tan propia de un material sumamente adaptable aparece en el pensamiento constructivo de nuestros maestros, y es nombrado por Fernando Espuelas como *la materia-edificio*. Una vez comprendida la imposibilidad de clasificar el hormigón bajo un paradigma o un tipo constructivo claro, se debe ahondar entonces en su razón estratégica para la configuración de un perímetro. La complejidad material del mismo, a la hora de adoptar diversas soluciones, se ve esclarecida en las aproximaciones estratégicas de este: la substracción y la expansión. Ambas, se reúnen bajo un paradigma de fisicidad y una sucesión de acercamientos técnicos, los cuales nos permiten asegurar que, mediante estos mecanismos estratégico – proyectuales, configuraremos un perímetro propio a esta materia. Ambas estrategias serán descritas, posteriormente, y nos ocuparemos de esclarecer su origen y confirmación material.

Construcción ósea y construcción masiva

«Por supuesto, estas exigencias a que obligo a las piezas reducen mucho su libertad formal; creo sin embargo, que estas restricciones, lejos de ser un inconveniente para el desarrollo de una plástica genuina de este material (el hormigón), es un rigor muy beneficioso, que aleja la forma arquitectónica de la frivolidad formal de carácter escultórico o pictórico con que ahora se trata la plástica de ese material»[31].

Como se ha señalado al comienzo de este capítulo considerar al hormigón una piedra líquida es fundamental para conocer las diversas operaciones, mediante las cuales este complejo material demuestra su gran adaptabilidad. Se ha anunciado, anteriormente, que esta cualidad ofrece al hormigón, mediante el correcto uso de su técnica de constitución, poder adaptarse a lo que aparentemente son dos tipos constructivos encontrados. Las «estructuras» grávidas y las ingrávidas o de relativa ingravidez

---

[31] Miguel Fisac, en Kenneth Frampton, AV monografías nº 101, Talento técnico, (Madrid: Arquitectura Viva S.L, 2003), 8. Citado en: Fernando Espuelas, Madre Materia, (Madrid: Ricardo S. Lampreave, 2009), 62

(puesto que el peso de este material oscila entre los 2350 kg/m³ hasta los 2650 kg/m³ aproximadamente), ambos casos, se manifiestan bajo dos tipos constructivos claros: *la construcción ósea y la construcción masiva*[32].

Tanto en las construcciones masivas como en las óseas, el hormigón adapta su expresión al carácter del edificio. La capacidad del mismo para simbolizar el nudo mediante las juntas en las construcciones óseas o, por el contrario, para dejar la luz resbalar por su superficie, tal y como enunciaba Le Corbusier en *Vers un Architecture*, se manifiesta solo como algunas de las cualidades de este material. Previo a describir ambos casos constructivos, se debe hacer mención a la adaptabilidad del mismo para transportar las cargas al terreno. Estas cargas, se transportan gracias a su armado interior y se dividen en cuatro sistemas de reparto: puntualmente, a la hora de ejecutar pilares; linealmente, en las construcciones mediante muros; superficialmente, en la ejecución de bandejas continuas; o, finalmente, dispersando las cargas como observamos en las superficies curvas o láminas. La combinación de estos sistemas son los que dan forma al tipo constructivo óseo y al masivo. Ambos, serán expuestos a través de dos ejemplos: *Europaallee Baufeld h*, obra de *E2A architects* y la *casa 100*, de *Pezo Von Ellrichshausen*. Las dos obras aluden claramente a las enunciadas por Reyner Banham en *A Concrete Atlantis: La fábrica diáfana*[33] *y el elevador de grano*[34].

---

[32] «También la técnica es capaz de hacer construibles ideas que, sin aquélla, eran utopías. Cada idea necesita de una técnica precisa para construirse. Esta unión de una idea eterna con una técnica de un tiempo determinado también hace que salte la chispa de la emoción, como sucedía al incorporar movimiento en la quietud de la ventana estereotómica, o quietud en el movimiento tectónico»; citado en: Jesús Mª Aparicio Guisado, El muro, (Buenos Aires: Librería Técnica CP67 S.A., 2000), 206

[33] «Se trataba de un espacio ideal en todos los sentidos de la palabra: ideal para las necesidades ambientales y para los propósitos de una escuela de arquitectura del modo en que entonces se entendía; ideal como demostración de las preferencias fundamentales en la tradición de la arquitectura moderna: amplitud, limpieza, claridad, ausencia de decoración, etc; ideal también en el sentido místico de mostrar la *Idea dell'Architettura* tal y como los *"rigoristas"* italianos del siglo XVIII la habrían entendido, es decir, como un sistema fundamental de líneas horizontales y verticales, de cargas y soportes, separados de la manera más racional y económica posible»; citado en: Reyner Banham, A Concrete Atlantis. Cambridge: The MIT Press, 1986; ed. utilizada: Reyner Banham, La Atlántida de Hormigón, (Madrid: Editorial NEREA, S.A., 1989), 34

[34] «A pesar de ello, el depósito cilíndrico de hormigón se convirtió rápidamente en el principal elemento constructivo de lo que podía considerarse la normativa de los elevadores de

Las construcciones óseas ó, mejor dicho, la construcción mediante un sistema repetitivo de elementos de iguales dimensiones y cargas que caracterizan el espacio por una universalización del mismo, una igualdad espacial sin precedente y una libertad formal infinita en su interior, es el que caracteriza la obra de hormigón armado tectónica. El grupo de viviendas *Europaallee Baufeld h*, se construye mediante la repetición de la trama en las tres dimensiones espaciales. Esta obra utiliza el rigor sistemático propio de la distribución de las cargas que el edificio necesita. Este tipo constructivo, de horizontes expandidos infinitos, sirvió como parangón de la modernidad, y se expresa en este ejercicio como la fábrica diáfana. Un espacio limpio, austero y carente de decoración que espera ser habitado, en esta ocasión, por viviendas. El proyecto recuerda a la obra artística de Sol Lewitt, *Three structures*, un sumatorio de células iguales representadas por una estructura en la cual todo puede pasar. Una amalgama infinita de espacios pueden comprender el óptimo uso de esta construcción axial. Desde su apoyo en el suelo hasta la coronación de los cuerpos más altos, se conquista el espacio por medio de la repetición seriada de elementos constructivos: pórticos y losas de hormigón armado.

Las arquitectura ejecutada mediante la masa en continuidad de hormigón ó, cómo Jesús Mª Aparicio Guisado diría: el muro *continuum*[35], destaca por la concreción de la misma desde su pensamiento interior. Así

grano, y así llegó a ser América el símbolo de un extraño y, en último caso, atávico poder, cuya silueta característica dominó vastas extensiones de terreno, como las praderas o las Texas Panhandle, donde el único otro objeto que tenía un volumen y una altura suficiente para poder competir con él era el elevador casi idéntico de la ciudad vecina. Fuera de su lugar de nacimiento, las formas de esos cilindros, reunidas bajo la luz, proporcionarían a la imaginación de los arquitectos modernos europeos su más poderoso icono de la Atlántida de Hormigón en el territorio madre de la industria, situado más allá de los confines del océano»; citado en: Reyner Banham, A Concrete Atlantis. Cambridge: The MIT Press, 1986; ed. utilizada: Reyner Banham, La Atlántida de Hormigón, (Madrid: Editorial NEREA, S.A., 1989), 138

[35] Concepto que versa sobre la idea de continuidad en el pensamiento estereotómico. Este describe la arquitectura que destaca por el espesor de sus elementos constructivos perimetrales, los muros. El mecanismo operativo proyectual del mismo es la substracción.

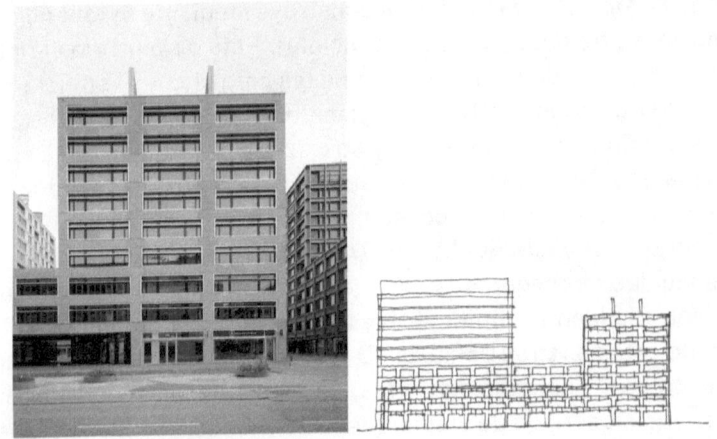

Conceptos: Construcción ósea, Europaallee Baufeld h, Suiza, E2A, 2018

Conceptos: Repetición, Three Structures, Suiza, Sol Lewitt, 1968

como, se puede divisar que en las obras tectónicas en hormigón interior y exterior se funden en un sistema reticular de mayor o menor complejidad espacial, las obras estereotómicas en hormigón, las construcciones masivas en esta materia, destacan por la sustracción de masa interior en busca del espacio arquitectónico.

La *casa 100* aparece como un faro, un poderoso torreón de piedra líquida devastada. Esta obra excava su volumen y perímetro, mediante la supresión de espacios y huecos, tanto en el muro que define su borde, como en las estancias que contiene. Estas operaciones de substracción material expresan un mecanismo de trabajo arquitectónico. El arquitecto amasando y substrayendo masa, se encuentra con una forma final que hace eco a las operaciones de eliminación interiores. Estas operaciones heredadas, directamente, de la artesanía tienen su propia respuesta en la obra, *compression line* de Michael Heizer. Aquí, el artista realiza una supresión de masa mediante una potente excavación en el desierto del mohave (posteriormente realizada en el Glestone museum de Potomac). Se realizan una extracción material, una herida al suelo que narran la naturaleza estereotómica de la operación realizada. Un vacío en la continuidad material.

En resumen, ambas operaciones son expuestas por el arquitecto Jesús Mª Aparicio Guisado en su libro *el muro,* tal y como hemos visto en los diferentes capítulos de esta investigación. A continuación, se describirán las transformaciones epiteliales que asume el hormigón en aras de expresar el significado que el encofrado, de cualquier tipo, quiera transmitir.

Conceptos: Construcción masiva, Casa 100, Chile, Pezzo Von Ellrichhausen, 2011

Conceptos: supresión, Compression Line, EEUU, Michael Heizer, 1968

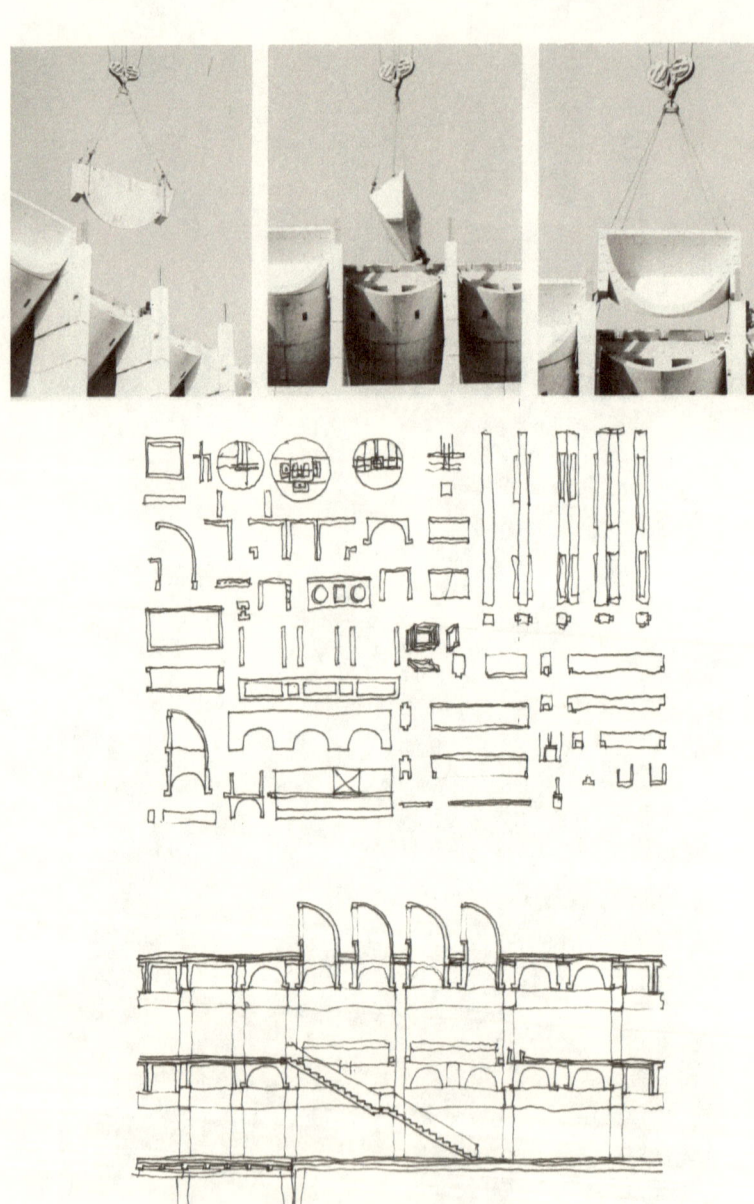

Conceptos: Transformaciones - Montaje, Asamblea Nacional de Kuwait, Kuwait, Jørn Utzon, 1969

Transformaciones superficiales

«El hormigón visto no explicita su vida interior, sino que oculta su profunda estructura bajo la envoltura de una delgadísima superficie. Abstrae y hurta a los sentidos todo aquello que les sería perfectamente compresible: el entendimiento de la composición del hormigón y «cómo produce una impresión»»[36]. El profesor Deplazes describe, de ejemplar forma, la capacidad camaleónica de los primeros dos centímetros de superficie del hormigón. Esta afirmación plantea, igualmente, una cuestión a favor de la expresión propia que esta materia tiene o, quizás, de la carencia de esta. Así como; la obra de fábrica encuentra en el aparejo y la junta su carácter, la piedra depende del monolitismo del muro para explicar su masa y símbolo, la madera deja prácticamente toda su expresividad al nudo como representación de la complejidad en el ensamblado y el acero hace obvia la unión mecánica entre sus partes. El hormigón carece de una expresión constructiva relacionada con el arte de la unión entre diferentes elementos. Su fin no es ese, aunque en las estructuras de hormigón prefabricado demuestren la unión entre estos. La imaginería del montaje o *assamblage* pertenecen a la herencia que este propio material recoge de la madera y el acero como técnicas constructivas. Esto se puede observar en los planos de obra de la Asamblea Nacional de Kuwait de Jørn Utzon, mediante la representación por partes del *assemblage* de elementos estructurales en hormigón armado prefabricado.

No obstante, si hay algo que singulariza al hormigón por encima de cualquier otro material es su capacidad de adaptación superficial, la singularidad del mismo para tomar todo tipo de marcas y transformar su expresión por completo. Esta cualidad, inherente a esta materia, es un mecanismo de proyecto excepcional. Su capacidad de transformación, según el material que componga su encofrado, consigue de un modo u otro hacer que esta materia líquida sea un mapa de marcas. Este mapa es una evidencia

---

[36] Andrea Deplazes, Architektur konstruieren. Vom Rohnmaterial zum Bauwerk. Basilea: Birkhäuser Verlag, 2008; ed. utilizada: Andrea Deplazes, Construir la arquitectura del material en bruto al edificio. Un manual, (Barcelona: Gustavo Gili, 2010), 57

Conceptos: Transformación - Piedra Líquida, MUPAG, España, Miguel Fisac, 1973

Conceptos: Transformaciones - Piedra Primitiva, Casa Cirell, Brasil, Lina Bo Bardi, 1958

en la obra de arquitectos y artistas de la segunda mitad del siglo XX. Rachel Whiteread en su *monumento para el Holcausto* en Viena, construye un encofrado de libros, dejando en la superficie las marcas y huellas de los mismos. Tal y como desvela Moravanszky sobre la obra de la artista británica, «las superficies de los artefactos revelan las marcas del molde como evidencia del contacto que envuelve el objeto en un aura»[37]. Esta expresión material libre e igualmente compleja, se manifiesta en algunas obras de condiciones similares y percepciones escalares distintas.

Previo a describir, brevemente, las mismas, se debe hacer una pequeña apreciación sobre las diferentes apariencias del hormigón. Ya conocemos que el encofrado, a priori, se ocupa de la superficie final del hormigón. Igualmente, se pueden realizar diferentes acciones sobre su superficie que terminan por transformar su apariencia inicial. Estas acciones son: el abujardado, el pulido o el lavado al ácido. Por medio de ellas, se muestran una última transformación material que vira hacia la tosquedad o el terso brillo. Por primera vez, se descubren las entrañas de esta materia fluida como superficie expuesta. Las técnicas empleadas en el encofrado, como el uso de un material elástico en el mismo, confieren al hormigón un regreso a su estado original. Se consiguen expresar muchos de los anhelos o deseos que la misma materia tiene en su estado fluido. Los ejercicios realizados por Miguel Fisac para su *vivienda en la Moraleja*, o la rehabilitación del *centro MUPAG*, en Madrid, devuelven a esta materia una cualidad dinámica. Materia y material confluyen en una misma apariencia y resultado. Se confirma, al fin, el hormigón como piedra líquida.

Por el contrario, la *casa Cirell*, de Lina Bo Bardi, ubicada en el barrio residencial de Murumbi (Sao Paolo), explora las tripas de este material, mostrando los áridos que componen sus potentes muros. Esta expresión tosca de materialidad nos devuelve al primigenio *opus caementicium* romano, transformando la apariencia del hormigón extrayendo un nuevo mapa. Ahora el interior es exterior, gracias al artesano y la máquina.

---

[37] Akos Moravanszky, Metamorphism material change in architecture (Basilea: Birkhauser Verlag GmbH, 2018), 206. T. del original: «The surfaces of the artifacts reveal the traces of the mold as evidence of the contact that envelops the object in aura»

Conceptos: Conformar, 15 untitled Works in concrete, EEUU, Donald Judd, 1984

Conceptos: Fantasma, HOUSE, Inglaterra, Rachel Whiteread, 1993

En este segundo apartado, se ha repasado la singularidad del hormigón como materia-síntesis. Su capacidad para asumir los dos tipos constructivos por antonomasia, el tectónico y el estereotómico, y, finalmente, las transformaciones que hereda del enconfrado y se pueden ejecutar sobre su superficie. En ultimo lugar, se describirán los conceptos que se encargan de operar como mecanismo de acción proyectual espacial.

Fantasmas y memoria

«¿Puede haber algún otro medio?. Y la respuesta es: sí, se puede tener una concepción bastante distinta. En vez de dejar que la imaginación trabaje con formas estructurales, con los *sólidos* de un edificio, la arquitectura puede trabajar con el espacio vacío –la cavidad- que queda entre esos sólidos, y considerar que el verdadero significado de la arquitectura es la configuración de ese espacio»[38].

Como ya se ha adelantado, el hormigón tiene una doble vertiente espacial: conformadora o conformada. El primero de los casos, el que conforma, está relacionado con las construcciones de carácter óseo o, lo que posteriormente ha sido llamado alámbrico. Este representa las operaciones de configuración espacial mediante la suma de elementos que pueden ser ejecutados *in situ* o planeados, previamente, mediante la tecnología de la prefabricación en la construcción de elementos autónomos. Éstos últimos amplían la experiencia perceptiva por medio de la acción de producirlos en serie, en conjunción con el espacio que les rodea y transforman. La obra *15 Untitled Works in Concrete* de Donald Judd, en Marfa, Texas, representa una aproximación sobre la implantación de un objeto específico en hormigón y su contacto con el paisaje. Se pautan y se crean una serie de marcos o ventanas, que congelan el tiempo bajo estos precisos *huesos* ejecutados en el territorio.

---

[38] Steen Eiler Rasmussen, Om at opleve arkitektur. Copenague: G.E.C. Gads Folag, 1957; citado en: Steen Eiler Rasmussen, La experiencia de la arquitectura. Sobre la percepción de nuestro entorno, (Barcelona: Edición Reverté, S.A., 2004), 42

Conceptos: Fantasma, GHOST, Inglaterra, Rachel Whiteread, 1990

Por el contrario, la naturaleza fluida del hormigón, que le obliga a rellenar espacios o adherirse a ellos, explica un concepto que transforma de nuevo la relación entre material y espacio. El hormigón invade los huecos entre las paredes del encofrado u objeto previo. El material no se detiene ante ellos y continua asimilando sus huellas y su memoria, construyendo el espacio encerrado entre los moldes. En resumen, dando corporeidad al *fantasma* que se encuentra entre ellos. Esta operación proyectual asimila el espacio negativo e invierte la lógica del mismo, se convierte en una construcción en torno al aire. La obra de Bruce Nauman anteriormente expuesta y, sobre todo, los ejercicios y el mecanismo de pensamiento y proyecto que utiliza Rachel Whiteread, se apoderan del verbo *to cast*[39] como *leitmotiv* proyectual. Se expanden los horizontes conceptuales en el uso de esta materia fluida. Este nuevo espacio es localizado por Fernando Espuelas, al analizar la obra *House* de Whiteread: «el edificio, que actuaba como molde sobrevenido, se derribó dejando al descubierto su vaciado, la escultura. Los rastros de vida quedaban adheridos a las caras exteriores de la pieza mientras que el espacio habitable se convertía ahora en densa y ciega materia»[40].

El trabajo de Whiteread explora en el «fantasma» llamado espacio y congela el tiempo, muestras las marcas y reconoce el valor de la memoria como mecanismo proyectual material. Esta fascinación por el espacio arquitectónico resultante de las operaciones de encofrado, se muestra muy poderoso en su obra *Ghost*, que toma como valor la memoria que la habitación porta consigo. Las paredes que definían una operatividad interior se ven rellenas. Lo que antes era espacio interior ahora se transforma en espacio lleno y, se redescubre el lugar negativo que anteriormente definían las paredes de la habitación. La operación completa es descrita por la propia Whiteread cuando argumenta el proyecto: «en *Ghost*, las paredes de la habitaciones que habían experimentado cien años de uso fueron impresas mediante huellas digitales como evidencia. El yeso, utilizado principalmente por los escultores como un estado intermedio para realizar un modelo antes de fundir el bronce, había creado una habitación intermedia. Era una huella del negativo en la galería (en sí mismo un espacio positivo), un molde solidificado dentro de un vacío

---

[39] *to cast*: moldear, acción relacionado con la construcción del espacio.
[40] Fernando Espuelas, Madre Materia, (Madrid: Ricardo S. Lampreave, 2009), 48

Conceptos: Memoria congelada, Holocaust Memorial, Austria, Rachel Whiteread, 2000

de una habitación más grande cuyo espacio social todavía estaba activo, envolviéndose, cambiando»[41].

Estas acciones sobre el espacio negativo alumbran una suerte de memoria, la devuelven a su lugar a través del uso de las marcas y las historias que sus espacios contenedores albergaban. Se trata de promover una serie de preguntas que pongan de manifiesto el valor cultural de las huellas del pasado. Esto es hacer presentes las ausencias. Estas ausencias, que como ya se vio en la obra de AFF architekten, se transforman mediante el uso del muro como encofrado existencial, aumentando el valor de la memoria como mecanismo transmisor cultural.

La misma operatividad proyectual aparece, de nuevo, en el trabajo *Holocaust Memorial* de la artista británica. En esta ocasión se trae a la contemporaneidad una memoria ausente, mediante la ejecución de una serie de estanterías llenas de libros que actúan como encofrado espacial. Estas estanterías ponen en boga el gran vacío dejado durante la destrucción de los libros en el período Nazi, construyendo una nueva memoria a través de una serie de libros que componen un lleno donde antes había un registro memorístico vacío. De este modo, la ausencia se torna presencia. Sobre esta nueva aproximación, la propia artista describe la dimensión que adquiere el conjunto en relación a la conciencia colectiva reciente. «Uno de los aspectos que me intrigo acerca de la comisión es que agrega una dimensión a mi trabajo que no había experimentado antes. La escultura tendrá que funcionar dentro del marco de mi propio arte, y tendrá que cumplir con lo que he hecho antes. Al mismo tiempo, al ser un monumento, adquiere un significado completamente nuevo fuera de mi marco de referencias. Tiene que ser visto como una obra de arte con derecho propio y, sin embargo, adquiere significados externos muy específicos»[42].

---

[41] Rachel Whiteread en, Charlotte Mullins, Rachel Whiteread, (Londres: Tate Publishing, 2004), 39. T. del original: «In *Ghost*, the walls of a room that had experienced 100 years of use were fingerprinted for evidence. Plaster, chiefly used by sculptors as an in-between médium for modelling before casting in bronze, had created an in-between room. It was a negative imprint in the gallery (itself a positive space), a solidified cast within the void of a larger room whose social space was still active, envolving, changing»
[42] Rachel Whiteread en, Chris Townsend ed., The art of Rachel Whiteread, (Londres: Thames & Hudson Ltd, 2004), 167. T. del original: «one of the aspects that intrigued me about the comisión is that it adds a dimensión to my work that i have not experienced before. The sculpture will have to function within the framework of my own art, and it will have to comply with what i

Este ideal de memoria construida y congelada, nos transporta a las estrategias de proyecto elegidas por Juliaan Lampens en Sint-Martens-Latem. Una masa habitada, una suerte de encofrado espacial que describe y trae ante nosotros la memoria que construyó el paisaje de bunkers belga. Una memoria que actúo como fuente de atracción para el arquitecto en su aproximación material espacial al contexto, siendo germen de reacción y provocación en el mismo.

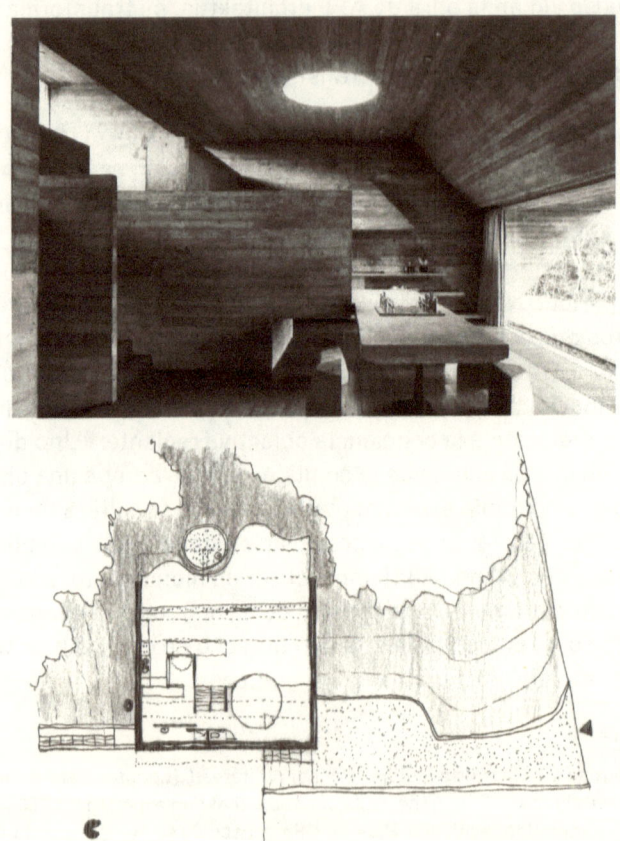

Casa en Sint-Martens-Latem, Bélgica, Juliaan Lampens, 1972

have done before. At the same time, being a memorial, it takes in a whole new meaning outside my own framework of references. It functions both as private and public space. It has to be seen as a work of art in its own right and yet takes on very specific outside meanings»

PARTE TERCERA

Estrategias de la Materia

Paraíso, Grafograma sumerio, aprox. 3000 a.C

ESTRATEGIAS DE LA MATERIA

Re-conocer la materia

«He aquí los materiales de los arquitectos, nuestros materiales. Los conocemos a todos ellos y, sin embargo no los conocemos. Para proyectar, para inventar arquitecturas, debemos aprender a tratarlos de una forma consciente. Eso es un trabajo de investigación; eso es un trabajo de rememoración»[1].

Mi hijo Bruno tiene dos años, se puede afirmar que Bruno y esta exploración doctoral han crecido de la mano. Poco a poco tanto él, como el presente documento han ido observando y aprendiendo de la materia. Si se me permite decirlo, ambos dos han aprendido a tocarla, conocerla y manipularla. En el proceso perceptivo de la misma, el aprendizaje corporal que se obtiene mediante su manipulación es fundamental, para conocer y desarrollar los mecanismos propios que la imaginación de ésta nos ofrece. También para construir con ella el espacio arquitectónico, un espacio para habitar.

La materia que se ha descubierto a través de Xabier Zubiri como esencia, se despliega en un análisis minucioso de los fundamentos, técnicas, tácticas y conceptos que cada una de las aquí expuestas (pétrea, arcillosa, leñosa, fluida y mineral) tienen para transformar, conformar, ordenar y producir espacio. Ahora, tal y como ya se ha anunciado al final de los anteriores capítulos, se describirán en estas conclusiones las estrategias propias de cada una de estas materias. Son las estrategias de la materia, las cuales se ocupan de la configuración y construcción del límite. Un límite que define el material, un límite entre dentro y fuera. El límite mediante el cual nos protegemos, tal y como describe el arquitecto y catedrático de proyectos Alberto Campo Baeza en su libro *Pensar con las manos*. Un límite mediante el cual decidimos los bordes entre la materia construida por el hombre, y el aire que la rodea. «Cubrirnos y prote-

---

[1] Peter Zumthor, Thinking Architecture. Basilea: Birkhäuser Verlag GmbH, 2010; ed. utilizada: Peter Zumthor, Pensar la arquitectura, (Barcelona: Gustavo Gili, 2014), 66

gernos. Dos operaciones básicas de la arquitectura: decidir los límites del espacio vertical y horizontal. Los límites del cielo y de la tierra. Y ¿no es precisamente el horizonte el límite entre ellos»[2].

El límite de ese espacio construido compuesto por material, al cual los romanos llamaron *limitatio* en sus operaciones para la fundación de una ciudad, o aún mejor, el límite que separa el mundo exterior del paraíso[3] interior. Construcción y mundo ideal interno se citan para definir este borde construido y así conformarlo a través de la materia. Un límite que se ocupa de definir las condiciones de su vacío interno. Un espacio que tiene una condición material única vinculada a cada una de las «sustancias» aquí estudiadas, en definitiva el límite del cual se ocupan las estrategias de la materia.

Antes de comenzar a describir en profundidad cada una de las diez operaciones estratégicas aquí expuestas, permítanme desglosar lo hasta ahora aprendido en la lectura de este documento. Bruno nació en enero del 2018, desde entonces he podido observar, en primera persona, la relación que ha ido formando él con su entorno próximo. Los bebés y los niños aprenden con todos los sentidos, los doce sentidos que describe Rudolf Steiner[4] a la vez. Pero es, sin ningún lugar a dudas, el sentido del tacto, el que mejor les desarrolla con la manipulación de objetos, el cual amplía, más aún si cabe, estas condiciones y el resto de los sentidos aumentando sus experiencias.

En primer lugar, Bruno comenzó tocando objetos para conocer su tacto, su peso, su temperatura, y así reconocer su silueta y, por tanto, la forma básica que relacionaba material y objeto físico, aquel que Bruno estaba manipulando. Una vez conocidos un objeto o una serie de objetos, mi hijo comenzó a mejorar su destreza, como se recoge en esta investigación, a través del trabajo sobre éstos (el trabajo sobre la materia), la repetición en

---

[2] Alberto Campo Baeza, Pensar con las manos, (Buenos Aires: Nobuko, 2010), 17
[3] Paraíso: Proviene del avéstico *Pairi-daeza*, la cual significa cercado que rodeaba un jardín construido mediante muros de ladrillo o una pared modelada. *Daeza* deriva de la raíz indoeuropea dheigh, la cual significa modelar o formar.
[4] Rudolf Steiner: Filósofo austríaco que describió por primera vez los doce sentidos con los cuales percibe el ser humano. Estos se recogen en el método Walldorf, el cual recoge la psicología evolutiva antroposófica.

la manipulación del objeto, la repetición hasta la extenuación. Bruno agarraba las cosas que tenía a su alcance para desarrollar la suficiente habilidad como para llevarlas a un siguiente grado. Bruno comenzó a colocar dichos objetos en huecos de geometría compleja. Bruno había adquirido cierto grado de destreza manual. Bruno había comenzado a ordenar su propio ámbito material. Esta destreza adquirida por mi hijo, esta experiencia táctil es similar a la que se consigue mediante la manipulación de la materia en el adiestramiento de la habilidad manual, en aras de convertirnos en aquellos artesanos que la dominan para construir un espacio. Así la acción de la mano, la fuerte acción que la mano produce sobre nuestra mente y memoria al manipular algo dota a la persona de un sentido hasta ahora desconocido, y que ofrece una lectura global de la fisicidad que se ocupa de una materia. Un sentido que Henri Focillon llama «el olfato táctil», tal y como se recoge en la parte primera de esta investigación[5]. Un olfato que deviene de la mano pensante y adiestradora, encontrando en la materia y sus condiciones internas una gran maestra. Poética y técnica de la mano se abrazan en la creación de la obra de arquitectura y , por tanto, se desarrolla un «sentido táctil», una habilidad material, la cual se adquiere mediante la relación que se establece entre mano y memoria táctil.

Esta profunda comprensión de los fundamentos materiales, aquellos que describen la naturaleza de cada una de las materias aquí expuestas, desarrolla los recursos fundamentales para la educación del arquitecto. A su vez, como ya se ha descrito en los diferentes capítulos, una serie de procesos de adaptación que sufren las diferentes sustancias (piedra, ladrillo, madera, metal y hormigón) describen los estados de la materia en su camino a convertirse en un espacio arquitectónico. Estos procesos, los cuales educan al arquitecto, son: la transformación y conformación de materia a material mediante las técnicas, el tránsito de material a espacio construido, a través de las tácticas, y, en último lugar, y tras haber descrito en profundidad a la propia materia, las estrategias que configuran el límite construido y que serán descifradas a continuación.

---

[5] Olfato táctil: Véase parte primera. Pág. 60

Artesanía, Atelier Reliure, Denis Diderot, Jean le Rond d´alembert, 1751-1772

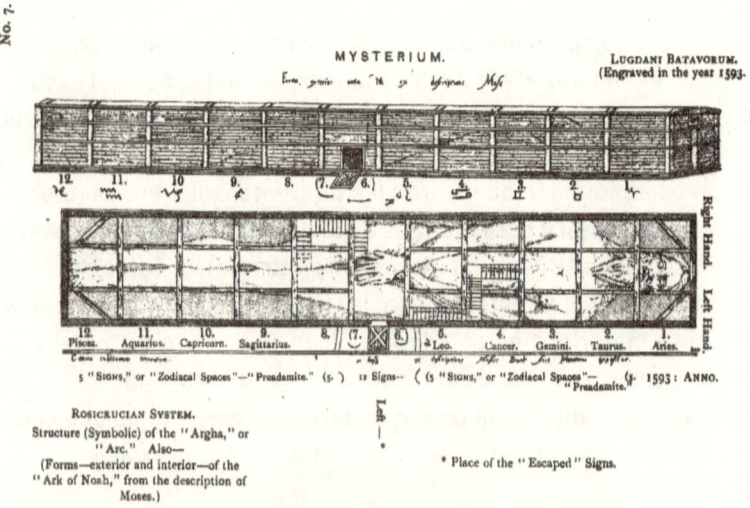

Idea y construcción, Arca de Noé, Lugdani Batavorum, 1593

Estas etapas o, mejor dicho, estos procesos, se fundamentan en un sólido uso de la habilidad manual y la comprensión de las condiciones internas de cada material, el uso de una fuerte imaginación material, para así terminar por realizar el acto fundamental del artesano constructor, del arquitecto: el acto de construir. Richard Sennett describe en su artículo, *El artesano atribulado,* los mecanismos para un alto desarrollo artesanal, así como para el aprendizaje al más alto nivel de una profesión. En este texto, no es casualidad que Sennett utilice dos de las figuras clave para comprender el aprendizaje por repetición: el músico y el maestro carpintero. «Toda artesanía se funda en una habilidad desarrollada en alto grado. De acuerdo con una medida de uso común, para producir un maestro carpintero o músico hacen falta diez mil horas de experiencia... La recompensa emocional que la artesanía brinda con el logro de la habilidad es doble: el artesano se basa en la realidad tangible y puede sentirse orgulloso de su trabajo»[6].

Construir es la más bella de las acciones que puede realizar el arquitecto como artesano, maestro o *metier*. Durante el transcurso de esta exploración, se ha descubierto el significado y raíz etimológica de arquitecto, carpintero o albañil entre otros oficios. Todos ellos guardan una clara relación con el oficio del constructor. Arquitecto o *architekton* es un termino compuesto por la palabra *archos*, la cual significa maestro y *tekton* que quiere decir constructor, albañil o carpintero. No es baladí afirmar, que el acto de proyectar, el acto de trasladar las ideas en arquitectura depende de la materialidad. Depende de su construcción, depende, en definitiva, del profundo conocimiento de la imaginación material con la cual se trabaja. Se puede asegurar, sin temor a la equivocación, que no es verdadera arquitectura aquella que no está pensada desde sus estados iniciales para ser construida, para ser representada por aquella materia que, valga la redundancia, transida de materialidad define el límite construido, define el pódium, el techo y el muro. La arquitectura del material construido. Es en el arte de construir, *Baukunst*, donde los arquitectos debemos revisar nuestras aproximaciones estratégicas, donde se debe volver a nuestra *raíz etimológica,*

---

[6] Richard Sennett, Arquitectura Viva 198, Artesanía, El artesano atribulado, (Madrid: Arquitectura Viva SL, 2016), 20

donde recuperar lo mejor de nuestro lenguaje, la mejor de nuestras cualidades y condiciones, la arquitectura de la construcción del mundo.

Esta operación se vincula a una arquitectura fuertemente enraizada con la ética material, el trabajo material, la sensibilidad material y la imaginación material. Una arquitectura de poderosa esencia material, la cual está unida y arraigada en la acción de ser construida o, en palabras de Miguel Ángel Alonso del Val, «las ideas en arquitectura son siempre ideas transidas de materialidad, son siempre formas y espacios latentes, materiales configuradores y ordenes esclarecedores, las ideas son siempre «construcción» porque en esta palabra radica el sentido central de nuestra disciplina»[7].

Idea y construcción son un par indisoluble y el principal protagonista de este trabajo, la materia como herramienta de proyecto. Tanto al comienzo de esta exploración, como al final de la misma, se puede afirmar que materia proviene del étimo *mater* que significa madre, o del sánscrito *meter*, en el que su raíz *me* indica medir. Se puede aseverar que la materia es medible, lo cual hace alusión a una de las principales premisas de esta investigación: la materia, también, tiene un fin, tiene una «función», la materia sirve para algo. La materia, en la arquitectura, se puede decir que estructura, sin ningún lugar a dudas, espacio y tiempo en su poderosa fisicidad, cómo se pregunta Eduardo Chillida a continuación: «ritmo-tiempo-silencio. ¿No es la materia también espacio, un espacio más lento?»[8]

Tras este repaso a lo acontecido en la investigación hasta el momento, se deduce que el cúmulo de situaciones que construyen una arquitectura que se podría llamar «puramente material» depende, de forma directa, de la materia como recurso creativo infinito. Desde aquí, se procederá a narrar las diez estrategias de la materia, las estrategias que se ocupan de la configuración con el material de un límite y un espacio precisos.

Para terminar este primer apartado, se reconoce el conocimiento háptico como un valor fundamental en el aprendizaje y la enseñanza de la experien-

---

[7] Miguel Angel Alonso del Val, Luis Suarez Mansilla, Francisco Glaria Yetano, Victor Larripa Artieda, Elementos de arquitectura. Pensar y construir el proyecto, (Pamplona: Ulzama Ediciones, 2012), 62
[8] Eduardo Chillida, Escritos, (Madrid: La Fábrica, 2016), 28

cia arquitectónica. Por tanto, se quiere incidir en recordar y elevar la condición relacional de la arquitectura de la materia, aquella que alejada de la imaginería tecno-mediática, como cita el propio Alonso del Val en su artículo *Arquitectura Relacional,* se distancia del mundo puramente visual actual para relacionar: cultura, memoria, espacio e imaginación en cada una de las materias que construyen el proyecto de arquitectura. Una arquitectura de fuerte artesanía material. «Frente a tanta simulación contemporánea que se agota en su propia difusión, la idea de relación permite superar las arquitecturas del acontecimiento para descubrir, en esta «edad de la distracción», que detrás de cada proyecto se esconden evidentes compromisos humanos y verdades ocasiones de arquitectura…Todo menos seguir aislados en nuestra burbuja tecno-mediática»[9].

Fases y Procesos de la Materia

[9] Miguel Ángel Alonso Del Val, Circo 154 7th series, Arquitectura Relacional, (Madrid: Circo MRT coop, 2009), 10

	TECNICAS DE TRANSFORMACION	TECNICAS DE CONFORMACION	TACTICAS DE CONSTRUCCION	ESTRATEGIAS DE LA MATERIA	CONFIGURACION MATERIA
MATERIA PETREA	> QUEBRAR >	ESCULPIR >	TRABAR >	CONCENTRACION	DISPERSION
MATERIA ARCILLOSA	> MOLDEAR >	COCER >	APAREJAR >	COMPARTIMENTACION	ADICION
MATERIA LEÑOSA	> ASERRADO/CORTE ASERRAR/CORTAR >	TALLAR >	ENSAMBLAR >	REPETICION	DESPLAZAMIENTO
MATERIA MINERAL	> FUNDIR/FUSIONAR >	PLEGAR >	ENTRAMAR >	MULTIPLICACION	DESAPARICION
MATERIA FLUIDA	> MOLER/MEZCLAR >	AMASAR >	ENCOFRAR >	SUSTRACCION	EXPANSION

Procesos y Estrategias de la Materia

Diez estrategias

«Los materiales tienen todos sus distintas cualidades. Los elijo según lo que en ese momento estoy buscando. Me enamoré del hierro y he seguido toda la vida fiel a él, pero tiene limitaciones, es decir, hay cosas que no se pueden hacer con el hierro; mejor dicho, se puede pero no se debe. Con el hormigón pasa igual, y con la piedra, y con la madera y la tierra. Yo trato de adecuar lo que siento que quiero hacer utilizando el material más idóneo en cada caso, no solo funcionalmente sino en muchos otros órdenes, porque la funcionalidad en el sentido normal de la palabra es lo que ha hecho que tenga mala prensa»[10].

El camino recorrido a través de las diferentes materias de esta exploración prepara el salto a la definición de las estrategias materiales, desde la certeza de que la materia es fuente de acción y creación proyectual. Las obras aquí presentadas narran un recorrido creativo que define todas las operaciones con las cuales la materia construye y caracteriza el espacio arquitectónico. Ahora bien, como se ha podido descubrir a lo largo de la lectura de este documento y en la cita de Eduardo Chillida que precede este párrafo, la materia es fuente continua de exploración proyectual. Sin ningún lugar a dudas, cada material tiene sus propias leyes y restricciones implícitas en su código interno a la hora de definir la arquitectura. Estas leyes son las que se ocupan de configurar el espacio arquitectónico.

A continuación se realizará un viaje, un recorrido por las diez estrategias que las diferentes materias aquí desarrolladas utilizan para definir el límite, para configurar y construir el borde. Se expone una tabla a modo de resumen de las estrategias y procesos de la materia. En ésta se incluyen todos los pasos que realiza la materia desde su estado primitivo, hasta haber configurado su límite y, por tanto, hasta que se pueda percibir como obra de arquitectura.

---

[10] Eduardo Chillida, Escritos, (Madrid: La Fábrica, 2016), 85

Estrategia: Concentración, Stonehenge, Inglaterra, 3100 - 2000 a.C

Concentración[11] y Dispersión[12]

La primera de las estrategias que configura el borde o límite en la materia pétrea es la concentración. Ahondando en el significado de concentrar, la más importante de las singularidades del término es que está formado por el prefijo *con-* y la palabra *centro*. Esta primera aproximación hace una clara y precisa referencia al centro como punto nodal o lugar de comienzo. A su vez, el prefijo *con-* en su raíz latina significa: todo, junto. De este modo, se entiende que concentrar significa juntar en el centro, juntar al centro.

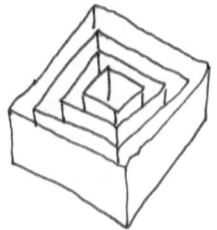 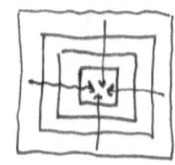

Estrategia: Concentración

La piedra, previo a ser trabajada, se ordena en montones, se apila y se concentra a fin de crear una serie de montañas de materia apilada. Se puede decir que se pone una piedra encima de otra realizando una congregación material. Se puede observar, tal y como los egipcios o los mayas hicieron al crear sus templos, que la piedra requiere de la gravedad y el espesor para poder erguirse y soportarse. La piedra necesita del apilamiento y la concentración para su ejecución.

---

[11] Concentrar: *De con-centro*
1. tr. Reunir en un centro o punto lo que estaba separado. U. t. c. prnl.
3. tr. Reunir bajo un solo dominio la propiedad de diversas parcelas.
8. prnl. Centrar intensamente la atención en algo.
[12] Dispersar: *Del lat. Dispersus*
1. tr. Separar y diseminar lo que estaba o solía estar reunido. *Dispersar una manifestación, un rebaño*. U. t. c. prnl.
3. tr. Mil. Romper, desbaratar al enemigo haciéndole huir y diseminarse en completo desorden. U. t. c. prnl.
4. tr. Mil. Desplegar en orden abierto de guerrilla una fuerza. U. m. c. prnl.

Esta congregación material, esta «reunión» habla en primer término de compacidad y remite a una segunda noción de reunión tribal. De nuevo, si prestamos atención al resto de definiciones (se incluyen únicamente las que se refieren a conceptos materiales o similares), se puede observar que dos de las tres abajo referidas hacen noción explicita a la acción de reunirse. Esta importante operación, la cual es sumamente característica de esta estrategia, se ocupa de la construcción de un perímetro protector, de crear un espacio para estar en el centro. Buena cuenta de ello deberían tener los habitantes y constructores de *Stonehenge*, al erguir una serie de menhires y trilitos en torno al centro, y así formar un círculo de reunión, un espacio mágico.

Comprendida la estrategia de la concentración material que la piedra requiere para resolver, mediante la acción de la gravedad, sus anhelos constructivos y arquitectónicos. Concentrar material significa, igualmente, consolidarlo, hacerlo denso, compacto, afirmarlo como construcción. Hacer una construcción firme, rígida, que no depende de los nudos, una construcción que no necesita de segundos sistemas, una construcción en la que la gravedad lo es todo para configurar arquitectura. Una arquitectura que debido a su espesor, al propio del material, y de la gravedad que requiere para mantenerse alzada concentra, igualmente, la luz, la densifica, la dota de peso y la muestra intensa en el espacio propio de la concentración. Un espacio continuo, que pertenece al tipo constructivo estereotómico, donde materia – en este caso la pétrea – y espacio, se unen bajo una densa continuidad interior.

De esta forma, se configura una idea en continuidad sin fisuras, como bien explica Jesús Mª Aparicio Guisado en su libro *el muro*: «la idea de *continuum* está conectada con el pensamiento estereotómico, donde la materia es un todo en la idea. En el muro confluyen todas las partes y se integran en su espesor. La arquitectura tiene un carácter inmóvil, estático, que nace de una idea universal. Las piezas no se identifican en el todo, pues no son parte de un mecano. El espacio nace de la idea interior y no de operaciones parciales con componentes ensamblados. El espacio interior es discontinuo con la naturaleza»[13]

---

[13] Jesus Mª Aparicio Guisado, El muro, (Buenos Aires: Librería Técnica CP67 S.A., 2000), 194

Si concentrar es la operación que reúne en torno al centro al habitante y la materia, valga la redundancia concentrada, dispersar es la acción que extiende algo amontonado, que disgrega la construcción o el borde en material separado. Esta segunda estrategia, propia de la construcción pétrea alude en esta ocasión a un operación paisajística. A la idea de crear un cercado, a la propia naturaleza del límite. Dispersar establece umbrales o nichos de negociación entre interior y exterior. De nuevo y ahora ahondando en la etimología de dispersar, este verbo proviene del latín *dispersus*, el cual significa dividido y desparramado de forma desorganizada: diseminado. Este término hace referencia a la siembra y a su vez, aunque de naturaleza absolutamente disuelta y no compacta, alude, igualmente, a la concentración de materia pétrea. Sin concentración no existe posible esparcimiento, ni viceversa.

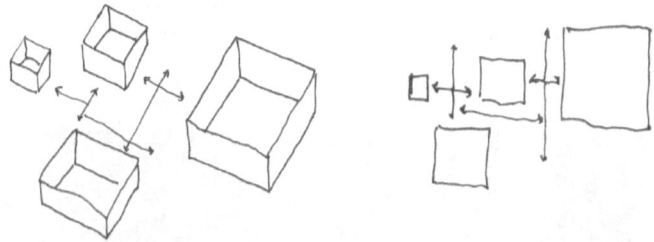

Estrategia: Dispersión

La estrategia de la dispersión nos remite al paisaje riojano de viñas y cepas. Por tanto tomaremos este ejemplo: una serie de piedras dispersas en los diferentes cultivos de vid no dejan crecer y madurar a la uva de la forma correcta. Por esto, se recogen las piedras que de forma disgregada ocupan el territorio del viñedo, y se concentran en torno a unos puntos, unos singulares lugares de observación y vigilancia en el perímetro. Las piedras recogidas se ordenan y organizan creando una serie de *guardaviñas*[14]. Estas construcciones o *chozos* concentran todas estas piedras que ocupaban el territorio agrícola. De esta forma, una serie de puntos ma-

---

[14] Guardaviñas: Edificaciones rurales en piedra que se construyen con escasa argamasa y son tan características del paisaje riojano de viñedos.

Estrategias: Dispersión y Concentración, Guardaviñas, España

Estrategias: Dispersión y Concentración, Spiral Jetty, EEUU, Robert Smithson, 1970

teriales controlan, mediante la estrategia de la dispersión, el perímetro a defender del viñedo, y se consolidan como objetos diseminados en el territorio agrícola riojano. Cada guardaviñas controla un viñedo, o un pequeño minifundio de viñas. Cada guardaviñas es un refugio pétreo en sí mismo.

También, la materia pétrea utiliza ambas estrategias de forma simultánea cuando se crea un camino, cuando se transforma por medio de los actos del ser humano el territorio. Es entonces, en el momento de construir el suelo, en la acción de pavimentar la tierra, cuando en la arquitectura pétrea se concentran una cantidad de piedra elevada. Esta piedra dispuesta de forma concentrada, una al lado de la otra y una sobre la otra, ocupa el territorio dispersamente definiendo una línea continua. Una marca que se ocupa de configurar el paisaje.

Esta segunda operación ha sido ya expuesta en el capítulo dedicado a la materia pétrea, a través del *earthwork* ejecutado por Robert Smithson en *Spiral Jetty*, al noreste de Utah. Esta obra invierte el concepto aquí tratado, la materia pétrea se extiende de forma esparcida en aras de crear un camino, el cual se formaliza como una espiral. Una figura geométrica que concentra materia y tiempo gracias a la operación de dispersión material. De nuevo, las estrategias de concentración y dispersión dependen entre sí, pero, en esta ocasión, de forma inversa. Espacio y tiempo se perciben en un transcurso continuo liberado de un muro físico vertical. Un paseo sobre una plataforma de densa piedra. Un límite físico horizontal, el cual conforma un final de espiral en torno a un centro. Así se configura un lugar de encuentro, por medio de las operaciones que se realizan sobre la materia y que ella nos deja acometer en su esencia física. Idea y materia se vuelven a dar la mano para construir un discontinuo espacial sobre una plataforma, que soporta sin fisuras toda la carga conceptual que las estrategias de concentración y esparcimiento tienen.

La casa de vacaciones en Arzachena es fundamental para la comprensión de las estrategias propias de la materia pétrea en la arquitectura. Las operaciones de concentración y esparcimiento se ven claramente referenciadas en este monolito sardo, el cual se ocupa de convocar la materia a su alrededor y organizarla para ser construida con un profundo olor a la cultura del mediterráneo. En primer lugar, este refugio pétreo convoca la materia necesaria para configurar un fuerte perímetro dependiente de la acción de la gravedad. En este, se puede observar la acción de la gravedad en la lógica relación que existe entre muro y forma. Este cierre continuo, al igual que las construcciones primitivas nuragui, concentra las fuerzas y hace que éstas configuren el límite, dotando de una geometría trapezoidal al mismo muro. Se construye un borde *continuum* de masa pétrea, el cual responde al peso de la piedra transportándose al suelo en el que previamente estaban esparcidas.

Gracias a su denso perímetro habitado, la casa concentra la vida en familia en torno al espacio liberado al centro. Una planta en cruz griega que mediante el esparcimiento de las diferentes estancias ubicadas en la cuatro esquinas que definen el cuadrado perfecto de la vivienda, consigue concentrar toda la vida de la casa. Ambas estrategias se comprenden a través de la gran presencia material del granito sardo, el cual se encuentra esparcido en las inmediaciones de esta construcción arcaica, y que consigue operar mediante las estrategias de concentración y dispersión en los diferentes estadios de las mismas.

Esta construcción, de límite preciso, destaca por aumentar la condición tribal de la vivienda y el sentimiento arcaico de la misma, mediante el acto de reunión en torno a un centro simbólico como el que ofrecían los primeros templos. La casa, al igual que las grandes construcciones de los antepasados, tanto egipcios como griegos, demuestra su clara configuración estereotómica y no duda en expresarse como ese muro denso y grávido. Esta persistencia entre forma y fuerzas es recogida por Francesco Cacciatore en su libro, *Il muro come contenitore di luoghi. Evoluzione della parete stereotomica in forma strutturale cava*: «en las dos culturas principales del pasado, las tradiciones griega y egipcia, uno de los principios clave parece ser, precisamente, la intención de mantener viva la coherencia constructiva y representativa, y hacerla comprensible a través de la forma»[15].

---

[15] Francesco Cacciatore, Il muro come contenitore di luoghi. Evoluzione della parete stereotomica in forma strutturale cava. Siracusa: LetteraVentidue Edizioni Srl, 2008; ed. utilizada: Federico Cacciatore, The wall as a living place, (Siracusa: LetteraVentidue Edizioni Srl, 2016), 21. T. del original: «In the two main cultures of the past, the Greek and Egyptian traditions, one

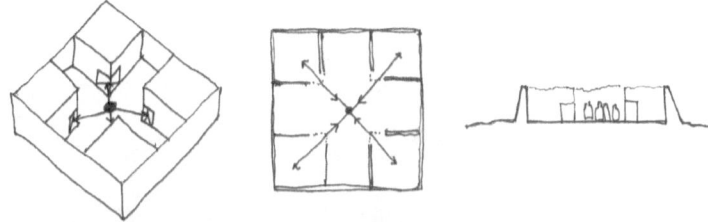

Estrategia: Concentración, Casa en Arzachena

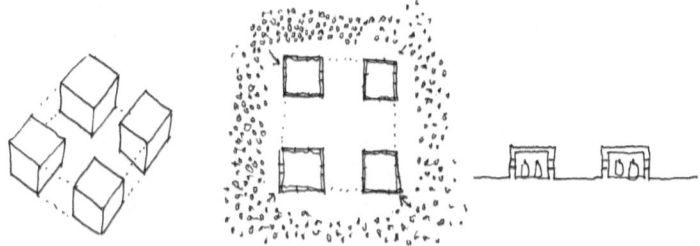

Estrategia: Dispersión, Casa en Arzachena

Finalmente, la última referencia por medio la cual esta vivienda y su gemela ejemplifican de manera excepcional ambas operaciones es la condición de hito y marca que ofrece la propia construcción, en comunión con la memoria y la cultura histórica propia del mediterráneo. Las casa y su gemela en su capacidad evocativa aluden a los templos griegos o, de nuevo, a las torres nuraghicas de la costa sarda, las cuales ofrecían una llamada a los pueblos bárbaros mediterráneos.

Por tanto, esta arquitectura de carácter continuo, pesado y monumental propondrá una concentración material excepcional que actuará como límite y marca territorial. Este simbolismo mediante el cual ambos «faros» ofrecen, por contrapartida y en conjunción a la misma, la dispersión en el territorio como configuración estratégica material establece una huella cultural muy poderosa. Esta memoria actúa sobre la radical comprensión de las estrategias de concentración y dispersión, propias y únicas de la materia pétrea, las cuales se reúnen en torno a la casa de vacaciones en Arzachena.

of the key principles seems to be precisely the intention ot always keep such constructive and representational coherence alive and make it comprehensible through form»

Estrategia: Adición, Cocedero de ladrillo, India

Adición[16] y Compartimentación[17]

A continuación se pasará a trabajar con dos nuevas operaciones, de nuevo, dos configuraciones sobre el límite que operan con el tipo estereotómico, pesado, denso, continuo y, sobre todo, materialmente presente. Las estrategias vinculadas a la materia arcillosa que a continuación se describirán: la adición y la compartimentación.

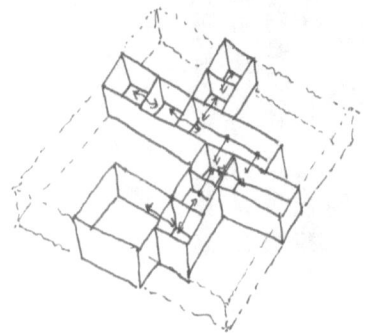
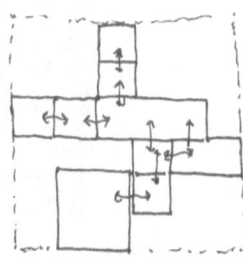

Estrategia: Adición

La adición como su propio significado dice es la acción y efecto de añadir, la operación de sumar, o la reacción química de dos o más moléculas, que se combinan para formar una sola cosa. De los dos primeros significados no tenemos mucho más que agregar, puesto que ambos son lo suficientemente claros y concisos, y se hacen más presentes en la *casa en Læsø*. Ahora bien, en primer lugar habrá que detenerse de forma más precisa en la tercera de las acepciones aquí recogidas, la adición

---

[16] Adición: *Del lat. Additio, onis*
1. f. Acción y efecto de añadir (agregar).
3. f. Mat. Operación de sumar.
4. f. Quím. Reacción en la que dos o más moléculas se combinan para formar una sola.
[17] Compartimentar:
1. tr. Proyectar o efectuar la subdivisión estanca de un buque.
2. tr. Dividir algo en elementos menores.

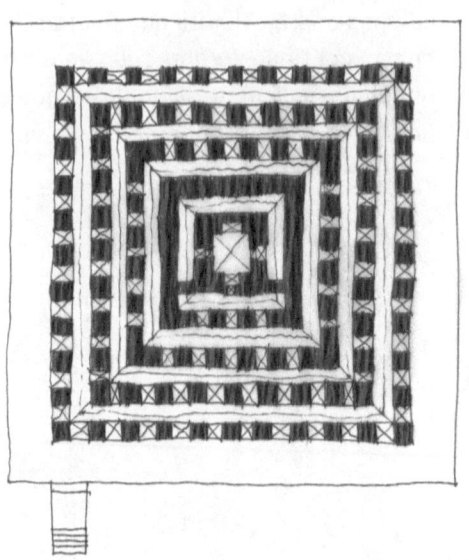

Estrategias: Adición y Compartimentación, Templo Rasmancha, India, 1600

como la combinación de dos o más moléculas para formar una sola cosa. Esta primera definición, que la obra de fábrica hereda de la química, hace referencia explícita al más sencillo de los anhelos que tiene la materia arcillosa: crear una masa para ser trabajada. Unir partículas sueltas para formar individuos, los ladrillos. Esta primera operación se hace realmente obvia en los cocederos de ladrillos hindúes, donde la propia materia se utiliza como productor y producto. Las masas se cuecen en el interior de unas construcciones ejecutadas, también, en ladrillos. En estas, los módulos de arcilla en un estado completamente húmedo toman temperatura, y se produce su cocido mediante la acción de el fuego y la lumbre.

Se puede observar que mediante el simple proceso de agregar calor a la masa, de añadir mediante la acción del fuego temperatura, se producen nuevos ladrillos en el interior de otros anteriores. Esta operación o efecto, el de añadir, se puede decir que produce un efecto ligado, de nuevo, a la obra de fábrica de ladrillo: ampliar o incrementar, en este caso, el número de ladrillos. Ahora bien, ¿cómo se puede descifrar este mismo código aditivo en una obra de ladrillo?.

De nuevo rebuscando en una cultura antiquísima en el uso de esta singular materia, *el templo Rasmancha* en Bishnupur, India, es un ejemplo muy ilustrativo de la adición. Este templo parte de una pirámide central ejecutada en ladrillo, a la cual se añaden mediante la suma de elementos iguales, una serie de deambulatorios concéntricos que se conforman a través cúpulas y arcos (aquellos que Kahn dijo que pertenecen al ladrillo). El templo, a su vez, detiene el tiempo en su percepción interior debido a que los poderosos muros de ladrillo se intercalan al interior, a fin de no tener una continuidad clara entre dentro y fuera. Los espacios interiores, en cambio, se conforman por medio de una clara compartimentación, por la acción de unir células iguales.

El templo Rasmancha nos ha presentado claramente la estrategia de compartimentación, pero ahondemos ahora en su acepción. Compartimentar significa, primero, proyectar o efectuar una operación sobre algo, en este caso de carácter estratégico arquitectónico, lo que indica pensamiento y acción de proyecto. Una acción que acompaña a la primera de las operacio-

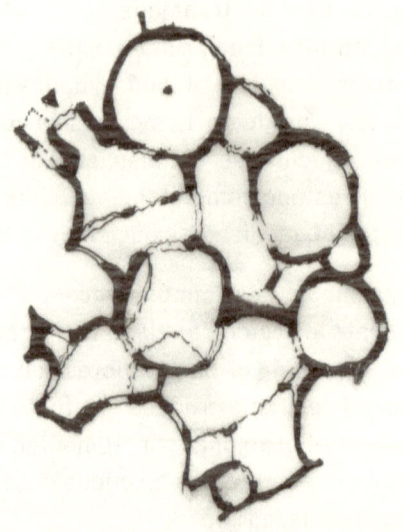

Estrategias: Compartimentación y Adición, Poblados Dogon, Mali, s.XV

nes aquí expresadas, la subdivisión. Hacer celdas, crear habitaciones, proyectar en definitiva rincones, tal y como enseñó Bachelard en su *La poétique de l´espace*[18], o enseña esta materia al trabajar con ella. Estos rincones, tan propios de la fábrica de ladrillo, son parte fundamental y preocupación del oficio del arquitecto, a los cuales el profesor Santiago de Molina hace clara referencia en su breve texto online *el fabricante de rincones*: «ni filósofos, psicólogos ni la mayoría de los arquitectos aman los rincones, porque en ellos solo se percibe la simpleza conceptual de lo reservado, de lo cejijunto y de un primitivismo insustancial»[19]. Esta primera cuestión, la que alude a proyectar celdas, a realizar subdivisiones, acompaña a la segunda de las acepciones recogidas en la DRAE, porque el acto de dividir algo en elementos menores, en efectiva ayuda a crear estos rincones.

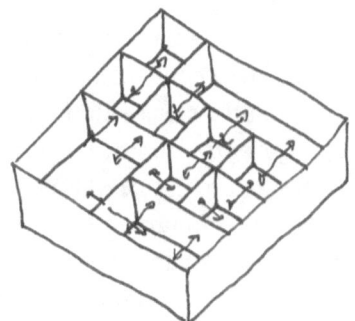
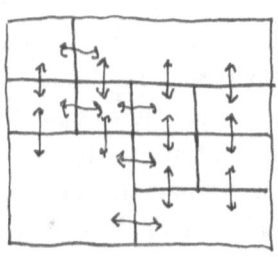

Estrategia: Compartimentación

Si al dividir algo en elementos menores compartimentamos, e igualmente separamos, se vuelve a evidenciar que adición y compartimentación son dos estrategias que se necesitan una a la otra. De nuevo, se

---

[18] Gaston Bachelard, La poétique de l´espace. Paris: Presses Universitaries de France, 1957; ed. utilizada: Gaston Bachelard, La poética del espacio. Mexico D.F: Fondo de Cultura Económica, 1965
[19] Santiago de Molina, *el fabricante de rincones*, 10 de Diciembre del 2019, https://www.santiagodemolina.com/2018/11/fabricantes-de-rincones.html

puede afirmar que sin adición no existe compartimentación a la hora de configurar el límite en la materia arcillosa. Esta arquitectura amasada, acariciada, construida a base de ser contorneada, se encuentra en deuda con la mano del hombre, que la acaricia y contornea. Pero más allá de esa capacidad de evocación que esta materia arcillosa sugiere, tanto en su estado previo de masa a la espera de ser moldeada, como en su estado más operativo de ladrillo al ser aparejado, las estrategias de la adición y la compartimentación pertenecen, por encima de otras, a la arquitectura doméstica, a los asentamientos.

El tipo más característico de asentamiento sedentario amasado son *los pueblos Dogon* en Mali o Ghana. Ubicados a los pies de una montaña, estos poblados crecen como un mecanismo celular. Se proyecta una primera célula, un primer límite construido a partir de una masa arcillosa, la cual se compone de un sencillo sistema de dos huecos, un umbral para ser atravesado y una ventana por la cual atrapar la luz. Estos poblados se enriquecen a la hora de construir una aglomeración, una suma de células que utilizan ambas estrategias operativas propias de esta materia, la compartimentación y la adición. Esta amalgama configura mediante la estrategia de adición un conjunto materialmente armonioso, el cual conglomera el mayor número de habitáculos a fin de proceder como un sistema de crecimiento casi infinito. Estos habitáculos pueden ser igualmente subdivididos, configuran dentro de la propia cédula, y a través de la estrategia de la compartimentación, otra serie de espacios que guardan un orden y proporción similar al anterior. Unos nuevos límites internos.

Esta arquitectura, la constituida por la materia arcillosa destaca por ser toda ella portante, las cargas y los espesores murarios se leen como una código continuo, donde dentro y fuera se perciben en tiempos distintos. Aquí, en el espesor del propio muro es donde idea y estrategia se funden. Aparicio Guisado, en su libro *el muro*, conceptúa de excepcional forma la idea del muro como materia prima: «en el muro en sí mismo prima la materia, desde donde partimos para llegar a la idea de muro y, desde ésta, a la idea de arquitectura. Cuando el proceso de creación comienza de esta manera se pretende partir de la materia para llegar a la arquitectura»[20].

La casa en Læsø es un caso de estudio excepcional a la hora de percibir ambas estrategias. Comenzaremos, por tanto, por la estrategia de compartimentación. La casa es un sistema de nueve cuadrados de idéntica dimensión y diversas variaciones. En primer lugar se construye una plataforma, un primer límite que traza sobre este pódium un perímetro construido en ladrillo. Tras la definición de este, se delimita un cuadrado perfecto en ladrillo. El límite físico creado por la base construida evidencia una lectura de la vivienda en torno a su traza de planta cuadrada. Sobre ese borde se utiliza la estrategia de la compartimentación, para determinar los cinco cuadrados que configuran la propia vivienda. Al realizar esta operación, en la cual se configura un segundo límite continuo interior, se ofrece a la vivienda una serie de plataformas internas que actúan como patios y terrazas para gozar del sol, lugares de observación entre la arcilla.

Esta continuidad interior ejecuta la compartimentación del borde en habitáculos de similar tamaño, planteando la siguiente cuestión: ¿cómo se agregan o, mejor dicho, cómo opera en esta ocasión la estrategia de adición?. Per Kirkeby utiliza la adición para construir la planta y dotar de una discontinuidad escalar al conjunto. Esta configuración casi palladiana hace que la construcción del límite se ejecute mediante el contacto de los diferentes volúmenes en uno de sus bordes, sin realizar maclas o recortes. Se cruza de un espacio a otro a través del umbral que define el punto más alto de cada una de las células, las cuales comparten uno de sus lindes. Este refugio nórdico, por medio de la estrategia de la adición, encuentra en el par conceptual que ofrece la continuidad perimetral y la discontinuidad escalar, una respuesta conjunta a ambas estrategias.

El uso conjunto de ambas operaciones responde de manera muy nítida a la conformación constructiva mediante cajas o habitáculos, mejor dicho,

---

[20] Jesus Mª Aparicio Guisado, El muro, (Buenos Aires: LibreríaTécnica CP67 S.A., 2000), 188

a la construcción de habitaciones o rincones. La arquitectura del ladrillo, la de la materia arcillosa, construye su límite a través de una propuesta de elementos que producen recintos, es la arquitectura de la caja y el muro, una arquitectura de una fuerte fisicidad. Esta arquitectura de individuos, tanto en la construcción de las células mínimas, como en su posterior adhesión o compartimentación, congela la luz en su interior, y consigue que ésta se adhiera sobre las paredes del rugoso ladrillo.

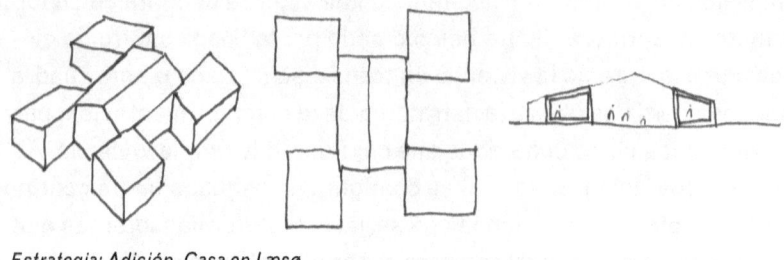

Estrategia: Adición, Casa en Læsø

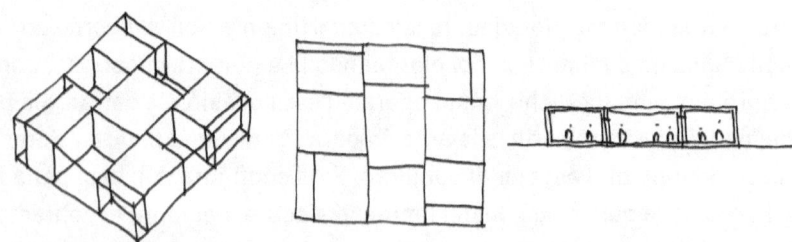

Estrategia: Compartimentación, Casa en Læsø

La casa de vacaciones en Læsø utiliza el ladrillo en toda su expresión, desde la poderosa elección en el aparejo y su junta, hasta en la configuración del límite construido que esta materia le ofrece. Se utilizan las estrategias de adición y compartimentación en esta vivienda de verano convirtiéndose, a través de la suma y unión de sus cajas habitadas, en un caso de estudio ejemplar en el sistema combinatorio de estas dos estrategias de la materia arcillosa. Tanto a la hora de crear células habitadas en ladrillo, como de ejecutarlas a través de las estrategias de compartimentación y adición.

«Incluso un ladrillo quiere ser algo más. Un ladrillo quiere ser mucho más. Tiene ambiciones. Incluso un simple y ordinario ladrillo quiere ser algo mejor que esto. Así debemos ser todos»[21].

Las cuatro primeras estrategias de la materia hasta aquí expuestas pertenecen a la arquitectura de la pesantez y la gravedad, la cueva y el muro. En este primer grupo, se han narrado las operaciones y configuraciones para construir el límite en la arquitectura estereotómica, aquella que pertenece a la arquitectura de la piedra y la arcilla, del subsuelo. Aquella que se construye por la acumulación de capas horizontales, por la obvia presencia de la gravedad. De esta forma, las primeras cuatro estrategias hacen referencia explícita a operaciones que se realizan sobre la materia en continuidad.

Repetición[22] *y Desplazamiento*[23]

A continuación, se describirán cuatro estrategias pertenecientes al mundo de la tectónica, del nudo, la barra y la ligereza, en definitiva, de la cubierta y el cercado. Previo a comenzar con ellas, se debe hacer un apunte sobre uno de los valores principales de esta arquitectura: la arquitectura tectónica o, mejor dicho, la estrategias de la materia que se ocupan de la tectónica son estrategias que hablan, claramente, de una discontinuidad en el muro o, una continuidad muy presente entre exterior e interior. De nuevo, Aparicio Guisado realiza una formidable explicación sobre el pen-

---

[21] Louis I. Kahn en, Lorenzo Barnó y Agnieszka Stepien, *El ladrillo en la obra de Kahn*, 15 de diciembre del 2019, https://www.stepienybarno.es/blog/2019/12/11/el-ladrillo-en-la-obra-de-kahn/
[22] Repetir: *Del lat. repetere*
1. tr. Volver a hacer lo que se había hecho, o decir lo que se había dicho.
6. intr. En las universidades, efectuar la repetición.
8. prnl. Dicho de una cosa: Volver a suceder regularmente.
9. prnl. Esc. y Pint. Dicho de un artista: Insistir en sus obras en las mismas actitudes, perspectivas, grupos, etc
[23] Desplazar: *De des- y plaza*
1. tr. Mover o sacar a alguien o algo del lugar en que está. U. t. c. prnl.
4. prnl. Trasladarse, ir de un lugar a otro.

samiento tectónico en la arquitectura: «como ya hemos visto, tan materia
arquitectónica es el muro como el espacio exterior. La arquitectura tectónica nace tanto de la sublimación de la materia del muro, como de la sublimación de un exterior que empieza a formar parte del espacio»[24].

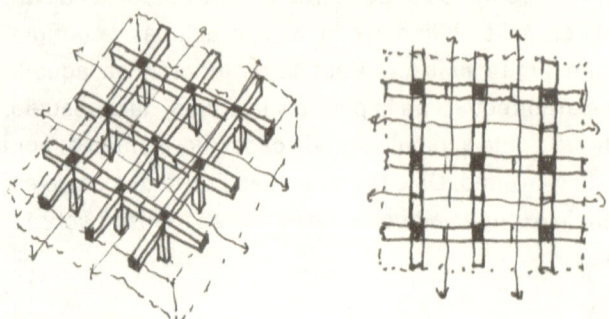

Estrategia: Repetición

La primera de las estrategias, puramente tectónicas, de las cuales se
ocupa la materia leñosa es la repetición. En primer lugar esta operación
alude, tanto en su significado, como en su etimología, a realizar una labor artesanal repetida en muchas ocasiones, al acto creativo de explorar,
en definitiva, a intentar. Explorar e intentar están emparentados con la
acción de aprender y comprender a través del trabajo reiterado sobre un
mismo tema, sobre una misma cosa. Por tanto, la repetición es el proceso mediante el cual se forma al maestro carpintero, tal y como apunta
Richard Sennett y se explica el capítulo de la materia leñosa. Se puede
afirmar que esta materia y estas estrategia se unen desde sus cimientos
y comparten campos comunes continuamente. La materia leñosa requiere de la repetición para ser precisa y óptima, tanto como el carpintero
necesita del acto de repetir la misma acción para convertirse en maestro, para ser un *daiku*[25].

---

[24] Jesus Mª Aparicio Guisado, El muro, (Buenos Aires: LibreríaTécnica CP67 S.A., 2000), 188
[25] *Daiku*: En japonés, maestro o artesano, carpintero, maestro arquitecto.

En un primer estadio se ha expuesto la enraizada relación existente entre materia, artesano y estrategia. Ahora bien, ¿cómo explota la estrategia de la repetición sus condiciones a la hora de construir un límite y definir un espacio en madera? Es sabido por todos nosotros que repetir significa hacer algo en reiteradas ocasiones, la estrategia de la repetición se ocupa y encarga de insistir y rehacer un mismo nudo en el mismo pórtico. En definitiva, en la construcción de un sistema de manera continuada. Además, este concepto de sistematización, tan unido a la lógica de ensamblado de la madera, es fundamental dada la ética material propia de la materia leñosa y sus límites físicos.

Con la madera se puede construir en base a tener todos los elementos notablemente arriostrados entre sí. Es por ello que la estrategia de la repetición para la cubrición y definición de un límite y su techumbre son fundamentales para la construcción de todos sus bordes, tanto de la renombrada cubierta tectónica, como del cercado del espacio interior, igualmente, tectónico, por ejemplo de la *villa imperial Katsura*. Este complejo palacial japonés repite la misma solución constructiva en toda su construcción, creando un sistema de pilares, vigas y correas, los cuales se modulan en torno al mecanismo dimensional que le ofrece la cultura constructiva japonesa, a través del *tatami*[26].

Igualmente, en la cultura tradicional del secado de pescado en Galicia se puede observar a la materia leñosa explicar las estrategias de repetición y desplazamiento, los sistemas internos mediante los cuales construyen y caracterizan tales espacios ambas configuraciones, a través de los *secaderos de congrios de Muxía*, en A Coruña. Estas construcciones son unas estructuras de madera muy primitivas que datan del siglo XV. Su uso, como su propio nombre dicta, es el del secado natural del congrio cuando el viento tiene una componente noreste. Los peces anguiliformes se cuelgan en posición horizontal de la estructura de madera, la cual construye una especie de andamio en madera de pino seca. La estructu-

---

[26] *Tatami*: Dimensión japonesa correspondiente a una estera [cama de suelo] de 90 x 180 centímetros o 90 x 90 centímetros.

Estrategia: Repetición, Villa Imperial Katsura, Japón, 1662

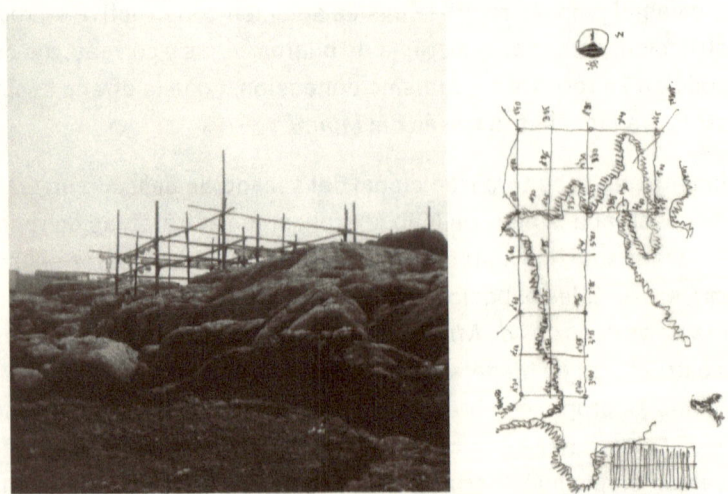

Estrategia: Repetición y Desplazamiento, Secaderos de Congrio en Muxía, España

ra ejecuta un mapa de puntos sobre el suelo, y los rollizos de madera, a su vez, se superponen unos sobre otros formando una densa trama que está completamente empotrada a la roca, tal y como lo describe Carlos Pita: «construcciones de rollizos de madera de pino ubicadas junto a la mar, donde los verticales, los cuadros, se empotran, encuñan y tensan sobre las rocas, a ellos se atan con cabos los horizontales, que descansan sobre las cornamusas. Sobre estas cabrias, se orean las congrias abiertas al sol y al viento frío y seco del nordeste. Una exigente labor siempre atenta a los vientos «carnosos», realizada sobre todo en la primavera, pero que demanda trabajo durante todo el año»[27].

El sistema configura un mapa al repetirse en infinitas ocasiones, y el desplazamiento de los elementos, tanto en horizontal, como en vertical, provocan que las estrategias de la materia leñosa converjan en esta sencilla estructura. Si al trabajar con metal u hormigón no se requiere del desplazamiento en dos ejes para comprender el espacio tectónico, el trabajo con la madera si precisa de ambas estrategias para configurar el límite y construir el espacio que deviene de ella: el espacio ensamblado.

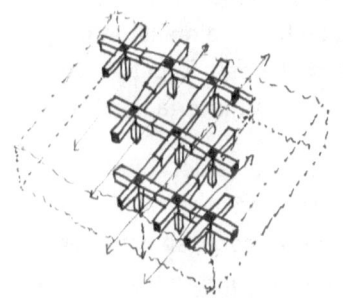 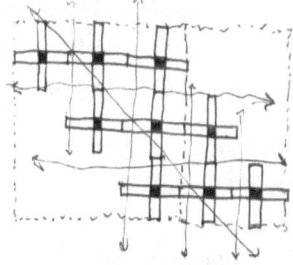

Estrategia: Desplazamiento

---

[27] Carlos Pita, Jose Iglesias, Tono Mejuto, *Secaderos de cóngrio en Muxia*, Obradoiro 34 Os límites, (Santiago de Compostela: COAG, 2012), 360

Ya se ha introducido la noción de desplazamiento como estrategia de la materia leñosa, a través de los *secaderos de congrio* y *la villa imperial Katsura*. Ahora bien, se debe analizar de nuevo en su significado y etimología para recoger de manera clara cómo es la operación y configuración espacial obtenidas mediante desplazamiento. La primera acepción que se recoge de desplazar es aquella que se ocupa de mover o sacar algo del lugar en el que está. Sin lugar a dudas esta doble operación crea un nuevo punto en el desplazamiento y genera un vacío interno, ya que deja un lugar libre que anteriormente se encontraba ocupado. Al desplazarnos espacialmente el límite se difumina, creándose relaciones interior – exterior. La secuencia de espacios, que de esta operación surgen, se caracterizan por tener una configuración pautada y entramada. La segunda definición recogida en la DRAE es el acto de trasladarse, un movimiento que al igual que la primera definición desvía la materia de un lugar hacia otro. La acción de trasladarse adquiere un segundo grado de información. Cuando movemos algo estamos haciendo un desplazamiento no preciso, en cambio, cuando trasladamos se está indicando un grado de precisión elevado. La segunda de las acepciones recogidas en la DRAE indicará un desplazamiento en torno a un sistema o red de puntos, mejor dicho, un desplazamiento en relación a un límite dimensional, el propio que tiene la madera: el límite de la materia leñosa. Repetir y desplazar, por tanto, son dos estrategias en deuda con la materia leñosa.

El poblado indígena Yanomani ubicado en la selva del Amazonas describe a través de sus construcciones tradicionales la estrategia de desplazamiento. Sus agrupaciones *Shabono* de viviendas, se configuran mediante el desplazamiento de un mismo pórtico entramado de madera del propio amazonas, en busca de una larga sombra sobre la cual protegerse y reunirse al centro. Cada poblado forma un gran anillo construido mediante una estructura axial de pórticos, cada anillo está dividido en una serie de porciones, las cuales han sido construidas mediante diferentes pórticos que se repiten y desplazan de forma concéntrica. La construcción de cada pórtico se ejecuta por medio una trama muy artesanal, equilibrando las fuerzas de gravedad y liberando la punta alta de la cubierta que constituye el perímetro del círculo. De esta forma, se obtiene un límite continuo entre interior y exterior. Cada porción de ésta construcción anular constituye una unidad familiar y configura un sistema de crecimiento entre comunidades. Las viviendas utilizan la estrategia del desplazamiento mediante la traslación de sus pórticos de madera. Estrategia y materia se convocan para, de nuevo, dotar de cobijo al hombre.

La casa en los bosques de Karuizawa, mejor dicho, la casa del bosque es un ejemplo totalmente radical de ambas aproximaciones en la construcción del límite en la materia leñosa. En primer lugar, como ya se ha descifrado anteriormente, el límite tectónico es difuso y discontinuo. Esta relativa discontinuidad en la configuración, se debe a que ya no se esta tratando con la arquitectura del muro y el basamento, sino que ahora, nos estamos ocupando de la arquitectura del poste y el techo. La arquitectura del pilar y la cubierta. Esta discontinuidad material ofrece una nueva oportunidad, y es que la arquitectura de la materia leñosa dota al espacio de una gran conexión entre interior y exterior. El caso de estudio en Karuizawa es una gran cubierta, un plano inclinado a dos aguas que esconde, bajo su densa sombra, un gran vacío continuo entre interior y exterior donde la cubierta es un umbral. Este espacio, el cual se ubica bajo el gran plano plegado, deja pasar la pendiente de la montaña a través del mismo, para así dotar de una fuerza sin igual a la conexión entre afuera y adentro.

Si la gran cubierta sobre pilares o ramificaciones es la deudora de la arquitectura leñosa y, por tanto, la madera, la construcción y sustentación de la misma es la que se ocupa de definir las estrategias de esta materia, se comenzará, por consiguiente, por la estrategia de repetición. Esta se confirma en toda la construcción de la estructura portante de la vivienda. El pórtico tipo es una estructura ramificada que se repite en cinco ocasiones en aras de configurar un ritmo interior, el espacio en la repetición de los elementos no solo se configura, puesto que se construye su límite vertical, sino que también se caracteriza, ya que cada elemento por si solo es una muestra única de la arquitectura ensamblada de madera.

El espacio interior es continuo, pero la suma de los elementos dota de cierto grado de discontinuidad acotada. Se muestra aquí un concepto de fragmentación propio del espacio de la tectónica, tal y como explica de nuevo

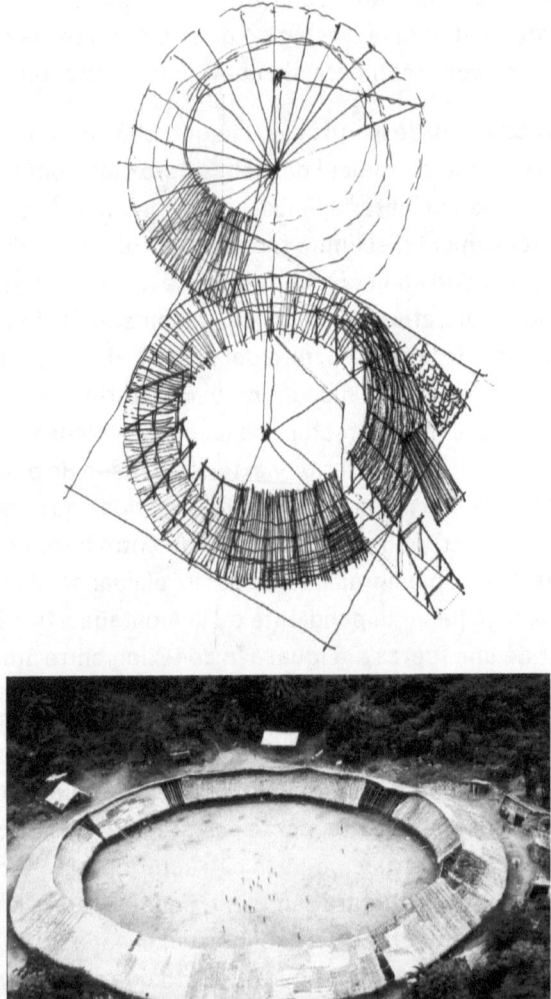

Estrategias: Desplazamiento y Repetición, Shabono, Amazonia

Aparicio Guisado: «el concepto de *discontinuum* en el muro nace de una idea fragmentada, en partes, de la materia de la arquitectura. Cada una de dichas partes tiene forma, función y material propios. El espacio nace de la superposición de ellas. Esta discontinuidad de la materia pretende que el espacio de la arquitectura sea continuo con el de la naturaleza viva que le rodea»[28].

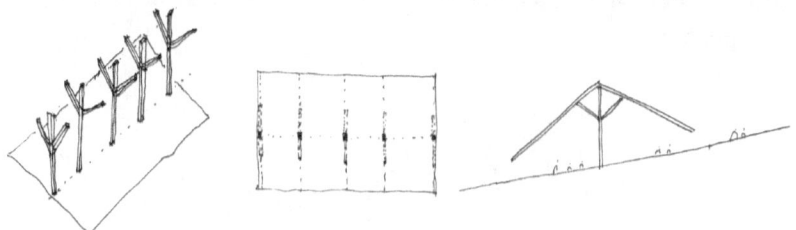

Estrategia: Repetición y Desplazamiento, Casa en Karuizawa

La estrategia de la repetición ayuda en la comprensión de la percepción discontinua del límite tectónico de la materia leñosa. El desplazamiento tiene que ahondar en la complejidad de la acción de este movimiento para percibir el límite y el espacio ensamblado. La casa en el bosque unifica ambas estrategias complementarias, se construyen una serie de estructuras verticales ramificadas, que en su repetición y desplazamiento definen unas reglas del juego. Estas reglas pautan el espacio interno en la percepción que se tiene del mismo. Esto se debe, en gran medida, a que a través de la estrategias de desplazamiento mediante la traslación, se impone una regla al espacio. La casa asume las leyes que la materia del bosque le imponen y, de esta forma, se construye una cubierta continua que diluye el límite horizontal. Mediante la acción simultanea de ambas estrategias se configura un espacio libre, donde la luz o, en este caso, la extensa sombra configura la continuidad entre todos los espacios. Las estrategias de la materia leñosa configuran el preciso límite de la casa Taniwaka, la gran cubierta como expresión última de la arquitectura tectónica. La arquitectura primitiva de la materia leñosa.

[28] Jesus Mª Aparicio Guisado, El muro, (Buenos Aires: Librería Técnica CP67 S.A., 2000), 193

Multiplicación[29] y Desaparición[30]

Conocidas las dos primeras estrategias pertenecientes a la tectónica, pero sobre todo a la arquitectura de la madera y la cabaña, a continuación se describirán las siguientes dos operaciones del tipo tectónico: las estrategias de la materia mineral. La primera de ellas es la estrategia de la multiplicación.

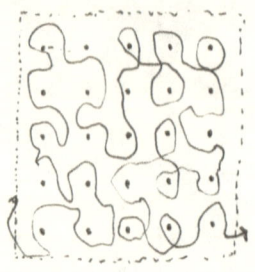

Estrategia: Multiplicación

Es por todos sabido que para sumar realizamos una operación de agregación básica, un elemento más otro. De esta forma, ya se ha descubierto que la primera de las estrategias propias de la tectónica, la estrategia de la repetición utiliza esta primitiva operación para configurar el límite y

---

[29] Multiplicar: *Del lat. multiplicare*
1. tr. Aumentar el número o la cantidad de cosas de la misma especie. U. t. c. intr. y c. prnl., especialmente hablando de lo que se multiplica por generación. U. t. en sent. fig.
2. tr. Hallar el producto de dos factores, tomando uno de ellos, llamado multiplicando, tantas veces por sumando como unidades contiene el otro, llamado multiplicador.
3. tr. Mat. Realizar la operación de multiplicar con expresiones algebraicas.
[30] Desaparecer: *De des- y aparecer*
1. intr. Dejar de estar a la vista o en un lugar. La mancha ha desaparecido. En Am., u. t. c. prnl. Se desapareció de la casa.
2. intr. Dejar de existir. Los dinosaurios desaparecieron hace millones de años.
3. intr. Dicho de una persona o de una cosa: Pasar a estar en un lugar que se desconoce. Varios montañeros han desaparecido a causa de la tormenta. Han desaparecido las llaves, no las encuentro.

espacio propios de la materia leñosa. Ahora bien, ¿qué ocurre cuando la materia nos permite aumentar las distancias a proteger?, o ¿cuándo podemos optimizar al máximo la relación entre materia y espacio?. Es aquí donde la multiplicación, la operación de aumentar el número de elementos en el espacio, o la que permite aumentar la distancia entre apoyos en ese mismo espacio, se ocupa de configurar el límite de la materia mineral.

Multiplicar significa aumentar la cantidad o número de cosas, en este caso de elementos o partes constructivas, o aumentar la distancia entre estas partes constructivas. Al operar mediante multiplicación, se repetirán muchas o pocas veces pilares y vigas para definir un espacio y ocuparlo, para sostener una cubierta, para crear un patrón habitacional tectónico. Es tremendamente interesante analizar la etimología de multiplicar: la raíz de multiplicar proviene de latín *multiplicare*, lo que significa aumentar mucho las cosas. A su vez, *multiplicare* está formada por el prefijo *multus-* (mucho) y *plicare* (hacer pliegues), que como se ha podido observar es una técnica fundamental a la hora de la elaboración y conformación del acero como producto acabado. No es baladí afirmar que estrategia y técnica se dan la mano, puesto que se precisa del pliegue de la lámina de acero para conseguir conformar un perfil, el cual, a su vez, ayuda a constituir el espacio tectónico por medio de la multiplicación de los sistemas constructivos que operan con la materia mineral.

El *invernadero de Lourizán* es un edificio configurado en base a la estrategia de la multiplicación de la materia mineral. Este está construido en acero laminado y, como buen invernadero, se encuentra recubierto por vidrio, el cual dota de la suficiente resistencia a toda la estructura. La planta rectangular tiene tres naves, dos laterales más bajas y una central que ocupa el gran vacío central. El espacio de la nave central está pautado mediante una estructura de cuatro pórticos completos de finísima sección. Se disminuye la dimensión de la viga que construye el arco de la cubierta, pero se repiten los arriostramientos con una diminuta sección de los mismos consiguiendo multiplicar el espacio a cubrir. Cada pórtico cubre una longitud de trece metros y se repiten cada cinco metros aproximadamente, formando una densa trama. A su vez, en la dirección

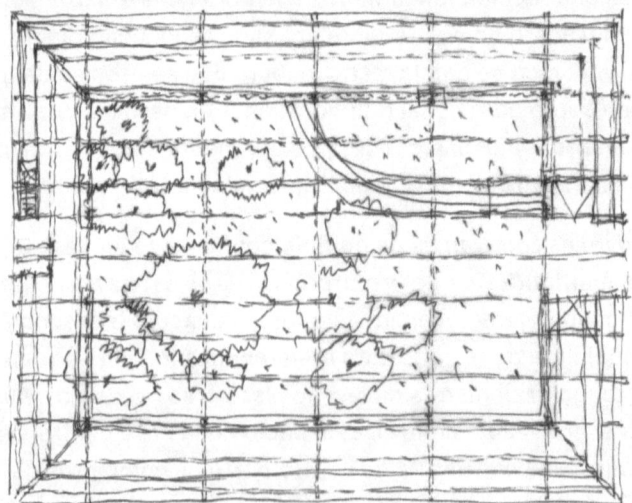

Estrategia: Multiplicación, Invernadero de Lourizan, España, 1941

longitudinal del rectángulo la propia estructura cubre un vano de veinte metros. Toda la estructura tiene una subestructura, la cual se multiplica configurando una malla y tejido en el cual se apoyan los vidrios. El invernadero de Lourizán utiliza la estrategia de la multiplicación en su dos vertientes, representando el espacio propio de la materia mineral. El límite conformado es un elegante esqueleto propio de la materia mineral, la misma que construye un espacio entramado de vidrio y vegetación.

Tras conocer como opera la estrategia de la multiplicación en la materia mineral, a continuación, se describirá la estrategia más indeterminada de la materia: la estrategia de la desaparición. Al repasar como todas las estrategias de esta investigación configuran el límite a través del material construido, se puede observar que todas ellas guardan en común al material como límite físico final. Ahora bien, ¿qué ocurre cuando estamos operando con la ausencia de éste?, ¿qué ocurre cuando la arquitectura de elementos livianos se apodera del límite y el espacio arquitectónico?. Es aquí donde la estrategia de la desaparición de la materia mineral aparece o, mejor dicho, desaparece.

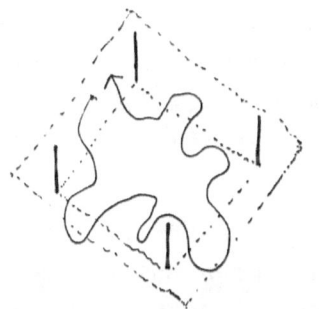
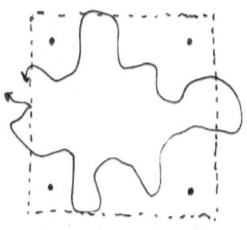

Estrategia: Desaparición

Desaparecer en los diferentes significados que ampara la DRAE indica de forma continuada una misma operación: dejar de estar a la vista o desvanecerse, en el caso más extremo dejar de existir. Ir más allá de la física. Estas dos acepciones describen, de nuevo, dos significados que hablan, en primer lugar y de forma más evidente, de la condición inmaterial del acero que ya ha sido tratada en su correspondiente capítulo. Pero además de la esbeltez y la optimización de los elementos de construcción de la materia mineral, ésta fantástica relación entre cantidad de material y espacio es la que ennoblece la existencia de esta bellísima materia. En segundo lugar, su raíz etimológica latina está compuesta por el prefijo *dis-* que indica inversión de la acción, el término latín *parere* que quiere decir aparecer y, en último lugar, el sufijo *–ecer* que indica proceso. Con toda esta información nos debemos preguntar, ¿cuál es este proceso?. Se puede afirmar que este es; la búsqueda de la dimensión óptima en relación al mínimo espacio, la multiplicación de los elementos de menor sección posible y, en último lugar, la aparición de la pátina superficial del acero cuando la luz impacta sobre su superficie. Estos son los procesos que desmaterializan la materia mineral y que disuelven el límite material de la misma y, por tanto, son los mecanismos internos de la estrategia aquí expuesta.

Esta segunda operación estratégica, nos remite de nuevo a la obra *Lightning Fields* de Walter de Maria, la cual ha sido objeto de exploración en el capítulo de la materia mineral. La obra utiliza unas sutilísimas estacas de acero inoxidable pulido, el cual tiene una superficie muy tersa. La esbelta proporción de los elementos y la multiplicación de los mismos sobre una malla imaginaria crea un primer límite. La multiplicación acota una porción de territorio, ofreciendo una lectura fragmentada y tectónica del mismo.

En segundo lugar, la diminuta sección y proporción de los elementos en conjunción con la superficie brillante de los mismos hace que durante el día estos desaparezcan. Por contrapartida, ante la llegada de una tormenta eléctrica las estacas se hacen presentes y, como si de un fantasma se tratase, se materializan y desmaterializan por la acción de la poderosa luz eléctrica. La estrategia de la desaparición ofrece una continuidad en el espacio definido por las estacas y, el habitante puede pasear libre de materia construida a su alrededor. Aparece por primera vez la arquitectura del límite infinito. El espacio sin límite físico. El espacio en desaparición.

Durante la narración de las estrategias de la materia mineral se han recogido de forma separada ambas configuraciones de proyecto, a través de dos casos de estudio extremos. Igualmente, se ha podido observar como ambas configuraciones construyen el límite infinito de la materia mineral aquí expuesta. A continuación, se describirán ambas estrategias a través del caso de estudio de la *Casa Fields en Miradero road*.

La obra de Craig Ellwood transgrede, en primer lugar, uno de los motivos fundamentales de las viviendas de posguerra americana, la noción única de montaje. Esta vivienda en Beverly Hills va mucho más allá y asume a la materia mineral como herramienta total del proyecto arquitectónico. La casa, en su extremo posicionamiento, absorbe todas las condiciones y condicionantes propios del material y sistema propuestos, utilizándolos a la hora de configurar el límite propio de la vivienda.

En primer lugar se establece una malla de reducida dimensión, una retícula de 2.50 metros (en el dibujo presentado se ha utilizado la malla proveniente del módulo de pavimento), se encarga, a través de la multiplicación de elementos de construir el perímetro de esta vivienda. Los elementos tubulares de mínima sección operan en esta red de puntos interpuesta por la propia materia que la constituye. El límite sur, que mira hacia el paisaje californiano, está compuesto por el propio ritmo que la estructura le confiere y se percibe la tectónica de la construcción entre los paños de vidrio correderos. El límite así construido se disgrega y la pérgola que termina por configurar el borde es un elemento clave para comprender la naturaleza estratégica de la materia mineral. La multiplicación como sistema de construcción espacial libre.

Dentro de la propia malla ejecutada se eliminan algunos elementos que construyen el sistema y, de esta forma, se libera el espacio. La supresión de pilares y el cruce de pórticos evidencian la desaparición de los primeros. La segunda de las estrategias aquí utilizadas se pone de manifiesto a la hora de configurar y, sobre todo, al habitar los espacios. El límite entre las diferentes estancias es difuso, y desaparece la construcción opaca para dar pie a una vivienda que soporta de manera casi ingrávida la cubierta. Los pilares, carpinterías y parteluces de esbeltísima sección configuran y pautan el límite. Estos desaparecen al ejercer una vibrante relación entre los elementos constructivos. La casa utiliza la convivencia de ambas estrategias como operación material.

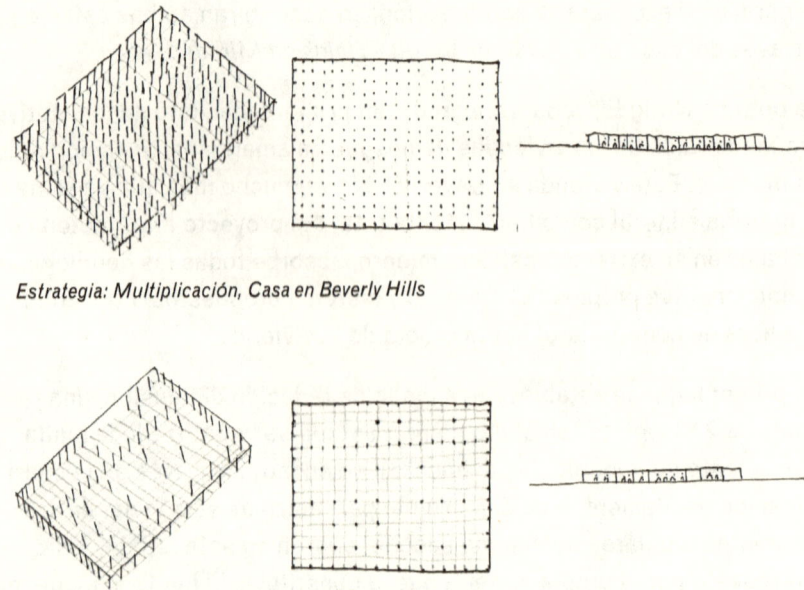

Estrategia: Multiplicación, Casa en Beverly Hills

Estrategia: Desaparición, Casa en Beverly Hills

Las configuraciones propias de la materia mineral construyen, conforman, ordenan y, sobre todo, disuelven el límite de la vivienda. La *casa fields* actúa como un escenario, un límite difuso entre interior y exterior. Una suerte de cubierta casi suspendida, la cual constituye una sencilla sombra a través de la evidente inmaterialidad de este refugio. Un umbral de materia mineral.

Sustracción[31] y Expansión[32]

Las últimas dos estrategias de la materia pertenecen al anteriormente llamado «quinto elemento» ó, mejor dicho, la materia fluida. Este material, esta masa inicialmente informe opera absorbiendo muchas de las condiciones y anhelos materiales de las otras sustancias aquí recogidas. Es por todos nosotros conocido que el hormigón fue y es el material total, ésta sustancia es la materia que mejor ejemplifica ambos arquetipos constructivos: el estereotómico y el tectónico, los cuales son ampliamente solventados por las condiciones combinatorias internas de esta. Esqueleto de fino acero y cuerpo de dura piedra son dos de las condiciones más singulares de esta materia. Sin ningún lugar a dudas, las estrategias de esta materia exponen y elevan los ya tan citados arquetipos, poniendo en evidencia que la sustracción material y la expansión son herencias elevadas a su máxima expresión a través de este material tan heterogéneo: el hormigón.

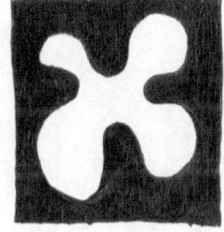

Estrategia: Sustracción

---

[31] Sustraer: *Del lat. tardío substrahere, y este del lat. subtrahere, inf. en su forma abstrahere 'apartar', 'sustraer'*
1. tr. Apartar, separar, extraer.
3. tr. Mat. Restar, hallar la diferencia entre dos cantidades.
4. prnl. Separarse de lo que es de obligación, de lo que se tenía proyectado o de alguna otra cosa.
[32] Expandir: *De lat. expandere*
1. tr. Dilatar algo o hacer que aumente de tamaño. U. t. c. prnl.
3. tr. Extender algo, o hacer que ocupe más espacio. U. t. c. prnl.

Estrategia: Sustracción, Capilla Bruder - Klaus, Alemania, Peter Zumthor, 2007

Estrategia: Sustracción, San Esteban de Viguera, España, s. X

La primera de las estrategias expuestas a continuación es la sustracción. Se puede inicar que esta configuración y operación espacial es tomada de la acción primitiva que se realiza para obtener material en la materia pétrea. Sin embargo, se debe afirmar que debido al estadio intermedio en el cual se encuentra la materia fluida como masa dispuesta a ser trabajada y encofrada, o sea, controlada, es en la configuración del límite y espacio interno del hormigón donde esta estrategia es más evidente y poderosa. Las tres acepciones aquí expuestas de sustraer indican, en todos los casos, eliminar, separar, restar o, lo que es más importante, extraer, en nuestro caso, materia-material. Cuando sustraemos lo que realmente hacemos es quitar masa a la masa, eliminando una cantidad con un fin, este es el mayor anhelo de la arquitectura: crear espacio. Un espacio material.

Ahora bien, cuando miramos al interior de la materia y, más en concreto, cuando observamos la etimología de este término, nos encontramos con el siguiente significado: sustraer proviene del latín *subtrahere* lo que quiere decir restar, quitar, retirar por debajo. La propia palabra, a su vez deviene del prefijo *sub-*, que quiere decir debajo y, *trahere* cuyo significado es arrastrar, tirar de. Si analizamos dicha etimología, la acción de arrastrar la materia por debajo, la acción de eliminarla es la operación que se ocupa de sustraer esa masa. De nuevo y volviendo a la aplicación de esta materia, ¿cómo se construye el límite mediante la estrategia de la sustracción?. Es importante reseñar, por última vez, que la operación de sustraer está más cómoda cuando opera en el ámbito interno al espacio contenido.

Pensemos, por ejemplo, en *la capilla Bruder-Klaus* obra del arquitecto suizo Peter Zumthor. El encofrado exterior se ejecuta por tongadas e hiladas horizontales, se podría decir que mediante el sumatorio de capas de masa. Ahora bien, el encofrado interior se construye mediante rollizos de madera que van a conformar el futuro espacio interior. Para eliminar esta masa, el encofrado se quema y el espacio resultante es el vacío restante de la supuesta sustracción de dicha masa.

Ya sabemos operar en el espacio interno por medio de la sustracción, ahora bien, ¿cómo se construye el límite a través de la materia fluida?.

Veamos un ejemplo totalmente radical e incluso levemente distanciado a ella. *La ermita de San Esteban en Viguera*, La Rioja. Este pequeña ermita prerrománica está enteramente construida en roca de la montaña, ésta construcción es un ejemplo radical de configuración mediante sustracción. El hormigón en su estado como piedra líquida asume y hereda esta configuración de la piedra, por ello se puede traer a colación esta maravillosa pieza que es ejemplar en la sustracción material. La ermita se crea a partir de realizar un vacío y excavación en un borde de la montaña, coincidiendo forma y figura por medio de retirar masa sobre y alrededor del espacio de la ermita. Por un instante no sabemos cual es el verdadero espacio interior. ¿El continente o el contenido?

En segundo lugar la materia fluida, como es por todos bien sabido, quiere liberarse de su corsé tectónico para así expandirse y ocupar-desocupar espacio. En esta construcción contenida y liberada es donde la materia fluida comienza a exponer toda su potencia física y grávida, el hormigón al expandirse ocupa espacio, el espacio propio que le ha dejado el encofrado tectónico. En este ocupar, esta materia define su binomio presencia – apariencia y configura una forma del todo expandida. De igual forma el espacio interior, aquel que se ha obtenido por sustracción de material, por la eliminación de hormigón, tiene su propio eco en la estrategia de la expansión ofreciendo una nueva virtud. El espacio interno y externo expanden sus límites y la piedra líquida, aquí liberada, se encarga de constituir el espacio y límite que le pertenecen: los de la estrategia de la expansión.

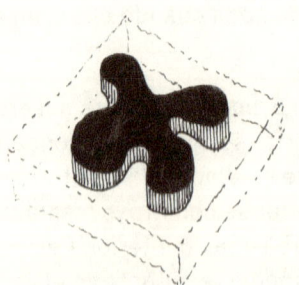 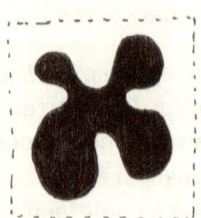

Estrategia: Expansión

Estas primeras observaciones están bien sustentadas cuando consultamos su significado y etimología. Se comenzará por la segunda de las partes aquí implicadas: su origen. La raíz etimológica de expandir proviene del latín *expandere*, que literalmente significa estirar hacia fuera. Este término está compuesto por el prefijo *ex-*, el cual indica hacia fuera y la palabra *pandere* que significa desplegar, extender o abrir. Tras conocer que configuración espacial y etimología convergen en un mismo camino, se puede afirmar que la estrategia de la expansión es aquella que, como bien indica su significado, expande y extiende algo para ocupar más espacio. Es aquella, que se ocupa de constituir un gran espacio mediante la liberación material del mismo. Buena cuenta de ello tuvieron los maestros brasileros de la segunda mitad del siglo XX. *La casa Butanta*, obra de Paulo Mendes da Rocha explora la estrategia de la expansión. Dos enormes pantallas de hormigón definen ambos límites materiales de la actuación en los flancos norte y sur. A este y oeste, se repite un ritmo seriado de vigas cada metro, las cuales recorren la longitud total de la vivienda y utilizan la estrategia de la expansión para desplegar sus límites en busca del paisaje cercano.

La confirmación de que ambas estrategias de la materia fluida conviven de ejemplar forma está presente en *el acueducto de Alloz*, en Navarra. Esta bella estructura flota sobre el valle que circunda la autovía entre Pamplona y Logroño. Este acueducto, obra de Eduardo Torroja, utiliza ambas estrategias para configurar el límite, la forma y la función. Por tanto empecemos al revés: es obvio que la función de ser una vía que flota sobre un valle transportando agua utiliza, sin ningún tipo de dudas, la estrategia de la expansión. Ahora bien, ésta se hace más evidente cuando observamos la sección transversal de este elemento. Una sección de media caña parabólica que descansa sobre unas crucetas que expanden y transportan las cargas hacia la tierra, eso sí, sin evidenciar la gravedad en ningún momento. Por otro lado, la propia forma final del elemento constructivo nace de la sustracción material y vaciado de su panza interior, la cual, noblemente, se usa para transportar el caudal de agua necesario.

En último lugar, la casa en Sint-Martens-Latem resalta de forma excepcional ambas estrategias. Esta vivienda o, mejor dicho, este refugio en su dura aproximación al contexto circundante, se presenta como un poderoso búnker de hormigón.

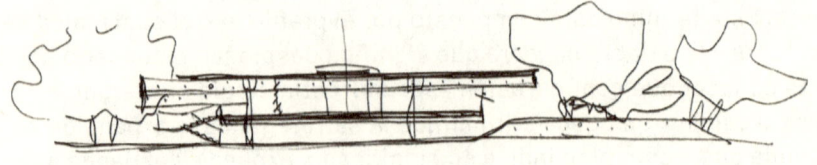

Estrategia: Expansión, Casa Butanta, Brasil, Paolo Mendes da Rocha, 1964

Estrategia: Sustracción y Expansión, Acueductor de Alloz, España, Eduardo Torroja, 1942

Ubicada en los húmedos bosques de las inmediaciones de Gante, este monolito en hormigón explora al máximo las estrategias de la sustracción y expansión propias de la materia que la constituyen. Ambas operaciones se mezclan y encuentran de manera alterna a la hora de construir y configurar el límite de esta vivienda.

Primeramente, la vivienda extiende sus límites en la dirección del jardín que domina y el cielo belga que la cubre. Dos inmensas pantallas de hormigón encofrado de tabla son hincadas contra el terreno, conformando dos de los bordes de la vivienda. La casa se abre al cielo y al suelo expandiendo su bordes sobre el territorio que ella ocupa, extendiendo su claro límite. De igual forma, esta cueva para poder ser colonizada realiza la operación de sustracción de masa en el acceso e interior de la vivienda. Primero se elimina una porción de hormigón y se transcurre hacia el interior, explorando, escalando y colonizando sus entrañas.

Una vez dentro, el espacio está conformado por medio de la sustracción de masa informe previamente controlada. El hormigón se ha liberado por completo de su corsé tectónico, dejando que se expanda el espacio que esta sustracción material le ha permitido. Mediante la combinación de ambas operaciones, esta cueva, refugio o bunker, esta masa moldeada construye y define un límite material concreto: el límite de la materia fluida.

La casa en Sint-Martens-Latem es un ejemplo radical en la exploración material con hormigón, comprendida como masa estereotómica o estructura expandida tectónica, la vivienda configura el límite mediante la combinación de los sistemas aquí expuestos.

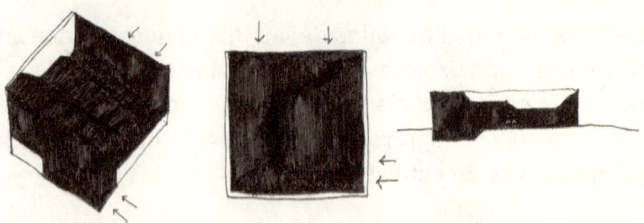

Estrategia: Sustracción, Casa en Sint - Martens - Latem

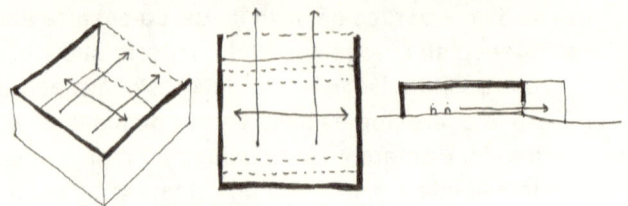

Estrategia: Expansión, Casa en Sint - Martens - Latem

Esta obra porta y guarda las marcas propias del límite tectónico en cual, previamente, ha sido vertida. De esta forma se consigue expresar la condición dual entre su dura apariencia pétrea, en conjunto, con su vocación relacional entre jardín expandido exterior y espacio sustraído interior.

Las estrategias aquí expuestas demuestran y ensalzan la capacidad de la materia para conformar, configurar y construir arquitectura con todos los sentidos, exponiendo la íntima relación entre construcción y habitante, entre casa y pensamiento. Por tanto, se puede afirmar que la principal razón de la arquitectura es la de facilitar un lugar para ser habitado.
Este lugar, ante todo debe mostrarse tal y como es, con una arquitectura descarnada, donde los materiales muestran por completo su verdadera naturaleza física y constitutiva, su verdadera razón de ser, su verdadera capacidad para construir un espacio. Un espacio en el cual dejar que la vida y los habitantes se ocupen de construirlo con sus recuerdos y vivencias, en definitiva de habitarlo. Para Henry David Thoreau esta actividad está llena de placer, el placer de habitar y construir, de vivir en la materia tal y como escribe en, *Walden or life in the Woods*: «la misma adecuación

hay en un hombre que construye su propia casa que en un pájaro que construye su nido»[33].

Durante el transcurso de este trabajo se ha expuesto la intensa relación entre materia y habitante. Esta relación ha sido presentada mediante los procesos que transforman la materia. Estas etapas se ocupan de transformar, conformar, construir, conceptuar y configurar la materia a material y, éste último, a espacio y límite arquitectónico, siendo expuestas en la parte primera de esta exploración como los procesos de la materia y desarrollados a lo largo de la parte segunda y tercera de este trabajo. Los mismos procesos o segmentos que validamos al conocer que la materia, como Xabier Zubiri afirma, y hemos observado en el capítulo introductorio, es esencia constitutiva de todas las cosas.

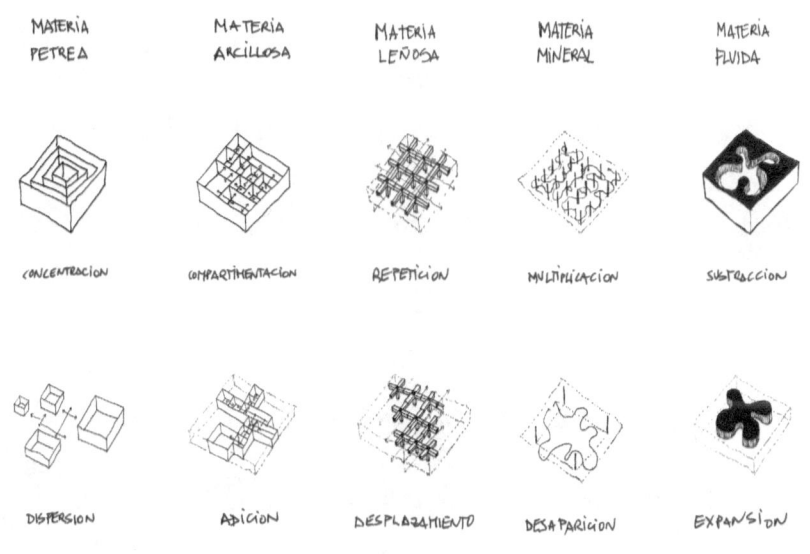

Estrategias de la Materia

---

[33] Henry David Thoreau, Walden or life in the Woods. Boston: Ticknor and Fields, 1854; ed. utilizada: Henry David Thoreau, Marcos Nava Garcia Tr., Walden la vida en el bosque, (Madrid: errata naturae, 2013), 98

Este viaje material, mediante el cual se configuran límite horizontal y vertical, así como, se conforma el espacio heredero de todas las materias aquí expuestas, ha sido narrado a través de las cinco casas anteriormente recogidas. Las cinco viviendas revelan todos los anhelos y condiciones de las materias que las constituyen, así como la imaginación material propia de cada una de ellas. Materia pétrea, arcillosa, leñosa, mineral y fluida consiguen demostrar que las estrategias de la materia son objeto fundamental para la construcción del intelecto y la cultura arquitectónica, otorgando al ser humano un espacio que a través de la técnica y la construcción en su más amplio significado, lo humanizan.

Nuevos horizontes

«Caminante, son tus huellas
el camino y nada más;
caminante, no hay camino,
se hace camino al andar.
Al andar se hace el camino,
y al volver la vista atrás
se ve la senda que nunca
se ha de volver a pisar.
Caminante no hay camino
sino estelas en la mar»[34].

El camino recorrido a través de esta investigación se apoya en lo que este trabajo considera los tres sustentos fundamentales del arquitecto: fundamentales del arquitecto: primero, la profunda construcción de una mirada en torno a la imaginación material, educando una intuición que está basada en hechos tangibles y objetivos que devienen de la materia; en segundo lugar, un proceso de continua búsqueda y acción en relación al proyecto construido de arquitectura como fin último, cómo búsqueda de un espacio mejor para habitar; y, finalmente, la enseñanza de la arquitectura que puede extraerse de los procesos y operaciones de proyecto recogidas en el propio documento, las cuales buscan ser de aplicación didáctica en el aprendizaje del arquitecto. Del dialogo entre las tres partes se podrá fundamentar el propósito final de esta búsqueda, que no es otro que el de aprender, realizar y transmitir el arte de construir un hogar para la felicidad del hombre.

---

[34] Antonio Machado, *Caminante no hay camino* 10 de Diciembre del 2019, https://www.poemas-del-alma.com/antonio-machado-caminante-no-hay-camino.htm

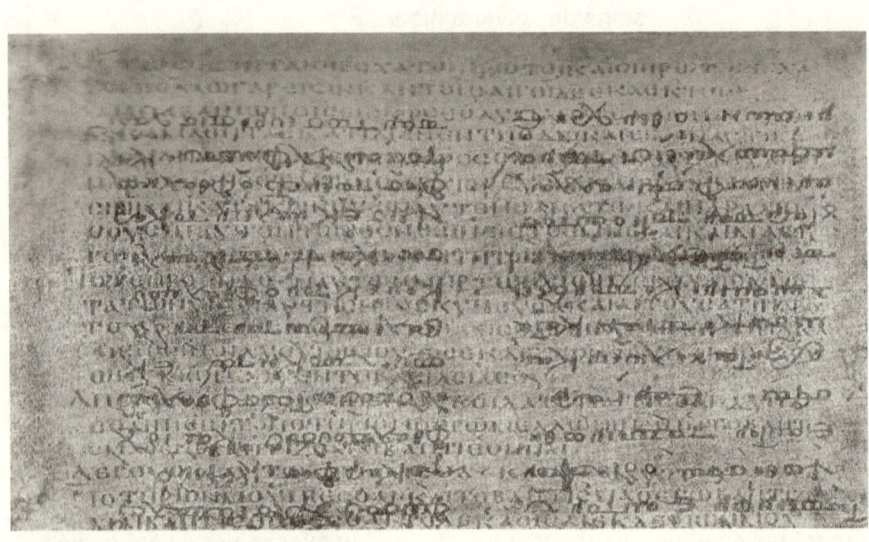
Codex Ephraemi Rescriptus, Grecia, s. V

Este difícil compromiso, el de la construcción en un sentido más amplio de un hogar ha sido desarrollado en el devenir de esta exploración, por medio de la búsqueda de nuevos horizontes o, mejor dicho, a través de la recuperación de antiguas costumbres. Aquellas que no hace tanto tiempo asumían que los arquitectos eran maestros, tal y como cita Adam Caruso, «en la capacidad de construir bien a largo plazo»[35]. El preciso enfoque que esta exploración realiza sobre la historia operativa de la materia en busca de abrir un nuevo horizonte transforma, gracias a su vocación abierta, la mirada sobre la herencia constructiva del pasado. Por tanto, la adquisición de recuerdos, imágenes y experiencias a través de manipular con la mano el material ayuda en el reconocimiento específico del peso propio de las percepciones que la arquitectura hecha de piedra, ladrillo, madera, acero u hormigón transmiten. Estas percepciones o, dicho de otro modo, estas experiencias rebosantes de materia, tal y como advierte Juhani Pallasmaa sobre la imaginación material anunciada por Bachelard, son las que conforman la búsqueda en la tradición técnico-constructiva-imaginativa de esta investigación. «En su investigación fenomenológica del imaginario poético, Gastón Blachelard establece una interesante distinción entre «la imaginación formal y la material». En su opinión, las imágenes que surgen de la materia proyectan experiencias, recuerdos, asociaciones y emociones más profundos que las imágenes que provocan la forma»[36].

Ser consciente de que la arquitectura se construye a través de múltiples experiencias materiales, espaciales y culturales hará que esta construcción por estratos cognitivos que conforman un habitar más amplio, se refuerce a través de la materia como imaginario conceptual. La búsqueda en la memoria específica de un contexto, en los vestigios culturales y materiales de éste para reconocer cómo, porqué y dónde vivir en una geografía exacta, quizás deba ser motivo de una futura investigación enraizada en la esencia antropológica de un territorio.

---

[35] Adam Caruso, The Feeling of Things. Escritos de Arquitectura, (Barcelona: Ediciones Poligrafía, S.A, 2008), 23
[36] Juhani Pallasmaa, Esencias, (Barcelona: Gustavo Gili, 2018), 41

Volver, Marc Ribert, 2016

Esta búsqueda, bien podría comenzar por la realidad experiencial de las construcciones físicas y mentales del pasado expuestas por Juhani Pallasmaa en su libro *Esencias*: «las construcciones humanas tienen también el deber de preservar el pasado y permitirnos así experimentar y comprender la continuidad de la cultura y la tradición. No solo existimos en una realidad espacial y material, sino que habitamos también en realidades culturales, mentales y temporales. La realidad existencial en la que vivimos es una condición espesa, estratificada y en constante oscilación. La arquitectura es ante todo, una forma artística de reconciliación y mediación, y, además de situarnos en un espacio y un lugar, los paisajes y los edificios articulan nuestras experiencias de duración y tiempo entre la polarización del pasado y el futuro. De hecho, conjuntamente con todo el corpus de la literatura y el arte, los paisajes y los edificios constituyen la más importante forma de externalización de la memoria humana. Comprendemos y recordamos quiénes somos a través de nuestras construcciones físicas y mentales. Juzgamos también las otras culturas y las culturas del pasado a través de la evidencia que proporcionan las estructuras arquitectónicas que han producido. Así los edificios proyectan las épicas narrativas de la cultura y la tradición»[37]. En resumen, la adquisición de datos que sirvan para construir un nuevo camino de investigación basado, en esta ocasión, en la configuración de la arquitectura a través del palimpsesto.

El sendero recorrido se ha fundamentado en la búsqueda de los instrumentos propicios para proveer al arquitecto de los suficientes recursos operativos con el fin de configurar límite y espacio. Un sendero que busca satisfacer alguno de los anhelos básicos de la arquitectura, el de la construcción en un sentido más amplio de un hogar, volviendo tras los pasos de los materiales. Volver a las operaciones básicas que condensan la imaginación material. Volver al sendero oculto tras la densa capa de imágenes digitales, revindicando la más radical de las estrategias formales, aquella que tomando en consideración lo conocido y existente por el arquitecto sigue siendo fuente de invención proyectual: la materia. En definitiva, volver.

---

[37] Ibid, 13-14

BIBLIOGRAFÍA

Adam Caruso. *The feeling of things, escritos de arquitectura.* Barcelona: Ediciones Poligrafía, 2008

Adam Sharr. *La cabaña de Heidegger, un espacio para pensar.* Barcelona: Gustavo Gili, 2015

Alberto Campo Baeza. *Pensar con las manos.* Buenos Aires: Nobuko, 2010

Alberto Campo Baeza. *Poetica Architectonica.* Madrid: Mairea Libros, 2014

Alberto Morell Sixto. *Despacio.* Buenos Aires: Nobuko, 2011

Aldo Rossi. *Autobiografía Científica.* Barcelona: Editorial Gustavo Gili, 1984

Alvar Aalto. *De palabra y por escrito.* El Escorial: El Croquis Editorial, 2000

Akos Moravanszky. *Metamorphism, Material Change in Architecture.* Basilea: Birkhäuser Verlag GmbH, 2018

Andrea Deplazes,ed. *Construir la arquitectura del material en bruto al edificio. Un manual.* Barcelona: Gustavo Gili, 2010.

Aristóteles, Patricio de Azcárate tr. *Metafísica.* Barcelona: Espasa Libros, 1943

Arnold van Gennep. *Los ritos de paso.* Madrid: Alianza Editorial, 2013

Asger Schnack ed. *Writtings on Art. Per Kirkeby.* Washington, D.C.: Spring Publications, Inc., Putnam, 2012

Barnabas Calder. *The beauty of brutalism. Raw Concrete.* Londres: William Heinemann, 2016

Beatriz Colomina. *Domesticity at war.* Barcelona: Actar, 2006

Bernard Rudolfsky. *Architecture without architects. Introduction to non-pedrigree architecture.* Alburquerque: University of New Mexico Press, 1964

Bruno Zevi. *Saber ver la arquitectura.* Barcelona: Ediciones Apóstrofe, S.L, 2004

Capi Corrales Rodrigáñez. *Yo cuando veo esto, pienso esto. Relatos geométricos en la obra de Jorge Oteiza.* Alzuza: Fundación Museo Jorge Oteiza, 2014

Carlos Pita. *Les Murs.* Obradoiro, n° 34, *Os límites.* Santiago de Compostela: COAG, 2012

Carlos Pita, José Iglesias, Tono Mejuto. *Secaderos de Congrio en Muxía.* Obradoiro, n° 34, *Os límites.* Santiago de Compostela: COAG, 2012

Charlotte Mullins. *Rachel Whiteread.* Londres: Tate Publishing, 2004

Chris Townsend ed. *The art of Rachel Whiteread.* Londres: Thames & Hudson Ltd, 2004

Christian Norberg-Schulz. *Genius Loci. Towards a phenomenology of architecture*, Nueva York: Rizzoli, 1980

Christopher Beanland. *Concrete Concept. Brutalist buildings around the world.* Londres: Quarto publishing plc, 2016

Claude Levi-Strauss. *El pensamiento salvaje.* Mexico D.F: Fondo de Cultura Económica, 2006

Damián Ortega, Sara Schulz, Maria Orvañanos, Eva Quintana Crelis. *Robert Smithson, selección de escritos.* Ciudad de Méjico: Alias, 2009

Edmund Husserl. *Ideas relativas a una fenomenología pura y una filosofía fenomenológica.* México D.F: Fondo de Cultura económica, 1949

Eduardo Chillida. *Escritos.* Madrid: La Fábrica, 2016

Eduardo Prieto. *La vida de la materia. Sobre el inconsciente del arte y la arquitectura.* Madrid: Ediciones Asimétricas, 2018

Ellen Lupton. *ABC de la Bauhaus. La Bauhaus y la teoría del diseño.* Barcelona: Editorial Gustavo Gili, 2019

Enzio Manzini. *Artefactos. Hacia una nueva ecología del ambiente artificial.* Madrid: Celeste Ediciones, 1992

Felix Zwoch, Kaye Geipel, Hans-Christian Schink. *Lust an der Schwere.* Bauwelt, n°11.10 (2010)

Fernando Espuelas. *Madre Materia.* Madrid: Ricardo S. Lampreave, 2009

Fernando Márquez Cecilia, Richard Levene. *Tham & Videgard. Dualidades y singularidades 2005-2017.* El Croquis, n.° 188 Tham & Videgard (2017)

Fernando Márquez Cecilia, Ricardo Levene. *Studio Mumbai. espacios intermedios 2012-2019.* El Croquis, n.° 200 Studio Mumbai (2019)

Francesco Cacciatore. *The wall as a living place. Hollow structural form in Louis Kahn´s work.* Siracusa: LetteraVentidue Edizioni Srl., 2008

Francisco Arqués Soler ed. *La materia de la arquitectura.* Ciudad Real: Fundación Miguel Fisac, 2009

Gaston Blachelard. *La poética del espacio.* Ciudad de México: Fondo de Cultura Economica, 1975

Gaston Bachelard. *El agua y los sueños: ensayo sobre la imaginación de la materia.* México D.F: Fondo de cultura económica, 1978

George Kubler. *The Shape of Time. Remarks on the history of things.* New Haven: Yale University Press, 1962

George Perec. *Especies de espacios.* Vilasar de Dalt: Montesinos, 2007

George Perec. *Lo infraordinario.* Madrid: Editorial Impedimenta, 2008

Gottfried Semper, Antonio Armesto ed., Manuel García Roig tr. *Escritos fundamentales de Gottfried Semper.* Barcelona: Fundación Arquia, 2014

Gottfried Semper. *Wissenschaft, Industrie und Kunst.* Maguncia y Berlín, 1966

Hans-Georg Gadamer. *Verdad y método. Fundamentos una hermenéutica filosófica.* Salamanca: Ediciones Sígueme, 1977

Henri Bergson. *Materia y memoria. Ensayo sobre la relación del cuerpo con el espíritu.* Buenos Aires: Cactus, 2006

Henri Focillon. *Vida de las formas y Elogio de la mano.* Buenos Aires: Librería y editorial el ateneo, 1947

Henry David Thoreau, Marcos Nava Garcia Tr. *Walden la vida en el bosque.* Madrid: errata naturae, 2013

Jaime de la Hoz Onrubia, Luis Maldonado Ramos, Fernando Vela Cossío. *Diccionario de construcción tradicional. Tierra.* San Sebastián: Editorial Nerea, 2003

James Meyer, ed. *Cuts: texts 1959/2004, Carl Andre.* Cambridge: Massachusetts Institute of Technology Press, 2005

Janne Mcfadden. *Walter De Maria. Meaningless Work.* London: Reaktion Books Ltd, 2016

Jesus Mª Aparicio Guisado. *El muro.* Buenos Aires: Nobuko, 2000

Jesus Ma Aparicio Guisado. *Construir con la razón y los sentidos.* Buenos Aires: Nobuko, 2008

Jose Mª Lafuente ed. *Sol Lewitt: Libros. El concepto como arte.* Heras: Ediciones La Bahía, 2014

Jorge Oteiza. *Ley de los Cambios.* Alzuza: Fundación Museo Oteiza, 2013

José Manuel Martínez-Pulet. *Variaciones del límite. La filosofía de Eugenio Trías.* Madrid: Editorial Noesis, S.L., 2003

José Ortega y Gasset. *Meditación de la técnica y otros ensayos sobre ciencia y filosofía*. Revista de Occidente n°21 .Madrid: Alianza Editorial, 1982

Juhani Pallasmaa. *La mano que piensa. Sabiduría existencial y corporal en la arquitectura*. Barcelona: Editorial Gustavo Gili, 2012

Juhani Pallasmaa. Robert McCarter, *Understanding Architecture*. Londres: Phaidon Press Limited, 2012

Juhani Pallasmaa. *La Imagen Corpórea. Imaginación e Imaginario en la Arquitectura*. Barcelona: Editorial Gustavo Gili, 2014

Juhani Pallasmaa. *Los ojos de la piel. La Arquitectura y los sentidos*. Barcelona: Editorial Gustavo Gili, 2014

Juhani Pallasmaa. *Habitar*. Barcelona: Editorial Gustavo Gili, 2018

Juhani Pallasmaa. *Esencias*. Barcelona: Editorial Gustavo Gili, 2018

Juhani Pallasmaa. *Tocando el mundo*. Barcelona: Ediciones Asimétricas, 2019

Junichiro Tanizaki, Julia Escobar tr. *Elogio a la Sombra*. Madrid: Ediciones Siruela, S.A, 1994

Jorge Mascarenhas. *Sistemas de Construçao. II- Paredes: paredes exteriores*. Lisboa: Libros Horizonte, 2003

Karl-Heinz Götz, Dieter Hoor, Karl Möhler, Julius Natterer. *Construire en bois*. Lausana: Presses polytechniques romandes, 1983

Katrin Hanses. *Basics Constructions Steel Constructions*. Basilea: Birkhäuser Verlag GmbH, 2015

Katrin Hanses. *Basics concrete constructions*. Basel: Birkhäuser Verkag AG, 2015

Kenneth Frampton. *Historia y crítica de la arquitectura moderna*. Barcelona: Gustavo Gili, 2014

Kenneth Frampton. *Estudios sobre cultura tectónica. Poéticas de la construcción en la arquitectura de los siglos XIX y XX*. Madrid: Ediciones Akal, 1999

Kenneth Frampton. *Anti-Aesthetic. Essays on Postmodern Culture, Towards a Critical Regionalism: Six Points for an Architecture of Resistance*. Seattle: Bay Press, 1983

Kiyosi Seike. *The art of Japanese Joinery*. Colorado: Weatherhill, Shambala Publications, Inc, 2017

Laura Garrald. *Minimal Art and Artists in the 1960´s and after.* Madistone: Crescent moon publishing, 2012

Lars Morell, Jens Lidhe. *Per Kirkeby. The Art of Building.* Louisiana: Aristo and Louisiana Museum of Modern Art, 1996

Lars Mytting. *El libro de la madera.* Madrid: Alfaragua, 2016

Lars Morell. *The Stone House. An Edifice by Per Kirkeby.* Colonia: Verlag der Buchhandlung Walther Köning, 2006

Lawrence Weiner. *Per Kirkeby. Interview by Hans Ulrich-Obrich.* Colonia: Verlag der Buchhandlung Walther Köning, 201

Laszló Moholy-Nagy. *La nueva visión y reseña de un artista.* Buenos Aires: Ediciones infinito, 1963

Le Corbusier. *Hacia una arquitectura.* Barcelona: Ediciones Apóstrofe. S.L, 1998

Ludwig Steiger. *Basics timber constructions.* Basel: Birkhäuser Verkag AG, 2007

Luis Fernandez-Galiano. *Patrimonio Industrial.* Arquitectura Viva nº 182. Madrid: Arquitectura Viva SL, 2016

Luis Fernández-Galiano. *Bajo tierra.* Arquitectura Viva, nº 209. Madrid: Arquitectura Viva SL, 2018

Luis Fernandez Galiano. *H Arquitectes. Appropiate, Attractive, Affordable.* AV monografías, n.º 202 H Arquitectes, 2018

Luis Moreno Mansilla. *Sobre la confianza en la materia.* Circo 52 3rd series. Madrid: Circo MRT coop, 1998

Maria Angeles Layuno Rosas. *Richard Serra.* Hondarribia: Editorial Nerea, S.A, 2001

Maria Beatriz Carenas Fernández, Jorge Luis Giner Robles, Javier González Yélamos, Manuel Pozo Rodríguez. *Geología.* Madrid: Paraninfo, 2014

Martin Heidegger. *Construir Habitar Pensar.* Madrid: Oficina de Arte y Ediciones, 2015

Martin Heidegger. *¿qué significa pensar?.* Madrid: Editorial Trotta, 2005

Martin Heidegger. *Ser y Tiempo.* Madrid: Trotta, 2009

Maurice Merleau-Ponty. *Fenomenología de la percecpión.* México D.F: Fondo de cultura económica, 1957

Miguel Ángel Alonso del Val. *Arquitectura Relacional*. Circo n° 154, 7th series. Madrid: Circo MRT coop, 2009

Michelle Piranio, Jeremy Sigler, Philippe Vergne, Manuel Cirauqui. *Carl Andre: escultura como lugar*. Madrid: Museo Nacional Centro de Arte Reina Sofia, 2015

Miguel Angel Alonso del Val, Luis Suarez Mansilla, Francisco Glaria Yetano, Victor Larripa Artieda. *Elementos de arquitectura. Pensar y construir el proyecto*. Pamplona: Ulzama Ediciones, 2012

Miguel Ángel Alonso Del Val. *La estructura como poética arquitectónica*. Zarch, n°.11 2018

Nacho Fernandez. *Eduardo Chillida. Escritos*. Madrid: La Fábrica, 2016

Nils Kummer. *Basics masonry construction*. Basilea: Birkhauser-Publishers for Architecture, 2007

Peter Plagens. *Bruce Nauman. The true artist*. Londres: Phaidon Press Limited, 2014

Peter Zumthor. *Pensar la arquitectura*. Barcelona: Editorial Gustavo Gili, 2014

Peter Zumthor. *Atmospheres*. Basilea: Birkhäuser Verlag GmbH, 2018

Peter Zumthor, Mari Lending. *A Feeling of History*. Zurich: Verlag Scheidegger & Spiess AG, 2018

Pierre Volboudt. *Chillida*. Barcelona: Editorial Gustavo Gili, 1967

Reyner Banham. *La Atlántida de Hormigón*. Madrid: Editorial NEREA, S.A., 1989

Reyner Banham. *The new brutalism: Ethic or Aesthetic?*. London: The Architectural Press, 1966

Richard Sennett. *El Artesano*. Barcelona: Editorial Anagrama, 2009

Richard Sennett. *El artesano atribulado*. Arquitectura Viva, n°198, *Artesanía*. Madrid: Arquitectura Viva SL, 2016

Richard Sennett. *Construir y habitar. Etica para la ciudad*. Barcelona: Editorial Anagrama, 2019

Richard Serra, *Richard Serra. Escritos y entrevistas 1972-2008*. Pamplona: Cátedra Jorge Oteiza, Universidad Pública de Navarra, 2010

Robert Hobbs. *Robert Smithson: A retrospective view.* Ithaca: The Herbert F. Johnson Museum of Art, Cornell University, 1982

Roberto Gargiani, Anna Rosellini. *Le Corbusier. Béton Brut and Ineffable Space, 1940-1965. Surface Materials and Psychophysiology of Vision.* Lausana: EPFL Press, 2011

Rolf Ramche. *Mauerwek Atlas.* Basilea: Birkhauser, 2001

Romano Guardini. *Cartas desde el Lago Como.* Pamplona: Eunsa, 2013.

Rudolf Schwarz. *Von der Bebauung der Erde.* Salzsburgo: Verlag, 2006

Sergison Bates Architects: Brick Work: Gewicht und Präsenz, Zürich 2005

Steel Eiler Rasmussen. *La experiencia de la arquitectura. Sobre la percepción de nuestro entorno.* Barcelona: Edición Reverté, S.A., 2004

Stephen Hoban, Alexis Lowry, Jessica Morgan. *Walter de Maria the lighting field.* Nueva York: Dia Art Foundation, 2017

Steven Holl. *Cuestiones de percepción. Fenomenología de la arquitectura.* Barcelona: Editorial Gustavo Gili, 2018

Sullivan, Louis: „Artistic Brick". In: Robert Twombly, Louis Sullivan –The Public Papers, Chicago 1988, S. 200–205.

Walter Gropius, Arata Isozaki, Yoshiharu Matsumura, Manfred Speidel, Bruno Taut, Kenzo Tange, Francesco Dal Co. *Imperial Villa Katsura.* Londres: Phaidon Press Limited, 2011

Werner Lindner. Friedrich Tamms. *Mauerwerk.* Berlin: Verlag, 1937

Werner Oechslin, „'La brique ordinaire' –The Beaux-Arts-Manual on Brick Architecture", In: Daidalos Nr. 43, 03.1992 –Triumphs of Brick, Berlin 1991, S.102-107.

William Hall. *Wood.* Londres: Phaidon Press Limited, 2017

Xabier Zubiri. *Espacio, Tiempo, Materia.* Madrid: Alianza Editorial, 1995

www.ingramcontent.com/pod-product-compliance
Lightning Source LLC
Chambersburg PA
CBHW031846220426
43663CB00006B/518